Por
Rev. Luis A. Betances

T0365040

LO QUE DEBEMOS SABER ACERCA DE LOS

DEMONIOS

MANUAL DE LIBERACIÓN

Los libros de WestBow Press pueden ser ordenados en librerías o contactando directamente WestBow Press Division de Thomas Nelson en las siguientes direcciones o número de teléfono:

WestBow Press
A Division of Thomas Nelson
1663 Liberty Drive
Bloomington, IN 47403
www.westbowpress.com
1-(866) 928-1240

Debido a la naturaleza dinámica del internet, alguna de las direcciones de la página web o alguna otra conexión contenida en este libro pueden haber cambiado desde su publicación y no ser válida. Los puntos de vista expresados en este libro vienen del autor y no necesariamente reflejan los puntos de vista del editor y el editor por este medio no se hace responsable por los mismos

ISBN: 978-1-4497-6255-1 (sc)
ISBN: 978-1-4497-6256-8 (hc)
ISBN: 978-1-4497-6254-4 (e)

Número de Control de la Biblioteca del Congreso de EE.UU.: 2012914099

Impreso en los Estados Unidos de Norteamérica

WestBow Press fecha de revisión: 8/20/2012

ÍNDICE

Índice... 3
Dedicatoria.. 6
Prólogo.. 7
Introducción.. 12

PARTE I   14
¿Cree Usted en el Diablo?.............................. 15
¿Cree Usted en Jesús y su Poder?.................. 38
El Poder Jesús.............................. 49
¿Qué quiere Jesús con Nosotros?...................... 55

PARTE II   60
Cuerpo, Alma y Espíritu............................. 60
En La Brecha... 81
Batalla en el Mundo Espiritual........................ 88

PARTE III

TEMA 1
Actitud y Perspectiva Para La Liberación........ 98

TEMA 2
Preparación Para La liberación............................ 109

TEMA 3
Enfermedades Del Espíritu........................ 118

TEMA 4
Como Entran Los Demonios En Las
Personas, (Puertas de Entradas).................... 133

TEMA 5
Pasos En La Liberación.......................... 171

El Formulario.. 173
Cuestionario....................................... 176
Documento Legal.................................. 178
Cuestionario Parte I.............................. 182
             Parte II............................. 196
             Parte III........................... 211
             Parte IV............................ 219
Cuestionario Sugerencias Parte I................. 223
                        Parte II.............. 235
                        Parte III.............. 251
                        Parte IV.............. 264

PASO 1
Lugar, Ministro Y El Equipo De
Liberación.. 268

PASO 2
La Lucha Contra Los Demonios................ 273

PASO 3
Atar, Atar Y Atar................................. 288

PASO 4
Derecho Legal Y Nombres De Los
Espíritus... 299

PASO 5
Sanación Interior................................... 317

PASO 6
Desatar, Desatar Y Desatar...................... 319

PASO 7
Probar Si Él Espíritu Salió....................... 336

PASO 8
Bautismo En El Espíritu Santo................... 338

PASO 9
El Bloqueo.. 342

PASO 10
Recomendación Y Seguimiento................. 350

Liberación Del Hogar............................ 351
Bibliografía...................................... 371

DEDICATORIA

Dedico este libro a todos mis hermanos en Cristo Jesús, que tienen el llamado de Nuestro Señor Jesucristo; esperando en Dios y a su Santo Espíritu que iluminen sus entendimientos y sus corazones para que todos aquellos que lean este libro lo disciernan y les permita ponerlo en práctica.

Una especial dedicación a mi querida esposa Dinorah Betances, por todo el apoyo que siempre me ha brindado y el tiempo que ha sacrificado en la realización de este libro.

Dedico también este libro a mis hijos:
Marta Patricia, Luis Miguel, Edward, Alicia, Luis Alfredo, Paola Altagracia y Luis Armando.

Que Dios les haga un llamado especial para que reconozcan a Jesús como su Señor y Salvador y trabajen en su viña y den frutos al ciento por uno.

Dios los bendiga a todos.

Rev. Luis A. Betances

PRÓLOGO

Hace más de 20 años llego a mis manos un libro que me presto Monseñor Luis Gómez con el título "El Vino a Dar Libertad a los Cautivos" por la Dr. Rebecca Brown.

Después de leerlo me intereso tanto que le pedí a mi amiga Rosalía la cual viajaría a Miami que me hiciera el favor de comprarme un ejemplar.

Todavía conservo este libro del cual iba subrayando los puntos más importantes, cuando termine de leerlo por segunda vez me di cuenta que estaban subrayados todos los puntos más importantes.

Una de las preguntas que están en el libro traducido al español en la página 173, llamo mucho mi atención y vino hacer la puntilla de algo que me inquietaba mucho después de yo haber recibido el Bautismo en el Espíritu Santo o Nueva Efusión en el Espíritu Santo o como usted quiera llamarlo.

La pregunta es esta:
¿Estás dispuesto a ponerte en la brecha a favor de otra persona?

Esta pregunta ésta basada en la siguiente cita Bíblica:

EZEQUIEL 22, 30 – 31
30
Y BUSQUÉ ENTRE ELLOS HOMBRE QUE HICIESE VALLADO (DEFENSA) Y QUE SE PUSIESE EN LA BRECHA DELANTE DE MÍ, A FAVOR DE LA TIERRA, PARA QUE YO NO LA DESTRU-YESE; Y NO LO HALLÉ

31
POR TANTO, DERRAMÉ SOBRE ELLOS MI IRA; CON EL ARDOR DE MI IRA LOS CONSUMÍ; HICE VOLVER EL CAMINO DE ELLOS SOBRE SU PROPIA CABEZA, DICE JEHOVÁ (YAHVÉH).

7

Hoy día me pongo a pensar y me pregunto ¿Dónde ésta el ejército de Cristianos para ponerse como vallado y en la brecha delante de él?

No estamos exactamente en la misma situación, hoy día vemos Iglesias de todas las nominaciones en cada esquina, cada día los templos son más grandes, hermosos y más confortables.

¿Pero están las Iglesias cumpliendo con dos de los mandamientos que nos dijo Jesús?

JUAN 13, 34
UN MANDAMIENTO NUEVO OS DOY: QUE OS AMÉIS UNOS A OTROS; COMO YO OS HE AMADO, QUE TAMBIÉN OS AMÉIS UNOS A OTROS.

MARCOS 16, 15 – 18
15
Y LES DIJO: ID POR TODO EL MUNDO Y PREDICAD EL EVANGELIO A TODA CRIATURA.

16
EL QUE CREYERE Y FUERE BAUTIZADO, SERÁ SALVO; MAS EL QUE NO CREYERE, SERÁ CONDENADO.

17
Y ESTAS SEÑALES SEGUIRÁN A LOS QUE CREEN: EN MI NOMBRE ECHARÁN FUERA DEMONIOS; HABLARÁN NUEVAS LENGUAS.

18
TOMARÁN EN LAS MANOS SERPIENTES, Y SI BEBIEREN CO-SA MORTÍFERA, NO LES HARÁ DAÑO; SOBRE LOS ENFER-MOS PONDRÁN SUS MANOS, Y SANARÁN.

He tenido conversaciones con muchos Pastores, Ministros y Sacerdotes, también con muchos cristianos de diferentes Nominaciones en relación con esto.

Todos se instruyen en La palabra de Dios (La Biblia), van a los Cultos o Misa los Domingos y otros a Servicios; podríamos decir que son expertos, teólogos, sobre todo en poner el punto de vista a la interpretación que le dan a La Palabra de Dios, muchos otros hacen obras de Caridad visitando a pobres y los menos visitando enfermos y a personas que están presos en las cárceles.

Muchos visitan las casas de familia y predican La Palabra de Dios con la interpretación que les dan, dependiendo a la Iglesia que pertenezcan.

Pero me pregunto ¿Porque dejan de cumplir la otra parte del mandato de Jesús?
No soy quien, ni es mi intención juzgar a nadie, pero me vienen a la mente varias razones:

> **FALTA DE FÉ.**
> **NO CONFÍAN EN LA PALABRA DE JESÚS.**
> **FALTA DEL ESPÍRITU SANTO Y SUS CARISMAS**
> **NO RECIBEN INSTRUCCIÓNES NI PRÁCTICAS**
> **CREEN QUE CON PREDICAR LA PALABRA HAN CUM-PLIDO TODO.**

Déjenme decirle algo que esta bien claro en La Palabra de Dios (La Biblia):

1 CORINTIOS 4, 20
PORQUE EL REINO DE DIOS NO CONSISTE EN PALABRAS, SINO EN PODER.

Si usted no ésta cumpliendo con el mandato de Jesús predicando la palabra de Dios **Con Poder,** usted con todo el respeto que se merezca, ésta haciendo la labor de un loro o papagayo de repetir, repetir y repetir.
En Hechos de los Apóstoles, cuando Pedro lleno del Espíritu Santo convirtió a 3000 personas con un solo discurso, la cita bíblica termina de esta manera:

HECHOS 2, 43
Y SOBREVINO TEMOR A TODA PERSONA; Y MUCHAS MARA-VILLAS Y SEÑALES ERAN HECHAS POR LOS APÓSTOLES.

Está bien claro que después de la predicación de La Palabra vino la otra parte que Jesús nos manda, las sanaciones, liberaciones, etc.

Nadie es experto en la materia, solo Dios, Jesús y el Espíritu Santo tienen las respuestas a todo.

Este libro está basado en algunas informaciones de diferentes libros y experiencias propias que nos pueden ayudar a enseñar y servir de guía dándonos una luz bien clara de cómo cumplir estos mandamientos de nuestro amado Jesús.

Solo le pido a Dios que estas líneas permitan despertar a tantas personas que están dormidas y que pueden prepararse para entrar junto con Jesús en la Brecha y hacer entre todos una defensa (vallado) para que nuestros hermanos logren ser sanados, liberados y logren la salvación de su alma.

Reconozco que hay muchos que están cumpliendo con los mandatos de Jesús y que sus libros son inspiración del deber cumplido y dejan ver claramente que están en la lucha perteneciendo al ejército de Nuestro Rey Cristo Jesús.

Como dice una expresión "Me quito el sombrero "ante el Señor Carlos Annacondia que escribió el libro con el título ¡Oíme Bien Satanás!, cuando este libro llegó a mis manos y comencé a leerlo a medida que pasaba las paginas, decía dentro de mi **"Este sí que está en la cosa"**, me refiero a que comparto un 100% su forma de predicación, por el cual pido a Dios de que existan millones de Carlos Annacondia que con su sencillez y modestia está salvando millares de personas para Cristo Jesús.

Les recomiendo humildemente este libro a todos los cristianos, sobre todo a los que dirigen Iglesias, para que vean que no se necesita un Templo inmenso, lleno de jardines y aire acondicionado.

Lo que se necesita es confiar en La Palabra de Jesús y predicar La Palabra con poder del Espíritu Santo con señales y prodigios, sanaciones físicas, sanaciones interiores y liberaciones, etc.

Carlos Annacondia usa carpas y las traslada a todas las regiones de su país Argentina predicando La Palabra de Dios con poder y expulsando demonios en el nombre de Jesús, ojala que todos nosotros podamos copiar el ejemplo de Carlos, que Dios lo bendiga a él y toda su familia y que me permita algún día conocerlo personalmente y poder estrechar sus manos.

INTRODUCCIÓN

Un día tome la decisión de buscar dentro de la Iglesia que pertenecía (Iglesia Católica), donde podría servirle al Señor, busqué, busqué y busqué y ya cansado de buscar me presentaron a un sacerdote, José Maldonado que cariñosamente le llamamos Padre Pepito.

Cuando me lo presentaron me puse delante de el de rodillas y le comenté "Por favor no me defraude usted también", porque yo había visitado a muchos sacerdotes pero ninguno estaba en la onda carismática, comencé a trabajar junto con él y una vez al mes en la Iglesia San Pio X en la República Dominicana de la cuál era párroco, se hacía una misa de Sanación para orar por los enfermos.

Durante una misa, en la cual estaba colaborando, él me pidió que lo acompañara a orar por todos los feligreses presentes, la iglesia estaba completamente llena y en el centro habían dos filas, una llegaba frente al Padre y otra llegaba frente a mí, curiosamente, la fila del Padre estaba llena de cientos de personas y en la fila mía estaban unas 8 o 10 personas.

Las personas siempre son muy incrédulas y piensan que el Sacerdote o el Pastor o Ministro son quienes los van a sanar, quitan la mirada de Jesús que es el Sanador y ponen su fe en un ser humano.

Recuerdo que en una ocasión fuimos un grupo a orar por un niño que estaba enfermo de nacimiento, la mamá nos dijo; "Muchas gracias por venir pero yo quiero saber cuándo viene el Padre Emiliano Tardif para que ore por el niño" yo que soy un poco rebelde le conteste: "Nosotros estamos aquí con uno más grande que el padre Emiliano, se llama Jesús", siempre recuerdo lo que el Padre Emiliano decía que él era el burrito de Jesús, significando siempre que Jesús es el Señor que sana.

Retornando a lo anterior como Nuestro Señor Jesús se la sabe todas y utiliza a todos sus hijos que abren sus corazones para servirle, ese día comenzó Jesús a sanar personas, principalmente del lado en que yo estaba.

Cuando terminaron todos de pasar, el Padre Pepito frente al altar me preguntó si quería oración y le dije claro que sí, me puse de rodillas para recibir la imposición de sus manos y oír la bella oración y la petición que hizo sobre mi persona, cuando me levanté le pregunté al Padre si quería que orara por él, de inmediato me dijo que si, honestamente me extrañó porque normalmente los Sacerdotes son muy cosquillosos y muy poco amigables en ese sentido.

Yo mido 6 pies, unas 72 pulgadas y el Padre Pepito es una persona de poca estatura, en el momento de orar por él, cuando solamente había levantado las manos el Padre cayó redondo frente al altar delante de todos los feligreses, por espacio de unos 8 a 12 minutos estuvo en el suelo, con toda sinceridad en ese entonces no sabía que estaba pasando y no sabía qué hacer, solo le decía en voz baja al Padre "despierte, despierte", yo no sabía dónde meterme, al fin se levantó y terminó la misa.

En ese entonces no se conocía el Descanso o Éxtasis en el Espíritu como hoy día sabemos; como siervos, El Espíritu Santo pasa por nosotros y las personas al recibir el Espíritu Santo, no puede resistir el gran poder de Dios que derrama sus bendiciones en nuestros corazones: lo que hace el Señor en ese momento solo Él lo sabe, muchas veces sana físicamente o sana interiormente, muchas veces se manifiestan espíritus malignos y estas personas son liberadas y otros reciben el amor misericordioso de Dios en un hermoso descanso en el espíritu ó pequeño éxtasis.

Cuando el Padre Pepito se fue de República Dominicana para Puerto Rico, me quede huérfano otra vez buscando y buscando donde servirle a Dios.

Me presentaron a Monseñor Luis Gómez y comencé a colaborar con él, su principal ministerio era orar por las personas en el campo de la Liberación y Exorcismo.

PARTE I

DIABLOS
HASTA EN LA SOPA

EZEQUIEL 3, 18

**CUANDO YO DIJERE AL IMPÍO:
DE CIERTO MORIRÁS; Y TÚ NO LE AMONESTARES
NI LE HABLARES, PARA QUE EL IMPÍO SEA
APERCIBIDO DE SU MAL CAMINO A FIN DE
QUE VIVA, EL IMPÍO MORIRÁ POR SU MALDAD,
PERO SU SANGRE
DEMANDARÉ DE TU MANO**

¿CREE USTED EN EL DIABLO?

Muchas personas no creen que existe el Diablo, pero La Palabra de Dios (La Biblia) dice todo lo contrario.

Desde Génesis hasta Apocalipsis nos hablan de este personaje refiriéndose a Satán, Satanás, Demonio, Diablo, Azazel, Beelzebú y Belial.

En Isaías y Ezequiel nos dan un relato de quien es este personaje:

EZEQUIEL 28, 13 – 19
13
EN EDÉN, EN EL HUERTO DE DIOS ESTUVISTE; DE TODA PIEDRA PRECIOSA ERA TU VESTIDURA; DE CORNERINA, TOPACIO, JASPE, CRISÓLITO, BERILO Y ÓNICE; DE ZAFIRO, CARBUNCLO, ESMERALDA Y ORO; LOS PRIMORES DE TUS TAMBORILES Y FLAUTAS ESTUVIERON PREPARADOS PARA TI EN EL DÍA DE TU CREACIÓN.

14
TÚ, QUERUBÍN GRANDE, PROTECTOR, YO TE PUSE EN EL SANTO MONTE DE DIOS, ALLÍ ESTUVISTE; EN MEDIO DE LAS PIEDRAS DE FUEGO TE PASEABAS.

15

PERFECTO ERAS EN TODOS TUS CAMINOS DESDE EL DÍA QUE FUISTE CREADO, HASTA QUE SE HALLÓ EN TI MALDAD.

16

A CAUSA DE LA MULTITUD DE TUS CONTRATACIONES FUISTE LLENO DE INIQUIDAD Y PECASTE; POR LO QUE YO TE ECHÉ DEL MONTE DE DIOS, Y TE ARROJE DE ENTRE LAS PIEDRAS DE FUEGO, OH QUERUBÍN PROTECTOR.

17

SE ENALTECIÓ TU CORAZÓN A CAUSA DE TU HERMOSURA, CORROMPISTE TU SABIDURÍA A CAUSA DE TU ESPLENDOR; YO TE ARROJARÉ POR TIERRA; DELANTE DE LOS REYES TE PONDRÉ PARA QUE MIREN EN TI.

18

CON LA MULTITUD DE TUS MALDADES Y CON LA INIQUIDAD DE TUS CONTRATACIONES PROFANASTE TU SANTUARIO; YO, PUES, SAQUÉ FUEGO DE EN MEDIO DE TI, EL CUAL TE CONSUMIÓ`, Y TE PUSE EN CENIZA SOBRE LA TIERRA A LOS OJOS DE TODOS LOS QUE TE MIRAN.

19

TODOS LOS QUE TE CONOCIERON DE ENTRE LOS PUEBLOS SE MARAVILLARÁN SOBRE TI; ESPANTO SERÁS, Y PARA SIEMPRE DEJARÁS DE SER.

ISAÍAS 14, 12 – 16

12

¡COMO CAÍSTE DEL CIELO, OH LUCERO, HIJO DE LA MAÑANA! CORTADO FUISTE POR TIERRA, TÚ QUE DEBILITABAS A LAS NACIONES.

13

TÚ QUE DECÍAS EN TU CORAZÓN: SUBIRÉ AL CIELO; EN LO ALTO, JUNTO A LAS ESTRELLAS DE DIOS, LEVANTARÉ MI TRONO, Y EN EL MONTE DEL TESTIMONIO ME SENTARÉ, A LOS LADOS DEL NORTE;

14

SOBRE LAS ALTURAS DE LAS NUBES SUBIRÉ, Y SERÉ SEMEJANTE AL ALTÍSIMO.

15

MAS TÚ DERRIBADO ERES HASTA EL SEOL, A LOS LADOS DEL ABISMO.

16

SE INCLINARÁN HACIA TI LOS QUE TE VEAN, TE CONTEMPLARÁN, DICIENDO: ¿ES ÉSTE AQUEL VARÓN QUE HACÍA TEMBLAR LA TIERRA, QUE TRASTORNABA LOS REINOS?;

Dios creo a los ángeles, entre ellos estaba uno adornado con muchos atributos, entre ellos el tener un gran brillante y ser hermoso, su nombre **Lucifer** que significa lleno de luz o portador de luz, en Ezequiel lo determina como Querubín Grande y como protector.

Lucifer desafió la Voluntad de Dios junto con una tercera parte de los ángeles, surgió una gran batalla espiritual entre estos ángeles y los ángeles fieles a Dios eran guiados por el Arcángel Miguel.

Lucifer fue arrojado del Cielo como un rayo.

Otro nombre que se le da a éste ángel es Satanás que quiere decir obstáculo, en griego se le conoce como Apolión, en hebreo Abadón que significa destructor.

Otros nombres que se le dan:

- ➤ **PRINCIPE DE LA OSCURIDAD.**
- ➤ **ADVERSARIO.**
- ➤ **ACUSADOR.**
- ➤ **ENGAÑADOR.**
- ➤ **DRAGÓN.**
- ➤ **MENTIROSO.**
- ➤ **LEVIATÁN.**
- ➤ **ASESINO.**
- ➤ **SERPIENTE.**
- ➤ **ATORMENTADOR.**
- ➤ **DIOS DE ESTE MUNDO.**
- ➤ **PRINCIPE DE ESTE MUNDO.**
- ➤ **SEDUCTOR DEL MUNDO.**

No pretendemos cansarles con las innumerables citas Bíblicas en relación a la existencia de los Demonios. Cada una de estas citas tiene una enseñanza que nos dará el conocimiento necesario para entender y comprender las enseñanzas y experiencias de este libro.

Queremos además que tomemos conciencia de una realidad que nuestra lucha no es con la carne sino con los espíritus de maldad.

EFESIOS 6, 12
PORQUE NO TENEMOS LUCHA CONTRA SANGRE Y CARNE, SINO CONTRA PRINCIPADOS, CONTRA LOS GOBERNADORES DE LAS TINIEBLAS DE ESTE SIGLO, CONTRA HUESTES ESPIRITUALES DE MALDAD EN LAS REGIONES CELESTES.

Cuando oramos y vemos que algunas personas se sanan físicamente, nos quedamos maravillados y damos gracias a Dios, se lo contamos a todas las personas con las cuales podamos hablar, y nos congregamos por millares a ver a hermanos laicos, pastores, ministros y sacerdotes a los que Jesús les ha dado el don de Sanación obrando con ellos el Espíritu Santo.

Vamos tras ellos para ser sanados por Jesús; sin embargo cuando surge una sanación espiritual (Liberación), queremos esconder esta sanación, no se lo contamos a nadie, mucho menos ir tras de los que realizan esta sanación con El Espíritu Santo, como si no fuera el mismo Jesús que hace la sanación, rompe la cautividad y salva esta alma.

En los relatos Bíblicos en el nuevo testamento encontramos tantas Liberaciones como Sanaciones Físicas hechas por Jesús, y en ningún caso se hizo en privado sino por el contrario en medio de miles de personas para que sirviera de testimonio de la gran Misericordia de Él y de Su Padre.

¿Por qué queremos esconder estas sanaciones?

Claro que el Demonio juega un papel importante pues no le interesa que veamos que esta vencido y que a Jesús, Dios le ha dado el Poder de vencer todas las potestades.

SAN MATEO 28, 18
Y JESÚS SE ACERCÓ Y LES HABLÓ DICIENDO: TODA POTESTAD ME ES DADA EN EL CIELO Y EN LA TIERRA,

Cuando una persona se sana físicamente, todo el mundo sale a contar sobre esa sanación, hasta la misma persona que se sanó comienza a dar testimonio en los grupos y en la iglesia.

Pero cuando surge una Sanación de Liberación, todo el mundo se calla, nadie dice nada y el mismo sanado no dice ni una palabra, porque le da pena o vergüenza de decir lo que Dios en su gran misericordia hizo por él. Muchos son de opinión de hacer la liberación en privado por respeto a la persona que se está liberando.

Jesús en los evangelios nunca hizo una liberación en privado, todo lo contrario, incluso mandó al endemoniado Gadareno a que fuera a su aldea a dar testimonio de lo que Dios había hecho por él.

Muchas veces escuchamos o vemos sanaciones hechas por brujos, chamanes, curanderos que sanan y operan por medio de entidades o espíritus, lo cual me hacen recordar cuando tomamos una píldora que viene revestida para que nuestro paladar no saboree la sustancia que normalmente son amargas y desagradables, así mismo estas entidades y espíritus son las envolturas de demonios que actúan por medio de estas personas o médium, etc.

No hay nada oculto que no sea revelado a la luz, y Jesús y sus discípulos hacían estas Liberaciones delante del pueblo para edificación de ellos.

El mismo Jesús nos dice que si con el dedo expulsa los demonios es que el Reino de los Cielos ha llegado.

Les garantizamos hermanos que no es lo mismo ni se parece en nada que el Reino de los Cielos llegue a usted trayendo, Salvación, Amor, Paz, Misericordia, Comprensión, etc. En cambio El Reino de Satanás y sus demonios trae Condenación, Desamor, Intranquilidad, Depresión, Maldad, Envidia, Desunión y Muerte, etc.

SAN MATEO 12, 28
PERO SI YO POR EL ESPÍRITU DE DIOS ECHO FUERA LOS DEMONIOS, CIERTAMENTE HA LLEGADO A VOSOTROS EL REINO DE DIOS.

Sé que una sanación corporal es muy bonita y nos alegra ver como Jesús sigue actuando hoy y siempre, y que no es nada agradable ver una liberación, con una persona gritando, revolcarse por el suelo y echando espuma por la boca, pero puedo darles testimonio de que el Amor y la Misericordia que se siente cuando Jesús libera a un hermano y lo rescata de los lazos de Satanás, no se puede expresar en palabras, hay que sentirlo en carne propia y en el corazón.

SAN LUCAS 13, 16 – 17
16
Y A ESTA HIJA DE ABRAHAM, QUE SATANÁS HABÍA ATADO DIECIOCHO AÑOS, ¿NO SE LE DEBÍA DESATAR DE ESTA LIGADURA EN EL DÍA DE REPOSO?

17
AL DECIR ÉL ESTAS COSAS, SE AVERGOZABAN TODOS SUS ADVERSARIOS; PERO TODO EL PUEBLO SE REGOCIJABA POR TODAS LAS COSAS GLORIOSAS HECHAS POR ÉL.

Espero que estas citas Bíblicas nos den un convencimiento bien claro del Reino de Satanás y sus demonios y la importancia de luchar contra ellos. No quiero que ignoremos que hay espíritus humanos que actúan y son tan malos o peores que los mismos demonios.

Hagamos lo que Jesús nos ha encomendado y preparémonos para la batalla, porque nuestros enemigos están arrojados aquí en la tierra.

APOCALIPSIS 12, 12
POR LO CUAL ALEGRAOS, CIELOS Y LOS QUE MORÁIS EN ELLOS. ¡AY DE LA TIERRA Y DEL MAR! PORQUE EL DIABLO HA BAJADO DONDE VOSOTROS CON GRAN IRA, SABIENDO QUE LE QUEDA POCO TIEMPO.

En Apocalipsis esta revelado una Gran Batalla Final entre estos ángeles, en la cual San Miguel Arcángel derrotará a Satanás para siempre, y será arrojado al lago de fuego eterno con todos sus ángeles y sus seguidores.

APOCALIPSIS 12, 7 – 9
7
DESPUÉS HUBO UNA GRAN BATALLA EN EL CIELO: MIGUEL Y SUS ÁNGELES LUCHABAN CONTRA EL DRAGÓN; Y LUCHABAN EL DRAGÓN Y SUS ÁNGELES;

8

PERO NO PREVALECIERON, NI SE HALLÓ YA LUGAR PARA ELLOS EN EL CIELO.

9

Y FUE LANZADO FUERA EL GRAN DRAGÓN, LA SERPIENTE ANTIGUA, QUE SE LLAMA DIABLO Y SATANÁS, EL CUAL ENGAÑA AL MUNDO ENTERO; FUE ARROJADO A LA TIERRA, Y SUS ÁNGELES FUERON ARROJADOS CON ÉL.

SAN JUAN 12, 31
AHORA ES EL JUICIO DE ESTE MUNDO; AHORA EL PRÍNCIPE DE ESTE MUNDO SERÁ ECHADO FUERA.

SAN JUDAS 1, 6
Y A LOS ÁNGELES QUE NO GUARDARON SU DIGNIDAD, SINO QUE ABANDONARON SU PROPIA MORADA, LOS HA GUAR-DADO BAJO OSCURIDAD, EN PRISIONES ETERNAS PARA EL JUICIO DEL GRAN DÍA.

OTRAS CITAS BIBLICAS:

GÉNESIS 3, 1
DANIEL 10, 13
SAN MATEO 12, 24
SAN MATEO 12, 25
SAN MATEO 23, 33

Estas citas Bíblicas nos muestran claramente la realidad de la existencia de los demonios; Satán – Satanás aparece aproximadamente 50 veces en la Biblia, la palabra Demonio aproximadamente unas 70 veces y Diablo unas 40 veces.

SATÁN - SATANÁS

JOB 1, 6 – 9

6

UN DÍA VINIERON A PRESENTARSE DELANTE DE JEHOVÁ (YAHVÉH) LOS HIJOS DE DIOS ENTRE LOS CUALES VINO TAMBIÉN SATANÁS.

7

Y DIJO JEHOVÁ (YAHVÉH) A SATANÁS: ¿DE DÓNDE VIENES? RESPONDIO SATANÁS A JEHOVÁ (YAHVÉH), DIJO: DE RODEAR LA TIERRA Y DE ANDAR POR ELLA.

8

Y JEHOVÁ (YAHVÉH) DIJO A SATANÁS: ¿NO HAS CONSI-DERADO A MI SIERVO JOB, QUE NO HAY OTRO COMO ÉL EN LA TIERRA, VARÓN PERFECTO Y RECTO, TEMEROSO DE DIOS Y APARTADO DEL MAL?

9

RESPONDIÓ SATANÁS A JEHOVÁ (YAHVÉH), DIJO ¿ACASO TEME JOB A DIOS DE BALDE?

ZACARIAS 3, 1
ME MOSTRÓ AL SUMO SACERDOTE JOSUÉ, EL CUAL ESTABA DELANTE DEL ÁNGEL DE JEHOVÁ (YAHVÉH), Y SATANÁS ESTABA A SU MANO DERECHA PARA ACUSARLE.

APOCALIPSIS 12, 10
ENTONCES OÍ UNA GRAN VOZ EN EL CIELO, QUE DECÍA: AHORA HA VENIDO LA SALVACIÓN, EL PODER, Y EL REINO DE NUESTRO DIOS, Y LA AUTORIDAD DE SU CRISTO; PORQUE HA SIDO LANZADO FUERA EL ACUSADOR DE NUESTROS HERMANOS, EL QUE LO ACUSABA DELANTE DE NUESTRO DIOS DÍA Y NOCHE.

ZACARIAS 3, 2
JEHOVÁ (YAHVÉH) TE REPRIMA SATÁN, REPRIMATE JEHOVÁ (YAHVÉH), EL QUE ¡HA ELEGIDO A JERUSALÉN! ¿NO ES ESTE UN TIZON SACADO DEL FUEGO?

ECLESIÁSTICO 21, 27
CUANDO EL IMPÍO MALDICE A SATANÁS, A SÍ MISMO SE MALDICE.

SAN MATEO 4, 10
ENTONCES JESÚS LE DIJO: VETE, SATANÁS, PORQUE ESCRITO ESTÁ: AL SEÑOR TU DIOS ADORARÁS, Y A ÉL SOLO SERVIRÁS.

SAN MARCOS 1, 13
Y ESTUVO ALLÍ EN EL DESIERTO CUARENTA DÍAS, Y ERA TENTADO POR SATANÁS, Y ESTABA CON LAS FIERAS; Y LOS ÁNGELES LE SERVIAN.

SAN MARCOS 4, 15
Y ÉSTOS SON LOS DE JUNTO AL CAMINO: EN QUIENES SE SIEMBRA LA PALABRA, PERO DESPUÉS QUE LA OYEN, EN SEGUIDA VIENE SATANÁS, Y QUITA LA PALABRA QUE SE SEMBRÓ EN SUS CORAZONES.

SAN LUCAS 10, 18
EL LES DIJO: YO VEÍA A SATANÁS CAER DEL CIELO COMO UN RAYO.

SAN LUCAS 22, 3
Y ENTRÓ SATANÁS EN JUDAS, POR SOBRENOMBRE ISCA-RIOTE, EL CUAL ERA UNO DEL NÚMERO DE LOS DOCE;

SAN LUCAS 22, 31
DIJO TAMBIÉN EL SEÑOR: SIMÓN, SIMÓN, HE AQUÍ SATANÁS OS HA PEDIDO PARA ZARANDEAROS COMO A TRIGO.

SAN JUAN 13, 27
Y DESPUÉS DEL BOCADO, SATANÁS ENTRÓ EN ÉL. ENTONCES JESÚS LE DIJO: LO QUE VAS A HACER HAZLO MAS PRONTO.

HECHOS 5, 3
Y DIJO PEDRO: ANANIAS, ¿POR QUÉ LLENÓ SATANÁS TU CORAZÓN PARA QUE MINTIESES AL ESPÍRITU SANTO, Y SUSTRAJESES DEL PRECIO DE LA HEREDAD?

HECHOS 26, 18
PARA QUE ABRAS SUS OJOS, PARA QUE SE CONVIERTAN DE LAS TINIEBLAS A LA LUZ Y DE LA POTESTAD DE SATANÁS A DIOS; PARA QUE RECIBAN, POR LA FE QUE ES EN MÍ, PERDÓN DE PECADOS Y HERENCIA ENTRE LOS SANTIFICADOS.

ROMANOS 16, 20
Y EL DIOS DE PAZ APLASTARÁ EN BREVE A SATANÁS BAJO VUESTROS PIES. LA GRACIA DE NUESTRO SEÑOR JESUCRISTO SEA CON VOSOTROS.

1 CORINTIOS 5, 5
SEA ENTREGADO ESE INDIVIDUO A SATANÁS PARA DESTRUCCIÓN DE LA CARNE, A FIN DE QUE EL ESPÍRITU SE SALVE EN EL DÍA DEL SEÑOR JESÚS.

1 CORINTIOS 7, 5
NO OS NEGUÉIS EL UNO AL OTRO, A NO SER POR ALGÚN TIEMPO DE MUTUO CONSENTIMIENTO, PARA OCUPAROS SOSEGADAMENTE EN LA ORACIÓN; VOLVED A JUNTAROS EN UNO, PARA QUE NO OS TIENTE SATANÁS A CAUSA DE VUESTRA INCONTINENCIA.

2 CORINTIOS 11, 14
Y NO ES MARAVILLA, PORQUE EL MISMO SATANÁS SE DISFRAZA COMO ÁNGEL DE LUZ.

1 TESALONICENSES 2, 18
POR ESO QUISIMOS IR A VOSOTROS, YO MISMO, PABLO, LO INTENTÉ UNA Y OTRA VEZ, PERO SATANÁS NOS LO IMPIDÍO.

2 TESALONICENSES 2, 9
LA VENIDA DEL IMPÍO ESTARÁ SEÑALADA POR EL INFLUJO DE SATANÁS, CON TODA CLASE DE MILAGROS, SEÑALES, PRODIGIOS ENGAÑOSOS.

1 TIMOTEO 1, 20
ENTRE ÉSTOS ESTÁN HIMENEO Y ALEJANDRO, A QUIENES ENTREGUÉ A SATANÁS PARA QUE APRENDIESEN A NO BLASFEMAR.

1 TIMOTEO 5, 15
PORQUE YA ALGUNAS SE HAN APARTADO EN POS DE SATANÁS.

APOCALIPSIS 2, 9
YO CONOZCO TUS OBRAS Y TU TRIBULACIÓN, Y TU POBREZA (PERO TÚ ERES RICO), Y LA BLASFEMIA DE LOS QUE DICEN JUDÍOS, Y NO LO SON, SINO SINAGOGA DE SATANÁS.

APOCALIPSIS 2, 24
PERO A VOSOTROS Y A LOS DEMÁS QUE ESTÁN EN TIATIRA, A CUANTOS NO TIENEN ESA DOCTRINA, Y NO HAN CONOCIDO LO QUE ELLOS LLAMAN LAS PROFUNDIDADES DE SATANÁS, YO OS DIGO: NO OS IMPONDRÉ OTRA CARGA;

APOCALIPSIS 12, 9
Y FUE ARROJADO EL GRAN DRAGÓN, LA SERPIENTE ANTIGUA, EL LLAMADO DIABLO Y SATANÁS, EL SEDUCTOR DEL MUNDO ENTERO FUE ARROJADO A LA TIERRA Y SUS ÁNGELES FUERON ARROJADOS CON ÉL.

APOCALIPSIS 20, 2
Y PRENDIÓ AL DRAGÓN, LA SERPIENTE ANTIGUA, QUE ES EL DIABLO Y SATANÁS, Y LO ATÓ POR MIL AÑOS;

APOCALIPSIS 20, 7
CUANDO SE TERMINEN LOS MIL AÑOS, SERÁ SATANÁS SOLTADO DE SU PRISIÓN.

DEMONIO - DEMONIOS

TOBÍAS 3, 8 (Es uno de los Libros Deuterocanónicos o Apocrifos)
PORQUE HABÍA SIDO DADA EN MATRIMONIO A SIETE HOMBRES, PERO EL MALVADO DEMONIO ASMODEO LOS HABÍA MATADO ANTES DE QUE UNIERAN A ELLA COMO CASADOS. LA ESCLAVA LE DECÍA: ¡ERES TÚ LA QUE MATAS A TUS MARIDOS!. YA HAS TENIDO SIETE, PERO NI DE UNO SIQUIERA HAS DISFRUTADO.

SAN MATEO 9, 33
Y EXPULSADO EL DEMONIO, ROMPIÓ A HABLAR EL MUDO. Y LA GENTE, ADMIRADA, DECÍA: JAMÁS SE VIO COSA IGUAL EN ISRAEL.

SAN MATEO 11, 18
PORQUE VINO JUAN, QUE NI COMÍA NI BEBÍA, Y DICEN: DEMONIO TIENE.

SAN MATEO 17, 18
Y REPRENDIÓ JESÚS AL DEMONIO, EL CUAL SALIÓ DEL MUCHACHO, Y ÉSTE QUEDÓ SANO DESDE AQUELLA HORA.

SAN MARCOS 7, 26
ESTA MUJER ERA PAGANA, SIROFENICIA DE NACIMIENTO, Y LE ROGABA QUE EXPULSARA DE SU HIJA AL DEMONIO.

SAN MARCOS 7, 29 - 30

29

ENTONCES LE DIJO: POR ESTA PALABRA, VE; EL DEMONIO HA SALIDO DE TU HIJA.

30

VOLVIÓ A SU CASA Y ENCONTRÓ QUE LA NIÑA ESTABA ACOSTADA EN LA CAMA Y QUE EL DEMONIO SE HABÍA IDO.

SAN LUCAS 4, 33

HABÍA EN LA SINAGOGA UN HOMBRE QUE TENÍA EL ESPÍRITU DE UN DEMONIO INMUNDO, Y SE PUSO A GRITAR A GRANDES VOCES.

SAN LUCAS 4, 35

Y JESÚS LE REPRENDIÓ DICIENDO: CÁLLATE, Y SAL DE ÉL. ENTONCES EL DEMONIO, DERRIBÁNDOLE EN MEDIO DE ELLOS, SALIÓ DE ÉL, Y NO LE HIZO DAÑO ALGUNO.

SAN LUCAS 9, 42

Y MIENTRAS SE ACERCABA EL MUCHACHO, EL DEMONIO LE DERRIBÓ Y LE SACUDIÓ CON VIOLENCIA; PERO JESÚS REPRENDIÓ AL ESPÍRITU INMUNDO, Y SANÓ AL MU-CHACHO, Y SE LO DEVOLVIÓ A SU PADRE.

SAN LUCAS 11, 14

ESTABA JESÚS ECHANDO FUERA UN DEMONIO, QUE ERA MUDO; Y ACONTECIÓ QUE SALIDO EL DEMONIO, EL MUDO HABLÓ; Y LA GENTE SE MARAVILLÓ.

SAN JUAN 7, 20

RESPONDÍO LA GENTE: TIENES UN DEMONIO. ¿QUIÉN QUIERE MATARTE?

SAN MARCOS 16, 9

HABIENDO, PUES RESUCITADO JESÚS POR LA MAÑANA, EL PRIMER DIA DE LA SEMANA, APARECIÓ PRIMERAMENTE A

MARÍA MAGDALENA, DE QUIEN HABÍA ECHADO SIETE DEMONIOS.

SAN MARCOS 16, 17
Y ESTAS SEÑALES SEGUIRÁN A LOS QUE CREEN: EN MI NOMBRE ECHARÁN FUERA DEMONIOS; HABLARÁN NUEVAS LENGUAS;

SAN LUCAS 8, 27
AL LLEGAR ÉL A TIERRA, VINO A SU ENCUENTRO UN HOMBRE DE LA CIUDAD, ENDEMONIADO DESDE HACÍA MUCHO TIEMPO; Y NO VESTÍA ROPA, NI MORABA EN CASA, SINO EN LOS SEPULCROS.

SAN LUCAS 8, 30
JESÚS LE PREGUNTO: ¿CUÁL ES TU NOMBRE? EL CONTESTÓ: LEGIÓN; PORQUE HABÍAN ENTRADO EN ÉL MUCHOS DEMONIOS.

SAN LUCAS 8, 33
SALIERON LOS DEMONIOS DE AQUEL HOMBRE Y ENTRARON EN LOS PUERCOS; Y LA PIARA SE ARROJÓ AL LAGO DE LO ALTO DEL PRECIPICIO, Y SE AHOGÓ.

SAN LUCAS 9, 1
HABIENDO REUNIDO A SU DOCE DISCÍPULOS, LES DIO PODER Y AUTORIDAD SOBRE TODOS LOS DEMONIOS, Y PARA SANAR ENFERMEDADES.

SAN LUCAS 10, 17
VOLVIERON LOS SETENTA CON GOZO, DICIENDO: SEÑOR, AUN LOS DEMONIOS SE NOS SUJETAN EN TU NOMBRE.

SAN LUCAS 11, 15
PERO ALGUNO DE ELLOS DECÍAN: POR BEELZEBÚ, PRINCIPE DE LOS DEMONIOS, ECHAN FUERA LOS DEMONIOS.

SAN LUCAS 11, 19 – 20

19

PUES SI YO EXPULSO LOS DEMONIOS POR BEELZEBÚ, ¿VUESTROS HIJOS POR QUIÉN LOS ECHAN? POR TANTO, ELLOS SERÁN VUESTROS JUECES

20

MAS SI POR EL DEDO DE DIOS ECHO YO FUERA LOS DEMONIOS, CIERTAMENTE EL REINO DE DIOS HA LLEGADO A VOSOTROS,

SAN LUCAS 13, 32

ID, Y DECID A AQUELLA ZORRA: HE AQUÍ, ECHO FUERA DEMONIOS Y HAGO CURACIONES HOY Y MAÑANA, Y AL TERCER DÍA TERMINO MI OBRA.

1 CORINTIOS 10, 20 - 21

20

ANTES DIGO QUE LO QUE LOS GENTILES SACRIFICAN, A LOS DEMONIOS LO SACRIFICAN, Y NO A DIOS; Y NO QUIERO QUE VOSOTROS OS HAGAÍS PARTÍCIPES CON LOS DEMO-NIOS.

21

NO PODÉIS BEBER LA COPA DEL SEÑOR, Y LA COPA DE LOS DEMONIOS; NO PODEÍS PARTICIPAR DE LA MESA DEL SEÑOR, Y LA MESA DE LOS DEMONIOS.

SAN SANTIAGO 2, 19

¿TÚ CREES QUE HAY UN SOLO DIOS? HACES BIEN. TAM-BIÉN LOS DEMONIOS LO CREEN Y TIEMBLAN.

APOCALIPSIS 9, 20

Y LOS OTROS HOMBRES QUE NO FUERON MUERTOS CON ESTAS PLAGAS, NI AUN ASÍ SE ARREPINTIERON DE LAS OBRAS DE SUS MANOS, NI DEJARON DE ADORAR A LOS DEMONIOS, Y A LAS IMÁGENES DE ORO, DE PLATA, DE

BRONCE, DE PIEDRA Y DE MADERA, LAS CUALES NO PUEDEN VER, NI OÍR, NI ANDAR;

APOCALIPSIS 16, 14
PUES SON ESPÍRITUS DE DEMONIOS, QUE HACEN SEÑALES, Y VAN A LOS REYES DE LA TIERRA EN TODO EL MUNDO, PARA REUNIRLOS A LA BATALLA DE AQUEL GRAN DÍA DEL DIOS TODOPODEROSO.

APOCALIPSIS 18, 2
Y CLAMÓ CON VOZ POTENTE, DICIENDO: HA CAÍDO, HA CAÍDO LA GRAN BABILONIA, Y SE HA CONVERTIDO EN MORADA DE DEMONIOS Y GUARIDA DE TODO ESPÍRITU INMUNDO, Y ALBERGUE DE TODA AVE INMUNDA Y ABORRE-CIBLE.

DIABLO

SABIDURÍA 2, 24
MAS POR ENVIDIA DEL DIABLO ENTRÓ LA MUERTE EN EL MUNDO, Y LA EXPERIMENTAN LOS QUE LE PERTENECEN.

SAN MATEO 4, 1
ENTONCES JESÚS FUE LLEVADO POR EL ESPÍRITU AL DESIERTO PARA SER TENTADO POR EL DIABLO.

SAN MATEO 4, 5
ENTONCES EL DIABLO LE LLEVA CONSIGO A LA CIUDAD SANTA, LE PONE SOBRE EL ALERO DEL TEMPLO.

SAN MATEO 4, 8
OTRA VEZ LE LLEVÓ EL DIABLO A UN MONTE MUY ALTO, Y LE MOSTRÓ TODOS LOS REINOS DEL MUNDO Y LA GLORIA DE ELLOS;

SAN MATEO 4, 11
EL DIABLO ENTONCES LE DEJÓ; Y HE AQUÍ VINIERON ÁNGELES Y LE SERVÍAN.

SAN MATEO 25, 41
ENTONCES DIRÁ TAMBIÉN A LOS DE SU IZQUIERDA: APARTAOS DE MÍ, MALDITOS, AL FUEGO ETERNO PREPARADO PARA EL DIABLO Y SUS ÁNGELES

SAN LUCAS 4, 6
Y LE DIJO EL DIABLO: TE DARE TODO EL PODER Y LA GLORIA DE ESTOS REINOS, PORQUE A MÍ ME HA SIDO ENTREGADA, Y SE LA DOY A QUIEN QUIERO.

SAN LUCAS 4, 13
Y CUANDO EL DIABLO HUBO ACABADO TODA TENTACIÓN, SE APARTO DE ÉL POR UN TIEMPO.

SAN JUAN 8, 44
VOSOTROS SOIS DE VUESTRO PADRE EL DIABLO, Y LOS DESEOS DE VUESTRO PADRE QUERÉIS HACER. EL HA SIDO HOMICIDA DESDE EL PRINCIPIO, Y NO HA PERMANECIDO EN LA VERDAD, PORQUE NO HAY VERDAD EN ÉL. CUANDO HABLA MENTIRA, DE LO SUYO HABLA; PORQUE ES MENTIROSO, Y PADRE DE LA MENTIRA.

SAN JUAN 13, 2
DURANTE LA CENA, CUANDO YA EL DIABLO HABÍA PUESTO EN EL CORAZÓN A JUDAS ISCARIOTE, HIJO DE SIMÓN, EL PROPÓSITO DE ENTREGARLE.

HECHOS 10, 38
CÓMO DIOS A JESÚS DE NAZARET LE UNGIÓ CON EL ESPÍRITU SANTO Y CON PODER, Y CÓMO ÉL PASÓ HA-CIENDO EL BIEN Y CURANDO A TODOS LOS OPRIMIDOS POR EL DIABLO, PORQUE DIOS ESTABA CON ÉL.

HECHOS 13, 10
DIJO: ¡OH, LLENO DE TODO ENGAÑO Y DE TODA MALDAD, HIJO DEL DIABLO, ENEMIGO DE TODA JUSTICIA! ¿NO CESARÁS DE TRASTORNAR LOS CAMINOS RECTOS DEL SEÑOR?

EFESIOS 4, 27
NI DEIS OCASIÓN (LUGAR) AL DIABLO.

EFESIOS 6, 11
REVESTÍOS DE LAS ARMAS (ARMADURA) DE DIOS PARA PODER RESISTIR A LAS ASECHANZAS DEL DIABLO.

1 TIMOTEO 3, 6 - 7
6
QUE NO SEA NEÓFITO; NO SEA QUE, LLEVADO POR LA SOBERBIA, CAIGA EN LA MISMA CONDENACIÓN DEL DIABLO.
7
TAMBIÉN ES NECESARIO QUE TENGA BUEN TESTIMONIO DE LOS DE AFUERA, PARA QUE NO CAIGA EN DESCRÉDITO Y EN LAZO DEL DIABLO.

SAN SANTIAGO 3, 15
PORQUE ESTA SABIDURÍA NO ES LA QUE DESCIENDE DE LO ALTO, SINO TERRENAL, ANIMAL, DIABÓLICA.

1 TIMOTEO 4, 1
EL ESPÍRITU DICE CLARAMENTE QUE EN LOS ÚLTIMOS TIEMPOS ALGUNOS APOSTATARÁN DE LA FE ENTREGÁNDOSE A ESPÍRITUS ENGAÑADORES Y A DOCTRINAS DIABÓLICAS.

2 TIMOTEO 2, 26
Y VOLVER AL BUEN SENTIDO, LIBRÁNDOSE DE LOS LAZOS DEL DIABLO QUE LOS TIENE CAUTIVOS, RENDIDOS A SU VOLUNTAD.

HEBREOS 2, 14
ASÍ QUE, POR CUANTO LOS HIJOS PARTICIPARON DE CARNE Y SANGRE, ÉL TAMBIÉN PARTICIPÓ DE LO MISMO, PARA DESTRUIR POR MEDIO DE LA MUERTE AL QUE TENÍA EL IMPERIO DE LA MUERTE, ESTO ES, AL DIABLO.

SANTIAGO 4, 7
SOMETEOS, PUES, A DIOS; RESISTID AL DIABLO Y ÉL HUIRÁ DE VOSOTROS.

1 PEDRO 5, 8
SED SOBRIOS Y VELAD. VUESTRO ADVERSARIO, EL DIABLO, RONDA COMO LEÓN RUGIENTE, BUSCANDO A QUIÉN DEVORAR.

1 JUAN 3, 8
QUIEN COMETE EL PECADO ES DEL DIABLO, PUES EL DIABLO PECA DESDE EL PRINCIPIO. EL HIJO DE DIOS SE MANIFESTÓ PARA DESHACER LAS OBRAS DEL DIABLO.

1 JUAN 3, 10
EN ESTO SE MANIFIESTA LOS HIJOS DE DIOS, Y LOS HIJOS DEL DIABLO: TODO AQUEL QUE NO HACE JUSTICIA, Y QUE NO AMA A SU HERMANO, NO ES DE DIOS.

JUDAS 1, 9
PERO CUANDO EL ARCÁNGEL MIGUEL CONTENDÍA CON EL DIABLO, DISPUTANDO CON ÉL POR EL CUERPO DE MOISÉS, NO SE ATREVIÓ A PROFERIR JUICIO DE MALDICIÓN CONTRA ÉL, SINO QUE DIJO: EL SEÑOR TE REPRENDA.

OTRAS REFERENCIAS

GÉNESIS 3, 1

TOBÍAS 3,17
TOBÍAS 6, 8
TOBÍAS 6, 14
TOBÍAS 6, 16 -17
TOBÍAS 8, 3

DANIEL 10, 13

1 CRONICA 21, 1

JOB 1, 12
JOB 2, 1 – 7

DEUTERONOMIO 6,13
DEUTERONOMIO 32,17

LEVÍTICO 16, 8   AZAZEL
LEVÍTICO 16, 10   AZAZEL
LEVÍTICO 16, 26   AZAZEL

NAHÚM 1,11
NAHÚM 2, 1

BARUC 4, 7
BARUC 4, 35

SALMO 18, 5
SALMOS 106, 37

2 SAMUEL 22, 5 BELIAL

SAN MATEO 7, 22
SAN MATEO 8, 31
SAN MATEO 9, 34
SAN MATEO 10, 8
SAN MATEO 10, 25
SAN MATEO 12, 24 – 25
SAN MATEO 12, 26
SAN MATEO 12, 27 – 28
SAN MATEO 13, 39
SAN MATEO 16, 23
SAN MATEO 23, 33

SAN MARCOS 1, 34
SAN MARCOS 1, 39
SAN MARCOS 3, 15
SAN MARCOS 3, 22
SAN MARCOS 3, 23
SAN MARCOS 3, 26
SAN MARCOS 6, 13
SAN MARCOS 8, 33
SAN MARCOS 9, 38

SAN LUCAS 4, 2 – 3
SAN LUCAS 4, 33
SAN LUCAS 4, 41
SAN LUCAS 7, 33
SAN LUCAS 8, 2
SAN LUCAS 8, 12
SAN LUCAS 8, 29
SAN LUCAS 8, 35
SAN LUCAS 8, 38
SAN LUCAS 9, 49
SAN LUCAS 11, 15
SAN LUCAS 11, 18 - 19
SAN LUCAS 10, 20 – 21

SAN JUAN 6, 70
SAN JUAN 8, 48 – 49
SAN JUAN 8, 52

1 CORINTIOS 4, 5

2 CORINTIOS 2, 11
2 CORINTIOS 6, 15
2 CORINTIOS 12, 7

1 JUAN 3, 10

APOCALIPSIS 2, 10
APOCALIPSIS 2, 13
APOCALIPSIS 3, 9
APOCALIPSIS 9, 11 ABADDON
APOCALIPSIS 20, 2
APOCALIPSIS 20, 10

¿CREE USTED EN JESUS Y SU PODER?

Muchas personas en nuestro mundo por ignorancia no creen en Jesús, otros creen pero no confían en Él y su obra Salvífica, si nosotros todavía no hemos leído La Biblia, que es La palabra de Dios, entonces es lógico que no creamos en Jesús y en su Poder. Pero sí existe una sentencia dada por Dios de condenación para aquel que no cree y confía en Jesús.

SAN JUAN 3, 18
EL QUE EN ÉL CREE, NO ES CONDENADO; PERO EL QUE NO CREE, YA HA SIDO CONDENADO, PORQUE NO HA CREÍDO EN EL NOMBRE DEL UNIGÉNITO HIJO DE DIOS.

Si nosotros los cristianos sin importar la nominación a que usted pertenezca, no enseñamos quien es Jesús, si no cumplimos sus mandatos, entonces las piedras hablarían.

SAN LUCAS 19, 40
ÉL, RESPONDIENDO, LES DIJO: OS DIGO QUE SI ÉSTOS CALLARAN, LAS PIEDRAS CLAMARÍAN.

Hablar del Reino de Dios, de Jesús y del Espíritu Santo así como de la Salvación es un mandato y un deber de todos los Cristianos; debemos predicar La Palabra de Dios **(Con Poder)** y dar Testimonio de Vida de lo que Dios ha hecho en cada uno de nosotros.

Hace poco salió al mercado un libro que después fue convertido en Película titulado "El Código Da Vinci", no quiero ni hacer comentario referente al libro ni a la película, lo que sí quiero comentar es como cantidades de personas daban por hecho, un libro escrito de ciencia ficción que son puros inventos y mentiras.

Pero a cuantas personas le hablamos de la Palabra de Dios (La Biblia) y no lo dan por hechos ciertos, sin embargo creen en todo lo que dicen en los noticieros y en los periódicos, sobre todo, cualquier información de horóscopos, adivinación, etc. Creen en el poder del diablo y sus demonios en sus sanaciones y sus adivinaciones. Pero no creen en las Profecías, en las Liberaciones, ni en las Sanaciones hechas por Jesús, estas hay que ponerlas en estudios y juicios científicos, sobre todo si se trata de un Milagro.

Usemos nuestra imaginación por un momento:
Pensemos que estamos grabando un partido de Pelota en el que juegan dos equipos Los Boston contra los New York, cuando termina la grabación del juego los Boston ganaron 7 carreras a 3.

Al siguiente día ponemos de nuevo la grabación para ver el juego, y yo le digo a usted, te apuesto $ 1,000.00 en dinero efectivo que los Boston le ganan a los New York y le duplico a $ 2,000.00 que el Boston hacen más de 5 carrera. **¿Usted apostaría?** Estoy seguro que diría "Claro que No, no tengo cara de tonto".

Entonces si Jesús venció al Mundo, venció a Satanás y se le dio todo Poder en el Cielo y en la Tierra y toda rodilla debe doblarse en el Cielo y en la Tierra frente a Él, como es posible ir tras los ídolos, deidades, adivinos que solo son demonios disfrazados; sabemos que perdieron, pero apostamos y nos sometemos como tontos a ellos.

Muchas veces oímos críticas sobre los Testigos de Jehová y Los Mormones, pero si nos hiciéramos en nuestro corazón esta pregunta:

¿No están haciendo lo que Dios les ha mandado? Que cómodos somos nosotros a veces y nuestras iglesias y que poco entendemos el mandato de Jesús; nosotros, los que nos llamamos Cristianos.

SAN MARCOS 16, 15 – 18
15
Y LES DIJO: ID POR TODO EL MUNDO Y PREDICAD EL EVANGELIO A TODA CRIATURA.

16
EL QUE CREYERE Y FUERE BAUTIZADO, SERÁ SALVO; MAS EL QUE NO CREYERE, SERÁ CONDENADO.

17
Y ESTAS SEÑALES SEGUIRÁN A LOS QUE CREEN: EN MI NOMBRE ECHARÁN FUERA DEMONIOS; HABLARÁN NUEVAS LENGUAS;

18
TOMARÁN EN LAS MANOS SERPIENTES, Y SI BEBIEREN COSA MORTÍFERA, NO LES HARÁ DAÑO; SOBRE LOS ENFERMOS PONDRÁN SUS MANOS, Y SANARÁN.

Créanme hermanos, esto no lo escribimos con el motivo de crítica hacia nadie, sino para despertar del letargo y hacer lo que Jesús nos ha mandado, no sé porque tenemos el convencimiento de que esto lo deben hacer los Sacerdotes, Religiosos, Monjas, Reverendos, Ancianos y Pastores….etc. Estamos en un completo error, este mandato es para todo el que cree.

Todos los cristianos hemos recibido el Bautismo, pero recibirlo no lo es todo, debemos activarlo y confirmarlo en nuestros corazones para que El Espíritu Santo sea la guía de nuestras vidas.

Sin esta confirmación la cual llamaremos activación en el Espíritu Santo no podemos hablar de Nuestra Salvación, ni de Jesús, ni del Reino de Dios, mucho menos entender La Palabra de Dios (La Biblia).

Vamos hacer una comparación, imaginemos que nos regalan una nueva TV Digital HD y la instalamos en nuestro sitio preferido, nos sentamos para verla......pero si no prendemos la televisión, nunca podremos ver nuestro programa favorito, aunque tenemos un nuevo Televisor Digital último modelo en nuestra casa; lo mismo pasa con El Espíritu Santo, tenemos al Espíritu Santo que mora en nosotros de una manera pasiva, pero si no lo activamos nunca podremos ser guiados por Él, cumplir sus mandamientos, no podemos tener los dones y frutos del Espíritu, ni entender La Palabra de Dios (La Biblia) no podemos saber quién es Jesús y no tendremos comunión con Él.

ROMANOS 8, 9
MAS NOSOTROS NO VIVÍS SEGÚN LA CARNE, SINO SEGÚN EL ESPÍRITU, SI ES QUE EL ESPÍRITU DE DIOS MORA EN NOSOTROS.   Y SI ALGUNO NO TIENE EL ESPÍRITU DE CRISTO, NO ES DE ÉL.

Hermanos pidámosle a Jesús que nos mande su Espíritu; Él lo concede a todo el que se lo pide con un corazón limpio y puro. El mismo Jesús nos lo dice:

SAN LUCAS 11, 13
PUES SI VOSOTROS, SIENDO MALOS, SABÉIS DAR BUENAS DÁDIVAS A VUESTROS HIJOS, ¿CUÁNTO MÁS VUESTRO PADRE CELESTIAL DARÁ EL ESPÍRITU SANTO A LOS QUE SE LO PIDAN?

Los Apóstoles estando tristes por la partida de Jesús hacia el Cielo. Él le dijo de la conveniencia de su partida hacia el Padre, para que Nuestro Padre Celestial nos pudiera mandar su Santo Espíritu.

SAN JUAN 16, 7
PERO YO OS DIGO LA VERDAD: OS CONVIENE QUE YO ME VAYA; PORQUE SI NO ME FUERA, EL CONSOLADOR NO VENDRÍA A VOSOTROS; MAS SI ME FUERE, OS LO ENVIARÉ.

SAN JUAN 7, 38
EL QUE CREE EN MÍ, COMO DICE LA ESCRITURA, DE SU INTERIOR CORRERÁN RÍOS DE AGUA VIVA.

El Espíritu Santo es la clave de la comunicación y del entendimiento con Dios y su Hijo Amado Jesucristo; él mismo Jesús hace sus obras por el poder del Espíritu Santo.

SAN MATEO 3, 16
Y JESÚS, DESPUÉS QUE FUE BAUTIZADO, SUBIÓ LUEGO DEL AGUA; Y HE AQUÍ LOS CIELOS LE FUERON ABIERTOS, Y VIO AL ESPÍRITU SANTO QUE DESCENDÍA COMO PALOMA, Y VENÍA SOBRE ÉL.

SAN MATEO 12, 28
PERO SI YO POR EL ESPÍRITU DE DIOS ECHO FUERA DEMONIOS, CIERTAMENTE HA LLEGADO A VOSOTROS EL REINO DE DIOS.

De una manera u otra **Creemos en Jesús** pero **Confiar en Jesús** y en sus palabras ahí está la diferencia; sabemos por La Palabra de Dios que hasta los demonios creen y saben quién es Jesús.

SAN MARCOS 5, 7
Y CLAMANDO A GRAN VOZ DIJO: ¿QUÉ TIENES CONMIGO, JESÚS, HIJO DE DIOS ALTÍSIMO? TE CONJURO POR DIOS QUE NO ME ATORMENTES.

San Marcos nos relata como en uno de los Milagros de Jesús nos muestra como obra El Espíritu Santo por medio de Jesús.

28
PORQUE DECÍA: SI TOCARE TAN SOLAMENTE SU MANTO, SERE SALVA.

30
LUEGO JESÚS, CONOCIENDO EN SÍ MISMO EL PODER QUE HABÍA SALIDO DE ÉL, VOLVIENDOSE A LA MULTITUD LES DIJO: ¿QUIÉN HA TOCADO MIS VESTIDOS?

33
ENTONCES LA MUJER, TEMIENDO Y TEMBLANDO, SABIEN-DO LO QUE EN ELLA HABÍA SIDO HECHO, VINO Y SE POSTRÓ DELANTE DE ÉL, Y LE DIJO TODA LA VERDAD.

34
Y ÉL LE DIJO: HIJA, TU FE TE HA HECHO SALVA; VE EN PAZ, Y QUEDA SANA DE TU AZOTE.

La Fe y La Confianza de esta mujer en Jesús hizo que fuera sana y salva, el temor y el miedo de esta mujer se debía a que la mujer estaba en condiciones impuras y le era prohibido en esa época teniendo el flujo de sangre acercarse a ninguna persona, debía purificarse antes de entrar en la ciudad, y mucho menos podía tocar a un Rabino ni a nadie hasta que fuese limpia.

Isaías nos confirma que debemos tener plena confianza en Dios y en Jesús:

ISAÍAS 26, 3 - 4
3
TÚ GUARDARÁS EN COMPLETA PAZ A AQUEL CUYO PENSA-MIENTO EN TI PERSEVERE; PORQUE EN TI HA CONFIADO.

4
CONFIAD EN JEHOVÁ (YAHVÉH) PERPETUAMENTE, PORQUE EN JEHOVÁ (YAHVÉH) EL SEÑOR ESTÁ LA FORTALEZA DE LOS SIGLOS.

SAN JUAN 16, 33

ESTAS COSAS OS HE HABLADO PARA QUE EN MÍ TENGÁIS PAZ. EN EL MUNDO TENDRÉIS AFLICCIÓN; PERO CONFIAD, YO HE VENCIDO AL MUNDO.

En el versículo 5, 30 en el evangelio de San Marcos nos dice que salió Poder de Jesús, y el mismo Jesús les dice a sus discípulos que se queden en la ciudad para que sean investidos de este Poder del Espíritu Santo.

SAN LUCAS 24, 49

HE AQUÍ, YO ENVIARÉ LA PROMESA DE MI PADRE SOBRE VOSOTROS; PERO QUEDAOS VOSOTROS EN LA CIUDAD DE JERUSALÉN, HASTA QUE SEÁIS INVESTIDOS DE PODER DESDE LO ALTO.

El mismo San Pablo les narra a los Corintios de la importancia de este Poder que debemos tener todos los que somos de Cristo:

1 CORINTIOS 2, 4 - 5

4

Y NI MI PALABRA NI MI PREDICACIÓN FUE CON PALABRAS PERSUASIVAS DE HUMANA SABIDURÍA, SINO CON DEMOSTRACIÓN DEL ESPÍRITU Y DE PODER.

5

PARA QUE VUESTRA FE NO ESTÉ FUNDAMENTADA EN LA SABIDURÍA DE LOS HOMBRES, SINO EN EL PODER DE DIOS.

1 CORINTIOS 4, 20

PORQUE EL REINO DE DIOS NO CONSISTE EN PALABRAS, SINO EN PODER.

Vamos a decir un refrán muy conocido en los países Latinos, **más claro no canta un Gallo,** San Pablo nos dice que ni por oradores elocuentes, ni por predicaciones maravillosas, ni por Sabiduría Humana, Teología, Cursos, Retiros, etc.: sino con demostración de Poder por medio de nosotros, por el cual obtendremos Fe y que dicha Fe no estará fundamentada en Sabiduría de los hombres sino en el Poder de Dios que otorga Dios por medio de los Dones del Espíritu Santo de manera que a Él le place a todos aquellos que **creen** y **confían** en la Palabra de Jesús, para que con este Poder podamos cumplir sus mandatos.

Con esto no queremos decir que no debemos leer, hacer cursos, retiros, escudriñar La Palabra de Dios (La Biblia); ahora bien, lo que nos enseña el evangelio es que la predicación de La Palabra de Dios, debe estar acompañada de señales y prodigios, sanaciones y liberando a los cautivos por los demonios.

SAN MARCOS 16, 15 – 18
15
Y LES DIJO: ID POR TODO EL MUNDO Y PREDICAD EL EVANGELIO A TODA CRIATURA,

16
EL QUE CREYERE Y FUERE BAUTIZADO, SERÁ SALVO; MAS EL QUE NO CREYERE, SERÁ CONDENADO.

17
Y ESTAS SEÑALES SEGUIRÁN A LOS QUE CREEN: EN MI NOMBRE ECHARÁN FUERA DEMONIOS; HABLARÁN NUEVAS LENGUAS;

18
TOMARÁN EN LAS MANOS SERPIENTES, Y SI BEBIEREN COSA MORTÍFERA, NO LES HARÁ DAÑO; SOBRE LOS ENFERMOS PONDRÁN SUS MANOS, Y SANARÁN.

La Promesa de Dios y de su Hijo Amado Jesús es que el Espíritu Santo more en cada uno de nosotros, Él es la guía de nuestras vidas y Él es que nos da autoridad y poder por medio de los dones del Espíritu Santo para servirle, esta promesa esta relatada en varios pasajes de La Palabra de Dios (La Biblia),

La Vida en el Espíritu Santo nos infunde y nos llena de Poder y Actividades; en estas Actividades conocemos La Vida que Él nos da y la manera de servirle.

LEVÍTICO 26, 12
Y ANDARÉ ENTRE VOSOTROS, Y YO SERÉ VUESTRO DIOS, Y VOSOTROS SERÉIS MI PUEBLO.

EZEQUIEL 37, 27
ESTARÁ EN MEDIO DE ELLOS MI TABERNÁCULO, Y SERÉ A ELLOS POR DIOS, Y ELLOS SERÁN POR PUEBLO.

APOCALIPSIS 21, 3
Y OÍ UNA GRAN VOZ DEL CIELO QUE DECÍA: HE AQUÍ EL TABERNÁCULO DE DIOS CON LOS HOMBRES, Y ÉL MORA-
RÁ CON ELLOS; Y ELLOS SERÁN SU PUEBLO, Y DIOS MISMO ESTARÁ CON ELLOS COMO SU DIOS.

1 CORINTIOS 3, 16
¿NO SABÉIS QUE SOIS TEMPLO DE DIOS, Y QUE EL ESPÍRITU DE DIOS MORA EN VOSOTROS?

1 CORINTIOS 6, 19
¿O IGNORÁIS QUE VUESTRO CUERPO ES TEMPLO DEL ESPÍRITU SANTO, EL CUAL ESTÁ EN VOSOTROS, EL CUAL TENÉIS DE DIOS, Y QUE NO SOIS VUESTROS.

2 CORINTIOS 6, 16
¿Y QUÉ ACUERDO HAY ENTRE EL TEMPLO DE DIOS Y LOS ÍDOLOS? PORQUE VOSOTROS SOIS EL TEMPLO DEL DIOS VIVIENTE, COMO DIOS DIJO: HABITARÉ Y ANDARÉ ENTRE ELLOS, Y SERÉ SU DIOS, Y ELLOS SERÁN MI PUEBLO.

Que hermoso sería que todos podamos decir como San Pablo:

GALATAS 2, 20
CON CRISTO ESTOY JUNTAMENTE CRUCIFICADO, Y YA NO VIVO YO, MAS VIVE CRISTO EN MÍ; Y LO QUE AHORA VIVO EN LA CARNE, LO VIVO EN LA FE DEL HIJO DE DIOS, EL CUAL ME AMÓ Y SE ENTREGÓ A SÍ MISMO POR MÍ.

En Romanos 7, 6; San Pablo nos dice que sirvamos bajo el régimen nuevo del Espíritu y no bajo el régimen viejo de la letra.

No pretendemos juzgar a nadie, pero cuantos hermanos Pastores, Ministros y Sacerdotes, etc., de hoy día están todavía en el régimen de las letras y no en el nuevo régimen del Espíritu; no se dan cuenta que sus Iglesias y Templos agonizan y están llenos de reprimendas y peticiones de dinero para hacer edificaciones que solo son apariencias del crecimiento humano y no de Almas Salvadas.

Debemos preguntarnos hermanos en Cristo, en cuantos de mi Iglesia o Templo, mora el Espíritu Santo y tienen la autoridad y el Poder del Espíritu?

Dios no nos va a preguntar si nos sabemos La Biblia de memoria o si hicimos una Iglesia hermosa y grande, no creo que esto sea el fruto que nosotros debemos dar. La pregunta sería **¿Cuántos hemos traído a Cristo en Espíritu y Verdad?**

Miremos a nuestras Iglesias y Templos, cuantos viven la vida del Espíritu y cuantos son calienta bancos que solo hacen acto de presencia los domingos y se pasan años haciendo estudios y estudios.

Jesús buscó gente sencilla para llevar el Evangelio hasta los confines de la tierra, hoy día estamos buscando Teólogos, Doctores, Ministros, Pastores o Sacerdotes o lo que es peor, personas con una buena cuenta bancaria para que den un buen diezmo; quizás todos tengan las mejores intenciones, pero carecen de lo fundamental, un Espíritu Santo Vivo, que inyecten a su Iglesia a un Jesús Vivo, llenos de Carismas para echar fuera demonios y sanar enfermos y que todos sus feligreses trabajen para El Señor y no un grupito de líderes hinchados porque tienen una posición o nombramiento.

Que hermoso es cuando vamos a un Templo o Iglesia y se está alabando al Señor de los Cielos y Él en su Infinita bondad hace Sanaciones, Milagros, Liberaciones, Sanaciones Interiores por medio de nuestros hermanos que llenos de Fe, Misericordia y del Espíritu Santo nos dan el Amor infinito que Dios nos proporciona.

EL PODER DE JESUS

Muchas citas Bíblicas nos relatan que del Cuerpo de Jesús, salía poder cuando él hacia sanaciones. ¿De dónde viene este poder?

SAN MATEO 22, 29
ENTONCES RESPONDIENDO JESÚS, LES DIJO: ERRÁIS, IGNORANDO LAS ESCRITURAS Y EL PODER DE DIOS.

El Poder de Jesús viene por el Espíritu Santo, Jesús recibió al Espíritu Santo con el Bautismo de Juan en el Jordán.

Jesús les dio poder a sus discípulos para expulsar a los demonios y sanar enfermos:

SAN LUCAS 9, 1
HABIENDO REÚNIDO A SUS DOCE DISCÍPULOS, LES DÍO PODER Y AUTORIDAD SOBRE TODOS LOS DEMONIOS, Y PARA SANAR ENFERMEDADES.

No solo les dio poder a los 12 discípulos sino que les dio poder a los 70, otras versiones dicen 72.

SAN LUCAS 10, 17
VOLVIERON LOS SETENTA CON GOZO, DICIENDO: SEÑOR, AUN LOS DEMONIOS SE NOS SUJETAN EN TU NOMBRE.

SAN LUCAS 10, 19
HE AQUÍ OS DOY POTESTAD DE HOLLAR SERPIENTES Y ESCORPIONES, Y SOBRE TODA FUERZA DEL ENEMIGO, Y NADA OS DAÑARA.

Jesús nos promete enviar la promesa de su Padre y ser investidos de poder:

SAN LUCAS 24, 49
HE AQUÍ YO ENVIARÉ LA PROMESA DE MI PADRE SOBRE VOSOTROS; PERO QUEDAOS VOSOTROS EN LA CIUDAD DE JERUSALÉN, HASTA QUE SEÁIS INVESTIDOS DE PODER DESDE LO ALTO.

HECHOS 1, 8
PERO RECIBIRÉIS PODER, CUANDO HAYA VENIDO SOBRE VOSOTROS EL ESPÍRITU SANTO, Y ME SERÉIS TESTIGOS EN JERUSALÉN, EN TODA JUDEA, EN SAMARIA, HASTA LO ÚLTIMO DE LA TIERRA.

No solo ruega por los discípulos, sino por todos nosotros:

JUAN 17, 20
MAS NO RUEGO SOLAMENTE POR ÉSTOS, SINO TAMBIÉN POR LOS QUE HAN DE CREER EN MÍ POR LA PALABRA DE ELLOS,

Al creer y confiar en Jesús nos da la misma promesa que a los apóstoles.

SAN MARCOS 16, 16
EL QUE CREYERE Y FUERE BAUTIZADO, SERÁ SALVO; MAS EL QUE NO CREYERE, SERÁ CONDENADO.

Cuando creemos en Jesús recibimos al Espíritu Santo y obtenemos el poder de lo alto para servirle como sus discípulos.

SAN MARCOS 16, 17
Y ESTAS SEÑALES SEGUIRÁN A LOS QUE CREEN: EN MI NOMBRE ECHARÁN FUERA DEMONIOS; HABLARÁN NUEVAS LENGUAS;

Ahora surge la pregunta siguiente ¿Por qué la mayoría de los cristianos de hoy, no tienen estas señales y este poder?

La respuesta no es fácil, pero creo que debemos hacernos las siguientes preguntas:

1.- ¿Creemos en Jesús?
2.- ¿Confiamos en él?
3.- ¿Activamos al Espíritu Santo?
4.- ¿Hemos perdonado a todos los que nos ofendieron?
5.- ¿Nos arrepentimos y nos convertimos a él?
6.- ¿Nos hemos entregado incondicionalmente para servirle?
7.- ¿Hemos recibido al Espíritu Santo por medio de la imposición de las manos?
8.- ¿Hemos recibidos dones del Espíritu Santo o los hemos rechazados?
9.- ¿Hemos apagado al Espíritu Santo y sus dones?
10.- ¿Estamos dispuestos a dar nuestras vidas por nuestros semejantes?
11.- ¿Obedecemos a hombres en vez de obedecer el mandato de Dios?

Solo puedo decirles que la promesa de Dios se cumple, Dios no puede mentir en su Palabra, solo tenemos que Creer y Confiar plenamente en Él y entregarnos incondicionalmente para servirle, esta promesa es para todos.

Tener Fe es un Don de Dios, este Don maravilloso podemos pedirle que nos lo dé o que lo incremente cada día más; el mismo Jesús en muchas ocasiones amonestaba a sus discípulos y seguidores de tener poca fe.

SAN MATEO 8, 26
EL LE DIJO: ¿POR QUÉ TEMÉIS, HOMBRES DE POCA FE? ENTONCES, LEVANTÁNDOSE, REPRENDIÓ A LOS VIENTOS Y AL MAR; Y SE HIZO GRANDE BONANZA.

SAN MATEO 17, 20
JESÚS LES DIJO: POR VUESTRA POCA FE; PORQUE DE CIERTO OS DIGO, QUE SI TUVIEREIS FE COMO UN GRANO DE MOSTAZA, DIRÉIS A ESTE MONTE: PÁSATE DE AQUÍ ALLÁ, Y SE PASARÁ; Y NADA OS SERÁ IMPOSIBLE.

Pero lo hermoso es que sucede todo lo contrario cuando tenemos Fe:

SAN MATEO 8, 13
ENTONCES JESÚS DIJO AL CENTURIÓN: VE, Y COMO CREÍSTE, TE SEA HECHO

SAN MATEO 9, 22
PERO JESÚS, VOLVIÉNDOSE Y MIRÁNDOLA, DIJO: TEN ÁNIMO HIJA, TU FE TE HA SALVADO. Y LA MUJER FUE SALVA DESDE AQUELLA HORA.

SAN MATEO 15, 28
ENTONCES RESPONDIENDO JESÚS, DIJO: OH MUJER, GRANDE ES TU FE; HÁGASE CONTIGO COMO QUIERES. Y SU HIJA FUE SANADA DESDE AQUELLA HORA.

HISTORIA DEL EQUILIBRISTA:

Un equilibrista estando en la ciudad de New York puso un cable de un edificio a otro el cual cruzaba la calle con la intención de cruzarlo con una garrocha (Vara larga que usa el equilibrista).

Los curiosos se aglomeraban en la calle para verlo.

El equilibrista le preguntó a la multitud de personas lo siguiente:

¿Tienen ustedes Fe en mí de que yo puedo cruzar al otro lado por el cable?

Todos le decían, Sí, Sí Tú puedes, Tú puedes cruzarlo, Tú lo puedes lograr.

El equilibrista subió a uno de los edificios y tomando su garrocha comenzó a cruzar al otro lado lográndolo.

El público comenzó a aplaudir y decían Bravo, Bravo!

Pese a que hacía mucha brisa, el equilibrista de nuevo se dirige a la multitud y le dice:

Voy a cruzar de nuevo pero esta vez será sin la garrocha, solo con mis manos.

¿Creen ustedes en mí que yo podré lograrlo?

Esta vez solo unos cuantos de la multitud les decían:

¡Sí, Sí, creemos que tú puedes hacerlo, tú lo lograrás!
El equilibrista subió de nuevo y comenzó a cruzar solo con sus brazos abiertos y logro cruzar de nuevo al otro edificio.

El público aplaudía fuertemente y lo felicitaban por su proeza.

El equilibrista de nuevo se dirige a la multitud que estaba maravillada y le dice:

Ahora voy a cruzar con las manos ocupadas puesta en una carretilla.

Y le dice al público **¿Confían ustedes en mi que yo lograré nuevamente cruzar?**

El público se quedó completamente en silencio, el equilibrista le volvió a preguntar lo mismo y nuevamente se quedó el público en silencio, uno solo comienza a decirle:

¡Sí, Sí Yo confío en ti que tú lo lograras, tú vas a cruzar nuevamente!

El equilibrista lo hace pasar en frente de él y le dice:

Sí tú confías en mi entonces súbete a la carretilla.

Tener Fe en Jesús es un Don de Dios el cual despierta el creer en Él, pero confiar en Él es un acto de nuestra voluntad y de nuestra madurez espiritual. Pídale a Dios que su Santo Espíritu infunda en usted el que confíe en Jesús y usted comenzará a experimentar lo que Dios obrará en usted en el Nombre de Jesús.

"HERMANO EN CRISTO, SUBETE A LA CARRETILLA".

¿QUÉ QUIERE JESUS DE NOSOTROS?

En el Libro de Daniel hay un relato muy importante que nos revela una Lucha Espiritual:

DANIEL 10, 13
MÁS EL PRÍNCIPE DEL REINO DE PERSIA SE ME OPUSO DURANTE VEINTIÚN DÍAS; PERO HE AQUÍ MIGUEL, UNO DE LOS PRINCIPALES PRÍNCIPES, VINO PARA AYUDARME, Y QUEDÉ ALLÍ CON LOS REYES DE PERSIA.

En este relato observamos que la lucha espiritual es continua, cuando un príncipe termina el otro viene en ayuda a luchar. Pero es interesante ver en el versículo siguiente que nadie aparece para ayudar en esta lucha excepto `Miguel.

DANIEL 10, 21
PERO YO TE DECLARARÉ LO QUE ESTÁ ESCRITO EN EL LIBRO DE LA VERDAD; Y NINGUNO ME AYUDA CONTRA ELLOS, SINO MIGUEL VUESTRO PRÍNCIPE.

Ésta bien claro que en la Lucha Espiritual contra los demonios, no aparece nadie que ayude excepto Miguel el Arcángel. Jesús mismo les pide a los discípulos que le rueguen al Padre que envíe obreros a su mies y les manda a luchar contra los demonios con autoridad y poder echarlos fuera.

SAN MATEO 9, 37 - 38

37

ENTONCES DIJO A SUS DISCÍPULOS: A LA VERDAD LA MIES ES MUCHA MAS LOS OBREROS POCOS.

38

ROGAD PUES. AL SEÑOR DE LA MIES QUE ENVIÉ OBREROS A SU MIES.

Todos nosotros al seguir a Jesús nos convertimos en discípulos de él, y debemos obedecer y hacer la voluntad de nuestro Padre Celestial.

Los que pertenecemos a Jesús vivimos espiritualmente y crucificamos la carne; el mismo San Pablo nos dice en Efesios que nuestra lucha no es con carne ni con las personas sino con los espíritus del mal, con huestes celestiales de maldad, en otras palabras con espíritus malignos, contra demonios.

EFESIOS 6, 12

PORQUE NO TENEMOS LUCHA CONTRA SANGRE Y CARNE, SINO CONTRA PRINCIPADOS, CONTRA POTESTADES, CONTRA LOS GOBERNADORES DE LA TINIEBLAS DE ESTE SIGLO, CONTRA HUESTES ESPIRITUALES DE MALDAD EN LAS REGIONES CELESTES.

En uno de los mandatos de Jesús nos dice que prediquemos el evangelio hasta los confines de la tierra con el Poder del Espíritu Santo, y con este mismo Poder que Él nos da por medio del Espíritu Santo, nos dice que liberemos a nuestros hermanos de los lazos de los demonios, en pocas palabras que echemos fuera demonios y sanemos enfermos.

Él nos advierte que abramos los ojos de las gentes para que se conviertan de las tinieblas a la luz y que reciban el perdón de pecados por medio de la fe en Cristo Jesús.

El "dios" de este siglo cegó el entendimiento de los incrédulos, para que no resplandezca la luz del Evangelio.

HECHOS 26, 18
PARA QUE ABRAS SUS OJOS, PARA QUE SE CONVIERTAN DE LAS TINIEBLAS A LA LUZ, Y DE LA POTESTAD DE SATÁNAS A DIOS; PARA QUE RECIBAN, POR LA FE QUE ES EN MÍ, PERDÓN DE PECADOS Y HERENCIA ENTRE LOS SANTIFI-CADOS.

2 CORINTIOS 4, 4
EN LOS CUALES EL dios DE ESTE SIGLO CEGÓ EL ENTENDIMIENTO DE LOS INCRÉDULOS, PARA QUE NO LES RESPLANDEZCA LA LUZ DEL EVANGELIO DE LA GLORIA DE CRISTO, EL CUAL ES LA IMAGEN DE DIOS.

En la historia de la Biblia, Dios fue eligiendo personas para cumplir con diferentes misiones, entre ellas Abraham. Moisés, Isaac, Jacob, Los Profetas, David, y todos los personajes de la Biblia.

Dios elige a María para la misión de tener a su hijo amado, también elige a Juan Bautista para que sea el precursor de la Misión que le fue encomendada a su hijo Amado Jesús.

Jesús elige a sus discípulos para cumplir con la Misión de llevar El Evangelio hasta los confines del Mundo.

SAN MATEO 4, 18 - 19
18
ANDANDO JESÚS JUNTO AL MAR DE GALILEA, VIÓ A DOS HERMANOS, SIMÓN, LLAMADO PEDRO, Y ANDRÉS SU HERMANO, QUE ECHABAN LA RED EN EL MAR; PORQUE ERAN PESCADORES.

19
Y LES DIJO: VENID EN POS DE MÍ, Y OS HARÉ PESCADORES DE HOMBRES.

Jesús también nos otorga esta Misión a todos lo que en él crean.

SAN MATEO 28, 19
POR TANTO ID, Y HACED DISCÍPULOS A TODAS LAS NACIONES, BAUTIZÁNDOLOS EN EL NOMBRE DEL PADRE, Y DEL HIJO, Y DEL ESPÍRITU SANTO;

Dios mismo nos llama para que seamos conforme a la imagen de su Hijo Jesús:

ROMANOS 8, 28 - 29
28
Y SABEMOS QUE A LOS QUE AMAN A DIOS, TODAS LAS COSAS LES AYUDAN A BIEN, ESTO ES, A LOS QUE CONFOR- ME A SU PROPÓSITO SON LLAMADOS.

29
PORQUE A LOS QUE ANTES CONOCIÓ, TAMBIÉN LOS PRE- DESTINÓ PARA QUE FUESEN HECHOS CONFORMES A LA IMAGEN DE SU HIJO, PARA QUE ÉL SEA PRIMOGÉNITO ENTRE MUCHOS HERMANOS.

Dios quiere que seamos en términos modernos una perfecta fotocopia de su hijo Jesús.

Jesús nos dice que vayamos en pos de Él, si estamos con Él daremos frutos en abundancia y que nada podemos hacer sin Él.

SAN LUCAS 14, 27
Y EL QUE NO LLEVE SU CRUZ Y VIENE EN POS DE MÍ, NO PUEDE SER MI DISCÍPULO.

SAN MATEO 12, 30
EL QUE NO ES CONMIGO, CONTRA MÍ ES; Y EL QUE CON- MIGO NO RECOGE, DESPARRAMA.

La gran comisión que Jesús nos delega es salvar a nuestros hermanos y hacer discípulos para llevar su palabra hasta los confines de la tierra.

SAN MATEO 10, 7 - 8

7

Y YENDO, PREDICAD, DICIENDO:
EL REINO DE LOS CIELOS SE HA ACERCADO.

8

SANAD ENFERMOS, LIMPIAD LEPROSOS, RESUCITAD MUER-
TOS, ECHAD FUERA DEMONIOS; DE GRACIA RECIBISTEIS,
DAD DE GRACIA.

1 CORINTIOS 15, 58
ASÍ QUE, HERMANOS MÍOS AMADOS, ESTAD FIRMES Y
CONSTANTES, CRECIENDO EN LA OBRA DEL SEÑOR SIEM-
PRE, SABIENDO QUE VUESTRO TRABAJO EN EL SEÑOR NO
ES EN VANO.

Ésta bien claro lo que Jesús quiere que nosotros hagamos, Él mismo nos dice que es nuestro deber y que solo somos siervos inútiles que cumplimos con lo que nos han mandado.

SAN LUCAS 17, 10
ASÍ TAMBIÉN VOSOTROS, CUANDO HAYÁIS HECHO TODO LO
QUE OS HA SIDO ORDENADO, DECID: SIERVOS INÚTILES
SOMOS, PUES LO QUE DEBÍAMOS HACER, HICIMOS.

Pero el Amor de Jesús es tan grande que antes de subir al cielo les dice a sus discípulos que no nos llamara siervos sino **Amigos.**

SAN JUAN 15, 15
YA NO OS LLAMARÉ SIERVOS, PORQUE EL SIERVO NO SABE
LO QUE HACE SU SEÑOR; PERO OS HE LLAMADO AMIGOS,
PORQUE TODAS LAS COSAS QUE OÍ DE MI PADRE, OS LA HE
DADO A CONOCER.

PARTE II

CUERPO, ALMA Y ESPIRITU

El Cuerpo, Alma y Espíritu humano, es algo muy importante, nosotros tenemos la obligación de entender. Veamos los siguientes pasajes Bíblicos:

1 TESALONICENSES 5, 23
Y EL MISMO DIOS DE PAZ OS SANTIFIQUE POR COMPLETO; Y TODO VUESTRO SER, ESPÍRITU, ALMA Y CUERPO, SEA GUARDADO IRREPRENSIBLE PARA LA VENIDA DE NUESTRO SEÑOR JESUCRISTO.

Pablo nos enseña en esta cita, que somos seres tripartitos. Esto es, que tenemos tres partes:

- ➤ **CUERPO.**

- ➤ **ALMA (QUE ES NUESTRO INTELECTO, VOLUNTAD Y EMOCIONES CONSCIENTES).**

- ➤ **Y ESPÍRITU.**

El claramente declara que las tres partes deben ser limpiadas y entregadas a Cristo, y que Cristo mismo debe capacitarnos para mantener las tres **"sin reprensión"** hasta su regreso.

60

GÉNESIS 2, 7
ENTONCES JEHOVÁ (YAHVÉH) DIOS FORMÓ AL HOMBRE DEL POLVO DE LA TIERRA, Y SOPLÓ EN SU NARIZ ALIENTO DE VIDA, Y FUE EL HOMBRE UN SER VIVIENTE.

En otras palabras, Adán cobró vida y conciencia de sí mismo. En esencia Nuestro yo es nuestra alma manifestada en:

> **NUESTRA MENTE.**

> **NUESTRA VOLUNTAD.**

> **NUESTRAS EMOCIONES.**

1 CORINTIOS 15, 44b
HAY CUERPO ANIMAL, Y HAY CUERPO ESPÍRITUAL.

Este es un versículo que descuidamos mucho. Nuestro espíritu tiene forma o figura, cuerpo que corresponde a nuestro cuerpo físico.

Los satanistas y los que participan en cosas como la proyección astral lo saben muy bien, pero muy pocos se percatan de esto.

FIGURA 1

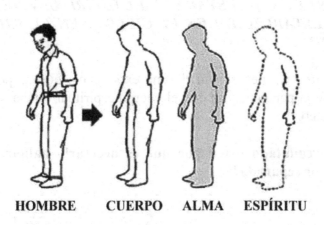

HOMBRE   CUERPO   ALMA   ESPÍRITU

2 CORINTIOS 12, 2 – 4

2

CONOZCO A UN HOMBRE EN CRISTO, QUE HACE CATORCE AÑOS (SI EN EL CUERPO, NO LO SÉ; SI FUERA DEL CUERPO, NO LO SÉ; DIOS LO SABE) FUE ARREBATADO HASTA EL TERCER CIELO.

3

Y CONOZCO AL TAL HOMBRE (SI EN EL CUERPO, O FUERA DEL CUERPO, NO LO SÉ; DIOS LO SABE),

4

QUE FUE ARREBATADO AL PARAÍSO, DONDE OYÓ PALABRAS INEFABLES QUE NO LE ES DADO AL HOMBRE EXPRESAR.

APOCALIPSIS 4, 1 – 2

1

DESPUÉS DE ESTO MIRÉ, Y HE AQUÍ UNA PUERTA ABIERTA EN EL CIELO; Y LA PRIMERA VOZ QUE OÍ, COMO DE TROMPETA, HABLANDO CONMIGO, DIJO: SUBE ACÁ, Y YO TE MOSTRARÉ LAS COSAS QUE SUCEDERÁN DESPUÉS DE ESTAS.

2

Y AL INSTANTE YO ESTABA EN EL ESPÍRITU; Y HE AQUÍ, UN TRONO ESTABLECIDO EN EL CIELO, Y EN EL TRONO, UNO SENTADO.

Estos y otros pasajes hablan de una experiencia que se percibe en el espíritu de la persona, y es que el cuerpo espiritual estaba separado del cuerpo físico.

¿Se ha preguntado usted por qué es necesario hablar de alma y espíritu por separado?

Según los versículos mencionados, puede separarse el alma del espíritu.

El primer Adán, antes de la caída; podía relacionarse con el mundo espiritual y verlo al igual que lo hacía con el mundo físico.

¿Cómo? Haciendo uso de su cuerpo espiritual, esto se demuestra por la facilidad con que podía caminar y hablar con Dios en el Edén.

Tenía conciencia de su cuerpo espiritual de la misma manera que lo tenía de su cuerpo físico.
Su **alma** (intelecto y voluntad consciente) controlaba su cuerpo espiritual y su cuerpo físico.

Pero, con la caída se produjo la muerte espiritual: Adán y sus descendientes dejaron de tener conciencia de su cuerpo espiritual, y no podían tener con Dios la misma comunión que habían tenido antes.

FIGURA 2

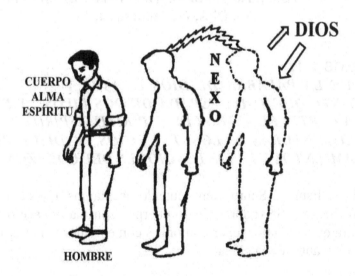

**Antes de la caída, Adán era el único hombre hecho
A la Imagen de Dios. Adán podía comunicarse con Dios**

FIGURA 3

**La caída fue un desastre. El misterioso Nexo quedó
Roto.** Esto puso punto final a la libre comunicación
Con Dios, ver Hebreos 4, 12

HEBREOS 4, 12
*PORQUE LA PALABRA DE DIOS ES VIVA Y EFICAZ, Y MÁS
CORTANTE QUE TODA ESPADA DE DOS FILOS; Y PENETRA
HASTA PARTIR EL ALMA Y EL ESPÍRITU (ESPÍRITU HUMANO),
LAS COYUNTURAS Y LOS TUÉTANOS, Y DISCIERNE LOS
PENSAMIENTOS Y LAS INTENCIONES DEL CORAZÓN.*

Cuando el Espíritu Santo viene cuando aceptamos a Jesucristo como
nuestro Señor y Salvador, nuestro cuerpo espiritual renace o se rejuve-
nece para que podamos tener comunión con el Señor y adorarlo como lo
hacía Adán antes de la caída.

El hecho de que es a través de nuestro espíritu humano que comulgamos
con Dios (con la ayuda del Espíritu Santo) está demostrado en las
siguientes palabras de Jesús:

64

JUAN 4, 23 – 24

23

MAS LA HORA VIENE, Y AHORA ES, CUANDO LOS VERDA-
DEROS ADORADORES ADORARÁN AL PADRE EN ESPÍRITU
(ESPÍRITU HUMANO) Y EN VERDAD; PORQUE TAMBIÉN EL
PADRE TALES ADORADORES BUSCA QUE LE ADOREN.

24

DIOS ES ESPÍRITU; Y LOS QUE LE ADORAN, EN ESPÍRITU
(ESPÍRITU HUMANO) Y EN VERDAD ES NECESARIO QUE
ADOREN.

Note que en estos dos versículos cuando se dice que Dios es "Espíritu"
la palabra está con mayúscula. (Ver la Biblia). Sin embargo al referirse
al espíritu humano se le diferencia claramente al escribirse con
minúscula (Ver la Biblia).

Por lo tanto, solo un espíritu puede comunicarse con el mundo espiritual.
Solo un espíritu puede adorar a Dios el Padre, que es Espíritu (Véase la
figura 4.)

En la Biblia también está claro que los ángeles son seres espirituales:

SALMO 104, 4 (103)
EL QUE HACE (SE REFIERE A DIOS) A LOS VIENTOS SUS
MENSAJEROS, Y A LAS FLAMAS DE FUEGO SUS MINISTROS.

FIGURA 4

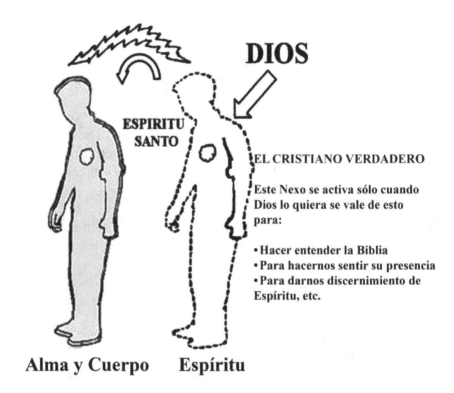

EL CRISTIANO VERDADERO

Este Nexo se activa sólo cuando Dios lo quiera se vale de esto para:

- Hacer entender la Biblia
- Para hacernos sentir su presencia
- Para darnos discernimiento de Espíritu, etc.

Alma y Cuerpo   **Espíritu**

**Pablo cita el pasaje del Salmo 104, 4 en Hebreos 1, 7
y en Hebreos 1, 13 – 14**

HEBREOS 1, 13 – 14

13

PUES, ¿A CUÁL DE LOS ÁNGELES DIJO DIOS JAMÁS: SIÉNTATE A MI DIESTRA, HASTA QUE PONGA A TUS ENEMI-GOS POR ESTRADO DE TUS PIES?

14

¿NO SON TODOS ESPÍRITUS MINISTRADORES, ENVIADOS PARA SERVICIO A FAVOR DE LOS QUE SERÁN HEREDEROS DE LA SALVACIÓN?

Satanás y los demonios también son espíritus. Antes eran ángeles al servicio de Dios pero se rebelaron. Jesús mismo define a estas criaturas como ángeles y por lo tanto espíritus. Un versículo en cuanto a esto es:

MATEO 25, 41

ENTONCES DIRÁ TAMBIÉN A LOS DE LA IZQUIERDA: APAR-TAOS DE MÍ, MALDITOS, AL FUEGO ETERNO PREPARADO PARA EL DIABLO Y SUS ÁNGELES.

A través del Espíritu Santo, nuestro espíritu puede comunicarse con Dios y adorarle, pero Hebreos 4,12 muestra que no es la voluntad de Dios que nosotros recobremos el control consciente de nuestro cuerpo espiritual mientras estemos en la tierra en nuestra condición de pecadores.

Por eso es que la espada del Espíritu parte el alma y el espíritu. Una vez que se ha producido este rompimiento el alma (mente, intelecto, voluntad) no puede seguir controlando el cuerpo espiritual.

También es por eso que el Señor insiste tanto en:

1 TESALONICENSES 5, 23

Y EL MISMO DIOS DE PAZ OS SANTIFIQUE POR COMPLETO; Y TODO VUESTRO SER, ESPÍRITU, ALMA Y CUERPO, SEA GUARDADO IRREPRENSIBLE PARA LA VENIDA DE NUESTRO SEÑOR JESUCRISTO.

El Señor quiere que nuestro espíritu esté bajo el señorío de Cristo, al igual que nuestra alma y nuestro cuerpo físico.

Apocalipsis 18, 11 – 13 es un pasaje muy interesante, refiriéndose a la caída de Babilonia dice:

APOCALIPSIS 18, 11, 13
11
Y LOS MERCADERES DE LA TIERRA LLORAN Y HACEN LAMENTACIÓN SOBRE ELLA, PORQUE NINGUNO COMPRA MÁS SUS MERCADERÍAS;

13
Y CANELA, ESPECIAS AROMÁTICAS, INCIENSO, MIRRA, OLÍBAMO, VINO, ACEITE, FLOR DE HARINA, TRIGO, BESTIAS, OVEJAS, CABALLOS Y CARROS, Y ESCLAVOS, ALMAS DE HOMBRES;

¿Por qué la diferencia entre cuerpos (esclavos o siervos) y almas de hombres?

Porque hay una fenomenal cantidad de poder e inteligencia en los cuerpos espirituales humanos especialmente cuando esos cuerpos espirituales están bajo el control del alma;

Satanás ha estado trabajando desde Adán hasta ahora para utilizar los cuerpos espirituales para sus planes perversos.

El cuerpo físico humano es débil y de muy poca utilidad para Satanás; pero el cuerpo espiritual bajo el control consciente del alma es muy diferente.

La meta de Satanás es enseñar a los humanos a recobrar el control consciente de sus cuerpos espirituales. Muchos lo hacen.

Una vez que se logra, la persona puede percibir el mundo espiritual con tanta facilidad como el mundo físico. Puede hablar con los demonios, abandonar el cuerpo físico con el cuerpo espiritual, y en plena conciencia ir a diferentes lugares y hacer cosas que para el hombre promedio es poder sobrenatural.

Dios no quiere que Su Pueblo controle sus cuerpos espirituales de esa manera. Si lo hiciéramos, no solo estaríamos expuestos a terribles tentaciones, sino que No tendríamos que depender tanto de Él y estaríamos constantemente conscientes y expuestos a Satanás y su reino.

Hay un tipo de demonio que suele autodenominarse **"demonio de poder"** que al parecer proporciona **"el pegamento"** para que se establezca el nexo entre el alma y el cuerpo espiritual y la persona pueda tomar control consciente de su cuerpo espiritual.

La imaginación es puente básico para desarrollar el nexo entre el alma y el espíritu. Por eso es tan importante que llevemos cautivos todo pensamiento a la obediencia a Cristo.

2 CORINTIOS 10, 3 – 5
3
PUES AUNQUE ANDAMOS EN LA CARNE, NO MILITAMOS SEGÚN LA CARNE;

4
PORQUE LAS ARMAS DE NUESTRA MILICIA NO SON CAR-NALES, SINO PODEROSAS EN DIOS PARA LA DESTRUCCIÓN DE FORTALEZAS,

5
DERRIBANDO ARGUMENTOS Y TODA ALTIVEZ QUE SE LEVANTA CONTRA EL CONOCIMIENTO DE DIOS, Y LLEVAN-DO CAUTIVO TODO PENSAMIENTO A LA OBEDIENCIA A CRISTO.

Un buen ejemplo de la imaginación como nexo con el mundo espiritual lo hallamos en los juegos de fantasías ocultistas. (Vea las figuras 5, 6, 7 y 8.)

Hemos hallado que podemos ahorrar mucho tiempo y esfuerzo en cuanto a liberaciones si les aclaramos a las personas que solicita ser liberada (y que ha andado en el ocultismo) le pediremos al Señor que el primer demonio que eche afuera sea el demonio de poder.

FIGURA 5

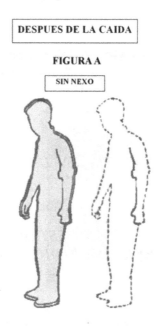

DESPUES DE LA CAIDA

FIGURA A

SIN NEXO

**Adán engendró un hijo a imagen y
semejanza de Adán....No de Dios**

FIGURA 5

Satanás una fuerza demoniaca
para pasar un nexo corrupto en
el hombre caído.

FIGURA B

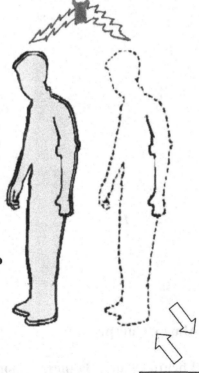

Esto da al hombre
conocimiento cons-
ciente de su cuerpo
espiritual.

El Nexo le permite
comunicarce cons-
cientemente con el
mundo espiritual
oculto via su propio
espíritu.

Satanás y los demonios

FIGURA 6

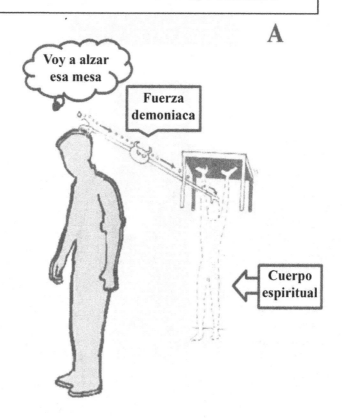

Alma y Cuerpo

La voluntad del brujo levanta la mesa….porque mediante el nexo satánico su voluntad controla su cuerpo espiritual.

B

El Brujo usa su espíritu para someter y ordenar al demonio que alce la mesa. El observador no sabe de esta comunicación........recuerde que el cuerpo físico no puede ver u oír lo que ocurre en el mundo espiritual.

FIGURA 7

Antiguas leyendas hablan de brujas volando en escobas durante la noche. Esta es una representación simbólica de proyección astral. En internet pueden ver brujas en México que fueron filmadas.

PASO 1

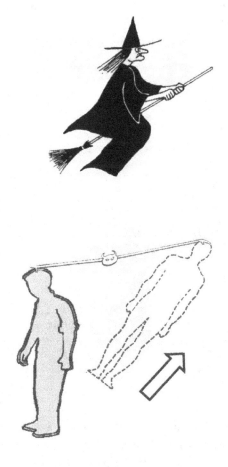

Verdadera proyección astral; El Alma controla conscientemente el cuerpo espiritual.

FIGURA 8

PASO 2

El espíritu es enviado a escuchar una conversación.

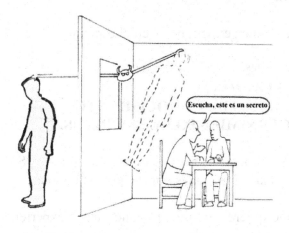

Escucha, este es un secreto

A kilómetros de distancia

Esta es la proyección astral...... el Espíritu escucha la conversación.

Si alguien no está bien determinado a alcanzar la liberación, o si está tratando de engañarnos, inmediatamente se retractará al enterarse de que al expulsarle ese demonio perderá instantáneamente la capacidad de utilizar su cuerpo espiritual.

Una persona después de ser liberada podrá percibir el mundo espiritual **solo** cuando el Señor quiera darle tal percepción. Su espíritu estará, desde ese momento, totalmente bajo el Señorío de Jesucristo.

Los cristianos no deben aprender a controlar su espíritu. He oído a muchos decir:

> ➤ **YO MEDITO HASTA QUE ALCANZO UNA EXPERIEN-CIA ESPIRITUAL Ó HASTA QUE EXPERIMENTE A DIOS.**

Los cristianos tienen experiencias en el espíritu:

> ➤ **VISIONES.**
> ➤ **REVELACIONES.**
> ➤ **PALABRAS DE CONOCIMIENTO.**
> ➤ **DISCERNIMIENTO DE ESPÍRITUS.**

Pero éstas están siempre bajo el control de nuestro Señor Jesucristo y nunca controladas ni iniciadas por la persona misma.

Si un cristiano quiere determinar cuándo tener experiencias espirituales, tendré que decirle que dudo mucho que tales experiencias provengan de Dios. Lo más probable es que provengan de Satanás.

Demasiados cristianos piensan que tienen que dejar la mente en blanco para que el Espíritu Santo pueda hablar a través de ellos o "controlarlos". La Biblia dice claramente que tenemos que cooperar **activamente** con el Espíritu Santo.

Cada vez que dejamos la mente en blanco, lo más probable es que el espíritu que hable a través de nosotros no sea el Espíritu Santo.

Muchas profecías de personas que dejan la mente en blanco pensando que se están poniendo bajo el control del Espíritu Santo son profecías demoníacas.
Olvidan que Satanás conoce cada detalle de nuestras vidas. Lo único que no conoce son nuestros pensamientos y las intenciones de nuestro corazón.

Estas citas Bíblicas nos enseñan donde deben de estar nuestros pensamientos:

2 CORINTIOS 10, 5b
Y LLEVANDO CAUTIVOS TODO PENSAMIENTO A LA OBE-DIENCIA A CRISTO JESÚS.

ISAIAS 26, 3
TÚ GUARDARÁS EN COMPLETA PAZ A AQUEL CUYO PENSA-MIENTO EN TI PERSEVERA; PORQUE EN TI HA CONFIADO

FILIPENSES 4, 7
Y LA PAZ DE DIOS, QUE SOBREPASA TODO ENTENDI-MIENTO, GUARDARÁ VUESTROS CORAZONES Y VUESTROS PENSAMIENTOS EN CRISTO JESÚS.

Actualmente hay una enseñanza en los Estados Unidos:
La enseñanza es que nuestro hombre anímico debe estar sometido a nuestro hombre espiritual porque una vez que el Espíritu Santo mora en nosotros, nuestro espíritu está sin pecado.

Hay dos errores en esta enseñanza:

Primero:
La única manera de colocar el alma bajo la autoridad del espíritu es establecer contacto consciente entre el alma y espíritu. **Eso es brujería pura.**

En 1 Pedro 1, 22 dice:

1 PEDRO 1, 22
HABIENDO PURIFICADO VUESTRAS ALMAS POR LA OBE-DIENCIA A LA VERDAD, MEDIANTE EL ESPÍRITU, PARA EL AMOR FRATERNAL NO FINGIDO.....

Note que aquí "Espíritu" se escribe con mayúscula, porque se está refiriendo al Espíritu Santo, **No** a nuestro espíritu humano.

Segundo:
En 1 Tesalonicenses 5, 23 dice claramente que nuestro espíritu es propenso a caer en pecado, por lo que Jesucristo tiene que guardarlo irreprensible hasta su venida.

La tarea de guardarlo es continua. Miremos el versículo otra vez:

1 TESALONICENSES 5, 23
Y EL MISMO DIOS DE PAZ OS SANTIFIQUE POR COMPLETO; Y TODO VUESTRO SER, ESPÍRITU, ALMA Y CUERPO, SEA GUARDADO IRREPRENSIBLE PARA LA VENIDA DE NUESTRO SEÑOR JESUCRISTO.

Ciertamente 1 Juan 1, 8 – 9 tampoco está de acuerdo con esa enseñanza dice:

1 JUAN 1, 8 – 9
8
SI DECIMOS QUE NO TENEMOS PECADO, NOS ENGAÑAMOS A NOSOTROS MISMOS, Y LA VERDAD NO ESTÁ EN NOSO-TROS.

9
SI CONFESAMOS NUESTROS PECADOS, ÉL ES FIEL Y JUSTO PARA PERDONAR NUESTROS PECADOS, Y LIMPIARNOS DE TODA MALDAD.

Dios no exime a nuestros espíritus de la vulnerabilidad de caer en pecado.

El propósito del rompimiento entre el alma y espíritu es librar al espíritu de la influencia de los deseos naturales que tenemos en el alma.
Si un Cristiano anda en sumisión a Dios, no originará nada; Más bien esperará tranquilamente escuchar la voz del Espíritu Santo en su espíritu y entonces actuará conforme a la dirección del Espíritu Santo.

Un cristiano que está en contacto consciente con su propio espíritu no esperará en sumisión a que el Espíritu Santo le hable. Tomará la iniciativa, y lo más probable es que la voz que escuche en su espíritu **no sea** la voz del Espíritu Santo.

Satanás utilizará el cuerpo espiritual de la persona, cada vez que halle la oportunidad sin que ésta persona se dé cuenta.

1 JUAN 3, 15 (a) dice:
TODO AQUEL QUE ABORRECE A SU HERMANO ES HOMICIDA...

¿Cómo puede uno ser asesino por una emoción, como es el odio, si no ha hecho nada físicamente por provocarle la muerte a la persona odiada?

Este versículo me intrigaba hasta que entendí el concepto del cuerpo espiritual.

El odio es un pecado consciente. Como tal, concede a Satanás una base legal en nuestra vida si le permitimos que se aloje en nuestro corazón.

Si uno odia a alguien, Satanás puede intervenir y valerse de nuestro cuerpo espiritual para atacar a la persona odiada.

Tal ataque puede provocar todo tipo de enfermedad, accidente, problema emocional y hasta la muerte física.

La persona que odia no suele percatarse de que Satanás está utilizando su cuerpo espiritual. La persona odiada por lo general no se da cuenta del verdadero origen de su aflicción.

Por eso tenemos que tener el cuidado de pedirle a Jesucristo que nos limpie y nos guarde puros en nuestras tres partes:

> ➤ **CUERPO.**
> ➤ **ALMA.**
> ➤ **ESPÍRITU** (HUMANO).

Por eso Jesucristo nos dejó tantos mandamientos en cuanto a perdonar a los demás. El perdón le pone un alto al odio.

Los cristianos debemos pedirle al Señor con regularidad que nos limpie de cualquier pecado.

SALMO 51, 10
CREA EN MÍ, OH DIOS, UN CORAZÓN LIMPIO; Y RENUEVA UN ESPÍRITU (REFIRIENDOSE AL ESPÍRITU HUMANO) RECTO DENTRO DE MÍ.

Otra vez, note la inicial en minúscula (Ver la Biblia) de la palabra espíritu. Está claro que el pecado del corazón de David le había afectado también el espíritu.

Nota:
Algunas notas y figuras fueron tomadas del Libro "El Vino a Dar Libertad a los Cautivos por la Dr. Rebecca Brown, por considerarlas de suma importancia.

EN LA BRECHA

EZEQUIEL 22, 30 – 31

30
Y BUSQUÉ ENTRE ELLOS HOMBRE QUE HICIESE VALLADO Y QUE SE PUSIESE EN LA BRECHA DELANTE DE MÍ, A FAVOR DE LA TIERRA, PARA QUE YO NO LA DESTRUYESE; Y NO LO HALLÉ

31
POR TANTO, DERRAMÉ SOBRE ELLOS MI IRA; CON EL ARDOR DE MI IRA LOS CONSUMÍ; HICE VOLVER EL CAMINO DE ELLOS SOBRE PROPIA CABEZA, DICE JEHOVÁ (YAHVÉH) EL SEÑOR.

Cuando leí el libro El Vino a Dar Libertad a los Cautivos escrito por Rebecca Brown, MD., este libro, fue para mí de gran enseñanza y creo que todo cristiano verdadero debe de estar dispuesto en ponerse en la Brecha como nos lo manda el mismo Jesús.

Despierta tú que duermes y formemos el Ejercito de cristianos para luchar contra el enemigo y defender a nuestros hermanos.

La pregunta que todos debemos hacernos es esta:

> ¿ESTÁS DISPUESTO A PONERTE EN LA BRECHA A FAVOR DE OTRA PERSONA?

Uno puede ponerse en la brecha de diferentes maneras.

Debemos pedirle al Señor que nos pueda permitir ponernos en la brecha a favor de una persona para que ésta pueda tener la oportunidad de escuchar el evangelio sin interferencias demoníacas.

2 CORINTIOS 4, 3 - 4
3
PERO SI NUESTRO EVANGELIO ESTÁ AÚN ENCUBIERTO, ENTRE LOS QUE SE PIERDEN ESTÁ ENCUBIERTO;

4
EN LOS CUALES EL dios DE ESTE SIGLO (SATANÁS) CEGÓ EL ENTENDIMIENTO DE LOS INCRÉDULOS, PARA QUE NO LES RESPLANDEZCA LA LUZ DEL EVANGELIO DE LA GLORIA DE CRISTO, EL CUAL ES LA IMAGEN DE DIOS.

En Ezequiel Dios buscaba a alguien que estuviera dispuesto a erguirse y luchar contra Satanás y los demonios para que dejaran de enceguecer a la gente y éstos pudieran ver la necesidad que tenían de un salvador.

¿Porque Dios no podía hallar a tal persona?, dijo que tendría que derramar su ira y castigar al pueblo por sus pecados

Como soldados Cristianos debemos estar dispuestos a ponernos en la brecha y luchar en **el terreno espiritual** para romper las fuerzas demoníacas que mantienen ciegos a los perdidos.

Pablo es muy claro cuando dice a los Efesios:

EFESIOS 6, 12
NO TENEMOS LUCHA CONTRA SANGRE Y CARNE; SINO CONTRA PRINCIPADOS, CONTRA POTESTADES, CONTRA SEÑORES DEL MUNDO, GOBERNADORES DE ESTA TINIEBLAS, CONTRA MILICIAS ESPIRITUALES EN LOS AIRES.

Nosotros muchas veces podemos orar de esta manera:

> ➢ **"SEÑOR, DÉJAME PONERME EN LA BRECHA POR (NOMBRE DE LA PERSONA) Y LUCHAR POR ÉL PARA QUE SUS OJOS SE ABRAN Y QUEDE LIBRE DE LAS ATADURAS DEMONÍACAS PARA QUE PUEDA VER LA NECESIDAD QUE TIENE DE JESÚS".**

El Señor nos ha mostrado otra forma de ponernos en la brecha.

Veamos los siguientes pasajes:

ISAÍAS 58, 6
¿NO ES ANTES EL AYUNO QUE YO ESCOGÍ, DESATAR LAS LIGADURAS DE IMPIEDAD, DESHACER LOS HACES DE OPRESIÓN, Y DEJAR IR LIBRES A LOS QUEBRANTADOS, Y QUE ROMPAÍS TODO YUGO?

GÁLATAS 6, 2
SOBRELLEVAD LOS UNOS LAS CARGAS DE LOS OTROS; CUMPLID ASÍ LA LEY DE CRISTO.

JUAN 15, 13
NADIE TIENE MAYOR AMOR QUE ESTE, QUE PONGA ALGUNO SU VIDA POR SUS AMIGOS.

Estos pasajes nos dicen claramente que el Señor espera que ayudemos a llevar las cargas y dolores de nuestros hermanos y hermanas en Cristo así como luchar cuando sea necesario por libertarlos de opresión demoniaca.

Ponernos en la brecha es una manera de hacer esto.

Cada día vemos más y más escándalos increíbles, de Pastores, Ministros y Sacerdotes; ¿Pero qué podemos hacer nosotros por ellos?

¿Estamos dispuestos a ponernos en la brecha por nuestro Pastor, Ministro o Sacerdotes y pedirle al Señor que nos permita luchar por él?

En otras palabras, cualquier poder demoníaco que se lance contra nuestro Pastor, Ministro o Sacerdotes, debe pasar primero por nosotros. Esto implica:

> **SUFRIMIENTOS FÍSICOS.**
> **SUFRIMIENTOS EMOCIONALES.**
> **QUIZAS NO PUEDA IR A LA IGLESIA PORQUE ESTA-RÁ DEMASIADO ENFERMO.**
> **QUIZAS LOS MIEMBROS DE LA IGLESIA LE LANCEN FALSAS ACUSACIONES.**

¿Estamos dispuestos a soportar este tipo de acusaciones y guardar silencio en cuanto a la verdadera razón por la que no pueda asistir a la iglesia?

Ponerse uno en la brecha por otro es una forma de poner la vida por un amigo.

Uno no puede ponerse en la brecha por uno mismo. Solo el Señor puede hacerlo porque solo el Señor controla su cuerpo espiritual.

Lo que tiene que hacer es pedirle al Padre que lo sitúe allí y si es su voluntad que así sea.

Uno tiene que estar dispuesto a que el Señor lo utilice en cualquier forma que lo desee para beneficio de otra persona. Uno no puede decidir en qué forma ha de ser usado.

Permítame aclarar algo. Rara vez estará consciente de que está **"en la brecha"**. Esto es porque el Señor tiene completo control de nuestro cuerpo espiritual.

No vemos siempre el mundo espiritual como ocurre con el mundo físico. Solo en ocasiones especiales el Señor permite que nosotros veamos el mundo espiritual y por lo general en vistazos breves.

Uno sabe que está o que ha estado en la brecha solo cuando el Señor nos lo revela, o por problemas que se nos presenten en nuestro cuerpo físico, lo que el Señor nos ha de confirmar si es el resultado de tener el cuerpo espiritual en la brecha.

¿Ha experimentado alguna vez que después de un período de oración intercesora se ha sentido totalmente agotado?

Es porque mientras oraba con el cuerpo físico y la mente, Dios tomó tú cuerpo espiritual y lo puso en combate con las fuerzas demoníacas contra las que ha estado orando en el campo de batalla del mundo espiritual.

La fatiga que uno siente se debe a la tensión que su cuerpo espiritual experimenta. Las heridas que se reciben en el cuerpo espiritual a veces se manifiestan también con síntomas en el cuerpo físico.

Los brujos y brujas envejecen a paso acelerado. Pagan un alto precio en su cuerpo físico por relacionarse con el mundo espiritual con la frecuencia con que lo hacen.

Hay varias referencias interesantes en la Biblia que confirman esto. Algunas están en el libro de Daniel 8.

Daniel comienza diciendo que ha tenido una visión donde vio el mundo espiritual y habló con el Ángel Gabriel.

Al final de la experiencia con el mundo espiritual dice:

7

Y SÓLO YO, DANIEL, VI AQUELLA VISIÓN, Y NO LA VIERON LOS HOMBRES QUE ESTABAN CONMIGO, SINO QUE SE APODERÓ DE ELLOS UN GRAN TEMOR, Y HUYERON Y SE ESCONDIERON.

8

QUEDÉ, PUES, YO SOLO, Y VI ESTA GRAN VISIÓN, Y NO QUEDÓ FUERZA EN MÍ, ANTES MI FUERZA SE CAMBIÓ EN DESFALLECIMIENTO, Y NO TUVE VIGOR ALGUNO.

9

PERO OÍ EL SONIDO DE SUS PALABRAS; Y AL OÍR EL SONIDO DE SUS PALABRAS, CAÍ SOBRE MI ROSTRO EN UN PROFUNDO SUEÑO, CON MI ROSTRO EN TIERRA.

10

Y HE AQUÍ UNA MANO ME TOCÓ, E HIZO QUE ME PUSIESE SOBRE MIS RODILLAS Y SOBRE LAS PALMAS DE MIS MANOS.

11

Y ME DIJO: DANIEL, VARÓN MUY AMADO, ESTÁ ATENTO A LAS PALABRAS QUE TE HABLARÉ, Y PONTE EN PIE; PORQUE A TI HE SIDO ENVIADO AHORA. MIENTRAS HABLABA ESTO CONMIGO, ME PUSE EN PIE TEMBLANDO.

12

ENTONCES ME DIJO: DANIEL, NO TEMAS; PORQUE DESDE EL PRIMER DÍA QUE DISPUSISTE TU CORAZÓN A ENTEN-DER Y A HUMILLARTE EN LA PRESENCIA DE TU DIOS, FUERON OÍDAS TUS PALABRAS; Y A CAUSA DE TUS PALA-BRAS YO HE VENIDO.

13

MAS EL PRÍNCIPE DEL REINO DE PERSIA SE ME OPUSO DURANTE VEINTIÚN DÍAS; PERO HE AQUÍ MIGUEL, UNO DE

LOS PRINCIPALES PRÍNCIPES, VINO PARA AYUDARME, Y QUEDÉ ALLÍ CON LOS REYES DE PERSIA.

14
HE VENIDO PARA HACERTE SABER LO QUE HA DE VENIR A TU PUEBLO EN LOS POSTREROS DÍAS; PORQUE LA VISIÓN ES PARA ESOS DÍAS.

15
MIENTRAS ME DECÍA ESTAS PALABRAS, ESTABA YO CON LOS OJOS PUESTOS EN TIERRA, Y ENMUDECIDO.

16
PERO HE AQUÍ, UNO CON SEMEJANZA DE HIJO DE HOMBRE TOCÓ MIS LABIOS. ENTONCES ABRÍ MI BOCA Y HABLÉ, Y DIJE AL QUE ESTABA DELANTE DE MÍ: SEÑOR MÍO, CON LA VISIÓN ME HAN SOBREVENIDO DOLORES, Y NO ME QUEDA FUERZA.

17
¿CÓMO, PUES, PODRÁ EL SIERVO DE MI SEÑOR HABLAR CON MI SEÑOR? PORQUE AL INSTANTE ME FALTÓ LA FUERZA, Y NO ME QUEDÓ ALIENTO.

18
Y AQUEL QUE TENÍA SEMEJANZA DE HOMBRE ME TOCÓ OTRA VEZ, Y ME FORTALECIÓ,

Batallar por nuestro cuerpo espiritual afecta enormemente también nuestro cuerpo físico.

Por eso Pablo menciona tanto el hecho de que nuestra lucha no es contra sangre y carne. No podemos, está claro, luchar en el mundo espiritual con el cuerpo físico.

Pero los dos lo ha unido Dios y lo que le sucede a nuestro cuerpo espiritual inevitablemente afecta nuestro cuerpo físico.

BATALLA
EN EL MUNDO SPIRITUAL

Ponernos en la brecha, es un concepto difícil de captar porque es algo que está totalmente fuera de nuestro control y rara vez lo percibimos.

En Ezequiel 22, 30, Dios nos dice que buscó y que no encontró a nadie que se pusiera en la Brecha, El mismo Jesús nos dice que no hay mejor amigo que el que da su vida por su semejante.

Pablo nos aclara que nuestra lucha no es con sangre ni carne sino contra principados, contra autoridades, contra los gobernantes de estas tinieblas, contra espíritus……

¿Cómo podemos luchar contra espíritus en las regiones celestes
Si nosotros captamos el concepto de lo que nuestro espíritu es:

- ➢ **UNA PARTE VIVA Y ACTIVA EN NOSOTROS.**
- ➢ **PUEDE HABLAR.**
- ➢ **PUEDE CANTAR.**
- ➢ **PUEDE PENSAR.**
- ➢ **PUEDE ORAR.**

- PUEDE ALABAR AL SEÑOR.
- Y LUCHAR EN EL MUNDO ESPIRITUAL.

Cuando sabemos esto, muchos pasajes difíciles de la Biblia cobran sentido:

¿Cómo es posible cumplir con los siguientes versículos?

- **1 TESALONICENSES 2, 13**
  POR LO CUAL TAMBIÉN NOSOTROS SIN CESAR DAMOS GRACIAS A DIOS,

- **1 TESALONICENSES 5, 17**
  ORAD SIN CESAR.

Es imposible que nuestra mente pueda estar orando o alabando a Dios sin cesar las 24 horas del día, pero lo que no puede nuestra mente lo puede nuestro espíritu.

1 PEDRO 4, 6
"VIVAN EN ESPÍRITU SEGÚN DIOS"

Notemos que "espíritu" está escrito con minúscula porque se refiere al espíritu humano. **¿Cómos podemos vivir en el espíritu de esta manera?**
Encomendándole nuestro espíritu a Dios para que lo use como le plazca.

Nuestro cuerpo espiritual puede:

- **MOVERSE.**
- **PENSAR.**
- **Y HABLAR.**

Al igual que nuestro cuerpo físico; pero toma su carácter y modo de pensar de nuestro cuerpo físico y nuestra alma.

Como nuestro cuerpo físico no puede luchar contra los espíritus en el mundo espiritual, nuestro cuerpo espiritual es el que tiene que luchar.

Pero eso es tan importante pedirle a Dios todos los días que nos ponga su armadura y nos proteja y nos limpie con la sangre bendita de su hijo amado Jesucristo.

Esta batalla es continua e implacable y si no llevamos el escudo, la armadura de Dios y la sangre de su hijo Jesucristo en nuestro cuerpo espiritual al luchar, recibiremos terribles heridas de los **"dardos de fuego"** del maligno.

EFESIOS 6, 10 – 18
10
POR LO DEMÁS, HERMANOS MÍOS FORTALECEOS EN EL SEÑOR, Y EN EL PODER DE SU FUERZA.

11
VESTÍOS DE TODA LA ARMADURA DE DIOS, PARA QUE PODÁIS ESTAR FIRMES CONTRA LAS ASECHANZAS DEL DIABLO.

12
PORQUE NO TENEMOS LUCHA CONTRA SANGRE Y CARNE, SINO CONTRA PRINCIPADOS, CONTRA POTESTADES, CONTRA LOS GOBERNADORES DE LAS TINIEBLAS DE ESTE SIGLO, CONTRA HUESTES ESPIRITUALES DE MALDAD EN LAS REGIONES CELESTES.

13
POR TANTO, TOMAD TODA LA ARMADURA DE DIOS, PARA QUE PODÁIS RESISTIR EN EL DÍA MALO, Y HABIENDO ACABADO TODO, ESTAR FIRMES.

14

ESTAD, PUES, FIRMES, CEÑIDOS VUESTROS LOMOS CON LA VERDAD, Y VESTIDOS CON LA CORAZA DE JUSTICIA.

15

Y CALZADOS LOS PIES CON EL APRESTO DEL EVANGELIO DE LA PAZ

16

SOBRE TODO, TOMAD EL ESCUDO DE LA FE, CON QUE PODÁIS APAGAR TODOS LOS DARDOS DE FUEGO DEL MALIGNO

17

Y TOMAD EL YELMO DE LA SALVACIÓN, Y LA ESPADA DEL ESPÍRITU, QUE ES LA PALABRA DE DIOS;

18

ORANDO EN TODO TIEMPO CON TODA ORACIÓN Y SÚPLICA EN EL ESPÍRITU, Y VELANDO EN ELLO CON TODA PERSEVERANCIA Y SÚPLICA POR TODOS LOS SANTOS;

Por nosotros mismos no podemos entrar en la lucha. Nuestro espíritu está totalmente bajo el dominio de nuestro amo, Jesucristo.

Simplemente hemos de decirle al Señor que queremos que utilice nuestro espíritu en esta forma si así lo desea.

Debemos pedirle al Padre que nos deje ponernos en la brecha y luchar por una persona en particular, pero la decisión la toma El.

Pronto reconoceremos los síntomas:

> **DE FATIGA.**
> **DOLOR.**
> **DEPRESIÓN.**
> **Y OTRAS ENFERMEDADES.**

En nuestro cuerpo físico que son indicativos de que su cuerpo espiritual está en ruda batalla.

El concepto de que nuestro espíritu pueda estar separado y aun geográficamente alejado de nuestro cuerpo físico es extraño y difícil de aceptar, Hay un pasaje fascinante en el cual Pablo describe tal circunstancia:

1 CORINTIOS 5, 1 – 4
1
DE CIERTO SE OYE QUE HAY ENTRE VOSOTROS FORNICA-CIÓN, Y TAL FORNICACIÓN CUAL NI AUN SE NOMBRA ENTRE LOS GENTILES; TANTO QUE ALGUNO TIENE LA MUJER DE SU PADRE.

2
Y VOSOTROS ESTÁIS ENVANECIDO. ¿NO DEBIERAIS MÁS BIEN HABEROS LAMENTADO, PARA QUE FUESE QUITADO DE EN MEDIO DE VOSOTROS EL QUE COMETIÓ TAL AC-CIÓN?

3
CIERTAMENTE YO, COMO AUSENTE EN CUERPO, PERO PRE-SENTE EN ESPÍRITU, YA COMO PRESENTE HE JUZGADO AL QUE TAL COSA HE HECHO.

4
EN EL NOMBRE DE NUESTRO SEÑOR JESUCRISTO, REU-NIDOS VOSOTROS Y MI ESPÍRITU, CON EL PODER DE NUES-TRO SEÑOR JESÚS.

Note que Pablo pone espíritu con minúscula (ver la Biblia) para denotar su propio espíritu, no el Espíritu Santo.

También es de suma importancia el hecho de que el espíritu de Pablo esta en **Corinto solo con la "facultad"** de nuestro Señor Jesucristo.

El espíritu de Pablo estaba completamente bajo el control del Señor, no bajo el de su alma.

Normalmente el espíritu humano reside en el cuerpo físico. Sin embargo, varios pasajes muestran que el cuerpo físico puede seguir viviendo separado del espíritu.

HECHOS 8, 39
CUANDO SUBIERON DEL AGUA, EL ESPÍRITU DEL SEÑOR ARREBATÓ A FELIPE; Y EL EUNUCO NO LE VIO MÁS, Y SIGUIÓ GOZOSO SU CAMINO.

En cuanto al alma, una vez que el alma deja el cuerpo, el cuerpo muere.

Por eso es que muchos pasajes sobre la muerte física se refieren también al alma. Sin embargo, se produce un peculiar agotamiento del cuerpo físico cuando el espíritu no está dentro.

El Señor nos enseña que el agotamiento del cuerpo físico es peculiar en cuanto a que produce una aguda falta de proteína.

Si no nos cuidamos de aumentar la ingestión de proteínas de alta calidad durante los días de intensa batalla espiritual, nos debilitamos. La Biblia habla bastante de este tema.

Desde el pacto de Dios con Noé el cual le dijo a Noé que comiera carne, Satanás y los demonios han estado tratando de hacer que la gente no coma carne.

GÉNESIS 9, 3
TODO LO QUE SE MUEVE Y VIVE, OS SERÁ PARA MANTE-
NIMIENTO: ASÍ COMO LAS LEGUMBRES Y PLANTAS VERDES,
OS LO HE DADO TODO.

Es interesante que los hindúes y muchas otras religiones orientales en la cual creen que el éxito de un médium o un adepto (cuyos poderes se originan en los demonios que lo tienen poseído) depende de la presencia en su cuerpo de un fluido misterioso llamado **"akasa"**, que se agota pronto, y sin el cual los demonios no pueden actuar.

Este fluido, dicen los hindúes, puede regenerarse solo con una dieta vegetariana y castidad.

Lo que provocó el juicio de Dios en forma de diluvio, fueron las relaciones sexuales entre humanos y demonios,

GÉNESIS 6, 2
QUE VIENDO LOS HIJOS DE DIOS QUE LAS HIJAS DE LOS
HOMBRES ERAN HERMOSAS, TOMARON PARA SÍ MUJERES,
ESCOGIENDO ENTRE TODAS.

No creo que fue casualidad que Dios ordenara a Noé que comiera carne después del diluvio. Dios sabía muy bien que la batalla espiritual que tendrían que sostener Noé y sus hijos para impedir que los demonios dominaran sus vidas.

Cuando estudiamos el Antiguo Testamento y las leyes que Dios dio a su pueblo de Israel, hablamos que los guerreros espirituales de aquellos días eran los levitas de Israel. Su dieta abundaba en carne de res y de cordero.

Si la carne de res es tan dañina, ¿Por qué Abraham le preparó carne de res a los enviados de Dios mismo cuando llegó a visitarlo? Abraham indudablemente querría preparar lo mejor que tenía.

GÉNESIS 18, 7 – 8

7

Y CORRIÓ ABRAHAM A LAS VACAS, Y TOMÓ UN BECERRO TIERNO Y BUENO, Y LO DIÓ AL CRIADO, Y ÉSTE SE DIÓ PRISA A PREPARARLO.

8

TOMÓ TAMBIÉN MANTEQUILLA Y LECHE, Y EL BECERRO QUE HABÍA PREPARADO, Y LO PUSO DELANTE DE ELLOS; Y ÉL SE ESTUVO CON ELLOS DEBAJO DEL ÁRBOL, Y CO-MIERON.

Si nos fijamos en los diferentes guerreros espirituales de renombre del Antiguo Testamento, notaremos que cada vez que se preparaban para librar una gran batalla, Dios los preparaba con alimentos carnívoros.

Por ejemplo:
Elías. Fíjese en el menú que Dios mismo le preparó durante el período de preparación antes del enfrentamiento con los profetas de Baal.

1 REYES 17, 2 – 6

2

Y VINO A ÉL PALABRA DE JEHOVÁ (YAHVÉH), DICIENDO:

3

APÁRTATE DE AQUÍ, Y VUÉLVETE AL ORIENTE, Y ESCÓNDETE EN EL ARROYO DE QUERIT, QUE ESTÁ FRENTE AL JORDÁN.

4

BEBERÁS DEL ARROYO; Y YO HE MANDADO A LOS CUERVOS QUE TE DEN ALLÍ DE COMER.

5

Y ÉL FUE E HIZO CONFORME A LA PALABRA DE JEHOVÁ (YAHVÉH); PUES SE FUE Y VIVIÓ JUNTO AL ARROYO DE QUERIT, QUE ESTÁ FRENTE AL JORDÁN

6

Y LOS CUERVOS LE TRAÍAN PAN Y CARNE POR LA MAÑANA, Y PAN Y CARNE POR LA TARDE; Y BEBÍA DEL ARROYO.

El Señor habla muy directamente en cuanto a esto a través de Pablo en el Nuevo Testamento.

1 TIMOTEO 4, 1 – 5

1

PERO EL ESPÍRITU DICE CLARAMENTE QUE EN LOS POSTREROS TIEMPOS ALGUNOS APOSTATARÁN DE LA FE, ESCUCHANDO A ESPÍRITUS ENGAÑADORES Y A DOCTRINAS DE DEMONIOS;

2

POR LA HIPOCRESÍA DE MENTIROSOS QUE, TENIENDO CAUTERIZADA LA CONCIENCIA,

3

PROHIBIRÁN CASARSE, Y MANDARÁN ABSTENERSE DE ALIMENTOS QUE DIOS CREÓ PARA QUE CON ACCIÓN DE GRACIAS PARTICIPASEN DE ELLOS LOS CREYENTES Y LOS QUE HAN CONOCIDO LA VERDAD.

4

PORQUE TODO LO QUE DIOS CREÓ ES BUENO, Y NADA ES DE DESECHARSE, SI SE TOMA CON ACCIÓN DE GRACIAS;

5

PORQUE LA PALABRA DE DIOS Y POR LA ORACIÓN ES SANTIFICADO.

Queremos aclarar, que nos estamos refiriendo a la carne magra, no a la grasa, de la cual el Señor, al darles la ley, dijo a los Israelitas que no comieran.

Usted está sufriendo de?:

> **DOLORES.**
> **DEPRESIÓN.**
> **AGOTAMIENTO.**

Por estar en el frente de batalla (o en cualquier otra ocasión), no olvide una de las principales armas: **LA ALABANZA.**

Satanás y los demonios no soportan **la alabanza al Señor**. Estoy seguro de que fue por eso que Pablo escribió ese muy debatido versículo de:

1 TESALONICENSES 5, 18
DAD GRACIAS EN TODO, PORQUE ESTA ES LA VOLUNTAD DE DIOS PARA CON VOSOTROS EN CRISTO JESÚS.

Fíjese que dice **en todo**, no por todo.

Mientras peor es la circunstancia, más seguro debemos estar de qué Satanás y los demonios nos circundan.

Cuando alabamos al Señor, Satanás, que es la causa de nuestros problemas, pierde fuerza enseguida, y nosotros ganamos muchas bendiciones.

Cuando luchamos en el terreno espiritual recordemos que toda arma y táctica que menciona la Biblia está a nuestra disposición.

Los salmos son especialmente útiles. No olvide pedirle al Padre que ponga nuestros pies sobre **"La Roca"** que es Jesús.

El Señor le mostrará y enseñará paso a paso lo que tiene que saber.

¿ESTÁ USTED DISPUESTO A SERVIR AL SEÑOR DE ESTA MANERA?

PARTE III

TEMA 1
ACTITUD Y PERSPECTIVA PARA LA LIBERACIÓN

El proceso de expulsar demonio se llama Liberación, la cual es parte del Ministerio de Sanación.

La liberación no es una panacea, ni un curalotodo.

Los demonios pueden habitar en una persona y decimos que **"tienen espíritus malignos"** o que está **"con espíritus inmundos"** o que está **"poseída",** por demonios:

> ➤ **LUCAS 4, 33**
> ➤ **MARCOS 1, 23; 5, 2; 9, 17**
> ➤ **MATEO 4, 24**

La palabra que se utiliza como **"poseído"** es el termino griego **"daimonizomai";**

Muchas autoridades en el idioma griego dicen que no es una traducción precisa y que debería haberse traducido **"endemoniado"** o **"tener demonio",** el término **poseído** sugiere una **posesión total.**

La posesión total es cuando el demonio toma control de todo el organismo del ser humano.

Pero nuestro cuerpo puede estar siendo atormentado por un demonio, sin llegar a tener una posesión total.

Nuestro cuerpo y nuestro espíritu pertenecen a **Dios**. Nuestro cuerpo es **Templo del Espíritu Santo** y no nos pertenecemos, pues pertenecemos a **Dios** y fuimos comprados por precio de sangre por **Jesús.**

1 PEDRO 1, 18 – 19
18
SABIENDO QUE FUISTEIS RESCATADOS DE VUESTRA VANA MANERA DE VIVIR, LA CUAL RECIBISTEIS DE VUESTROS PADRES, NO CON COSAS CORRUPTIBLES, COMO ORO O PLATA,

19
SINO CON LA SANGRE PRECIOSA DE CRISTO, COMO DE UN CORDERO SIN MANCHA Y SIN CONTAMINACIÓN,

1 CORINTIOS 6, 19 – 20
19
¿O IGNORÁIS QUE VUESTRO CUERPO ES TEMPLO DEL ESPÍRITU SANTO, EL CUAL ESTÁ EN VOSOTROS, EL CUAL TENÉIS DE DIOS, Y QUE NO SOIS VUESTROS?

20
PORQUE HABÉIS SIDO COMPRADOS POR PRECIO; GLORI-FICAD, PUES, A DIOS EN VUESTRO CUERPO Y EN VUESTRO ESPÍRITU, LOS CUALES SON DE DIOS.

El cristiano debe considerar a los demonios como sus:

➢ **ENEMIGOS.**
➢ **INVASORES.**
➢ **INDESEABLES.**

Los demonios son invasores que ilegalmente y a hurtadillas se apodera del cuerpo de otra persona.

El diablo no tiene ningún derecho legal sobre el creyente, y nos corresponde a todos nosotros defender nuestros derechos.

Ningún demonio puede quedarse cuando un cristiano desea de todo corazón que se vaya.

SANTIAGO 4, 7b
RESISTID AL DIABLO Y HUIRÁ DE VOSOTROS.

Los demonios consideran el cuerpo de la persona donde viven como "**su casa**".

MATEO 12, 43 – 44
43
CUANDO EL ESPÍRITU INMUNDO SALE DEL HOMBRE, ANDA POR LUGARES SECOS, BUSCANDO REPOSO, Y NO LO HALLA.

44
ENTONCES DICE: VOLVERÉ A MI CASA DE DONDE SALÍ; Y CUANDO LLEGA, LA HALLA DESOCUPADA, BARRIDA Y ADORNADA.

Ningún demonio puede sustentar tal pretensión. Todos los demonios son:

> ➤ **MENTIROSOS.**
> ➤ **ENGAÑADORES.**
> ➤ **HOMICIDAS.**

JUAN 8, 44
VOSOTROS SOIS DE VUESTRO PADRE EL DIABLO, Y LOS DESEOS DE VUESTRO PADRE QUERÉIS HACER. EL HA SIDO HOMICIDA DESDE EL PRINCIPIO; Y NO HA PERMANECIDO EN LA VERDAD, PORQUE NO HAY VERDAD EN ÉL. CUANDO

HABLA MENTIRA, DE LO SUYO HABLA; PORQUE ES MEN-
TIROSO Y PADRE DE MENTIRA.

Los demonios no tienen ningún derecho a los cuerpos redimidos por la
sangre de nuestro Señor Jesucristo.

NUESTRA ACTITUD RESPECTO A LOS DEMONIOS

LA ACTITUD que nosotros debemos tener hacia los espíritus demoníacos es:

> ➤ **TAN PRONTO SON DESCUBIERTOS, DEBEN SER
> EXPULSADOS EN EL NOMBRE DE JESÚS.**

Hablemos sobre **LAS ACTITUDES** que debemos tener con respecto a
LA LIBERACIÓN.

LA PRIMERA ACTITUD.

Se relaciona con las personas que nos dicen:

> ➤ **BUENO LA REALIDAD ES QUE ¡TU SABES!**
> ➤ **NO HAY TAL COSA COMO UN ESPÍRITU MALIGNO.**
> ➤ **EL DIABLO NO EXISTE.**

Precisamente esa actitud y pensamiento es la que quiere **SATANÁS** que
creamos, engañándonos a todos, pero **LA BIBLIA** nos relata todo lo
contrario, desde **GÉNESIS** hasta **APOCALIPSIS** nos habla del
REINO DE SATANÁS y SUS DEMONIOS.

GÉNESIS 3, 1
*PERO LA SERPIENTE ERA ASTUTA, MÁS QUE TODOS LOS
ANIMALES DEL CAMPO QUE JEHOVÁ (YAHVÉH) DIOS HABÍA
HECHO; LA CUAL DIJO A LA MUJER: CON QUE DIOS OS HA
DICHO: NO COMÁIS DE TODO ÁRBOL DEL HUERTO?*

APOCALIPSIS (REVELACIÓN) 12, 9
Y FUE LANZADO FUERA EL GRAN DRAGÓN, LA SERPIENTE ANTIGUA, QUE SE LLAMA DIABLO Y SATANÁS, EL CUAL ENGAÑA AL MUNDO ENTERO; FUE ARROJADO A LA TIERRA. Y SUS ÁNGELES CON ÉL.

Si usted cree en **DIOS**, veamos lo que nos dice **ÉL MISMO** en el Libro de **JOB.**

JOB 1, 6 – 7
6
UN DÍA VINIERON A PRESENTARSE DELANTE DE JEHOVÁ (YAHVÉH) LOS HIJOS DE DIOS, ENTRE LOS CUALES VINO TAMBIÉN SATANÁS.

7
Y DIJO JEHOVÁ (YAHVÉH) A SATANÁS: ¿DE DÓNDE VIENES? RESPONDIO SATANÁS A JEHOVÁ (YAHVÉH), DIJO: DE RODEAR LA TIERRA Y DE ANDAR POR ELLA.

Si **DIOS** habla con este personaje y nos revela de su existencia en una conversación con **SATANÁS** como puede usted afirmar que el no existe y que no existen sus **Ángeles**, llamados **DEMONIOS.**

¿CREE USTED EN JESUCRISTO?

Veamos los que nos dice **LA PALABRA DE DIOS:**

MATEO 4, 1
ENTONCES JESÚS FUE LLEVADO POR EL ESPÍRITU AL DESIERTO, PARA SER TENTADO POR EL DIABLO.

También **JESÚS** converso con el **DIABLO.** Creo hermanos que los que piensan que el **DIABLO** no existe deben cambiar su actitud y reconsiderar su **posición** al respecto.

Muchos creen que las cosas que nos afligen no provienen del **DEMONIO** sino que serían más o menos:

> ➤ **MI PROPIO TEMOR.**
> ➤ **MI PROPIA IRA.**

Pero es algo más que eso, nos referimos a **OTRA ENTIDAD a UN ESPÍRITU MALIGNO** conocido como **ESPÍRITU DE TEMOR** o **ESPÍRITU DE MIEDO** que lo **ATA** a uno, y sabemos que esto es muy diferente.

Satanás es mucho más que solamente una **"influencia"** o un **"desorden de conducta"** que afecta la vida del cristiano, aunque su empeño es que La Iglesia así lo crea y siga en su estado de ignorancia o engaño acerca de la verdadera presencia suya en la vida de muchos **"Cristianos carnales"**.

Existe otra ENTIDAD que no es uno mismo sino que es DEL MAL:

> ➤ **DE LAS TINIEBLAS.**
> ➤ **DE LOS ABISMOS.**
> ➤ **DEL INFIERNO.**

Y es **ESO** lo que mantiene a uno **ATADO** o **EN CAUTIVERIO.**
EJEMPLO:

> ➤ **EL ESPÍRITU DE TEMOR.**
> ➤ **EL ESPÍRITU DE IRA.**
> ➤ **EL ESPÍRITU DE LUJURÍA.**
> ➤ **EL ESPÍRITU DE GLOTONERÍA.**
> ➤ **EL ESPÍRITU DE COMPULSIÓN.**
> ➤ **EL ESPÍRITU DE SEXO.**

SI EXISTEN LOS ESPÍRITUS MALIGNOS y San Lucas nos lo confirma;

LUCAS 8, 2
Y ALGUNAS MUJERES QUE HABÍAN SIDO CURADAS DE ESPÍRITUS MALIGNOS Y ENFERMEDADES.

Si usted no lo cree, lo sentimos mucho, pero **SÍ EXISTEN, EL ERROR** radica en **ATRIBUIRLO** todo a **LOS ESPÍRITUS MALIGNOS** y también **EN REDUCIR TODO PROBLEMA a UN ESPÍRITU MALIGNO** tales como las:

➢ **ATADURAS (LAZOS).**
➢ **SUFRIMIENTOS.**
➢ **Y CARGAS.**

No se le puede dar al **DEMONIO** todo **EL CREDITO** por todo **EL MAL** que aflige en la vida de tantas personas.

Hay cosas que no son **ESPÍRITUS MALIGNOS** como:

➢ **NUESTRA PROPIA CONSUPISCENCIA.**
➢ **LA PARANOIA.**
➢ **LA ESQUIZOFRENIA.**
➢ **OTRAS ENFERMEDADES MENTALES.**
➢ **DESAJUSTE EMOCIONAL.**
➢ **DEPRESIONES, ETC.**

Esos son otras clases de males y no se trata específicamente de **ESPÍRITUS MALIGNOS.**

Muchas personas reaccionan negativamente o tienen miedo al **MINISTERIO DE LIBERACIÓN** y dicen:

➢ **NO QUEREMOS PRACTICAR ESO AQUÍ,**
➢ **NO QUEREMOS TENER NADA QUE VER CON ESO.**
➢ **MANTENLO LEJOS DE MÍ.**

En realidad no reaccionan al **MINISTERIO DE LIBERACIÓN,** sino a **LOS ERRORES** que se han cometido al practicarlo y a la clase de **MINISTERIO** que han presenciado.

EL MINISTERIO DE LIBERACIÓN atrae a las personas que desean ser:

- ➢ **AUTORITARIOS.**
- ➢ **DAR ORDENES.**
- ➢ **MANDAR.**
- ➢ **Y USAR TÁCTICAS DE PODERIO.**

Siempre estas personas desean participar en **EL MINISTERIO DE LIBERACIÓN y** cuando lo hacen se acercan a la misma con mucha de sus **PROPIAS EMOCIONES PERSONALES.**

Se enfrentan con **ESPÍRITUS MALIGNOS** y comienzan a **ECHAR-LOS FUERA Y ATARLOS** en el **NOMBRE DE JESÚS** y entran en **UNA BATALLA.** Son el prototipo de la misma clase de militares que dan grandes órdenes, cuando uno hacen eso lo que logran es **UNA BATALLA EXCESIVA CON MUCHOS:**

- ➢ **GRITOS.**
- ➢ **ALARIDOS.**
- ➢ **MANIFESTACIONES FISICAS.**
- ➢ **TORMENTOS.**
- ➢ **LAS PERSONAS SE REVUELCAN EN EL SUELO.**
- ➢ **VOMITAN.**
- ➢ **SE DESNUDAN.**
- ➢ **NO SE PUEDEN CONTROLAR.**
- ➢ **Y COSAS SEMEJANTES.**

Por lo general cuando sucede eso, en muchos casos las personas:

- ➢ **NO RECIBEN AYUDA.**
- ➢ **Y SE PUEDEN LASTIMAR.**

La reacción de las personas con todas sus razones es decir **"NO QUIE-RO ESO AQUÍ."**

LA PREGUNTA ES:
¿NO EXISTE OTRA MANERA DE HACERLO?

Precisamente es lo que queremos compartir con ustedes en este libro.

"SI HAY OTRA MANERA DE HACERLO"

SI EXISTE OTRA MANERA:

> ➤ **UNA MANERA DE ACERCARSE A LA LIBERACIÓN.**
> ➤ **DE HACER LA LIBERACIÓN.**
> ➤ **Y DE ESTAR EN LA LIBERACIÓN.**

Sin entrar en **BATALLA EXCESIVA** o **DESAFORADAS,** sin entrar en esta clase de **TIRA** y **JALA,** de **GRITOS** y **ALARIDOS.**

PERSPECTIVAS PARA LA LIBERACIÓN.

LA LIBERACIÓN es parte de **LA SANACIÓN; EL MINISTERIO DE LIBERACIÓN ES PARTE DEL MINISTERIO DE SANA-CIÓN.**

Categóricamente lo decimos, es nuestro fundamento y nuestra posición y la mantenemos, sencillamente **NO EXISTE** tal cosa como **EL MINISTERIO DE LIBERACIÓN,** y es preocupante las personas que tienen este **MINISTERIO DE LIBERACIÓN,** repetimos **NO EXIS-TE** tal cosa.

Por otra parte **EXISTE EL MINISTERIO DE SANACIÓN,** dentro del cuál **LA LIBERACIÓN** desempeña un papel, y si uno **DIVORCIA LA LIBERACIÓN DE LA SANACIÓN "CREA UN MONSTRUO".**

Si uno quita **LA LIBERACIÓN** del contexto de **LA SANACIÓN** ha creado un **"MONSTRUO"** que:

> ➢ **LO DESTRUIRA A UNO.**
> ➢ **A LA PERSONA QUE UNO MINISTRA.**
> ➢ **Y A SU MINISTERIO.**

Debemos y tenemos que mantener **LA LIBERACIÓN** dentro del contexto de **LA SANACIÓN** y del proceso del crecimiento en **LA PLENITUD DE CRISTO JESÚS.**

Vemos cada día que son pocos los cristianos que son instrumentos de Jesús para sanar a sus hermanos de espíritus malignos, haciendo caso omiso al mandato de Jesús.

SANTIAGO 1, 23 – 25
23
PORQUE SI ALGUNO ES OIDOR DE LA PALABRA PERO NO HACEDOR DE ELLA, ÉSTE ES SEMEJANTE AL HOMBRE QUE CONSIDERA EN UN ESPEJO SU ROSTRO NATURAL.

24
PORQUE ÉL SE CONSIDERA A SÍ MISMO, Y SE VA, Y LUEGO OLVIDA CÓMO ERA.

25
MAS EL QUE MIRA ATENTAMENTE EN LA PERFECTA LEY, LA DE LA LIBERTAD, Y PERSEVERA EN ELLA, NO SIENDO OIDOR OLVIDADIZO, SINO HACEDOR DE LA OBRA, ÉSTE SERÁ BIENAVENTURADO EN LO QUE HACE.

Los demonios son enemigos de los dones y de los frutos del Espíritu.

Pueden hacer que no se den en la vida del cristiano y, por tanto, impedir la preparación del creyente para la venida del Señor.

De ahí que La Liberación es parte vital en la preparación de La novia de Cristo, y que se realiza hoy en día.

EFESIOS 5, 25 – 27

25

MARIDOS, AMAD A VUESTRAS MUJERES, ASÍ COMO CRISTO AMÓ A LA IGLESIA, Y SE ENTREGÓ A SÍ MISMO POR ELLA.

26

PARA SANTIFICARLA, HABIÉNDOLA PURIFICADO EN EL LAVAMIENTO DEL AGUA POR LA PALABRA,

27

A FIN DE PRESENTÁRSELA A SÍ MISMO, UNA IGLESIA GLORIOSA, QUE NO TUVIESE MANCHA NI ARRUGA NI COSA SEMEJANTE, SINO QUE FUESE SANTA Y SIN MANCHA.

TEMA 2
PREPARACIÓN
PARA
LA LIBERACIÓN

RECOMENDACIÓNES.

DEBEN TENER PRUDENCIA LAS PERSONAS QUE LEEN:

- ➤ RESUMENES.
- ➤ NOTAS.
- ➤ LIBROS.
- ➤ CASSETTES.
- ➤ VIDEOS.

ES DE SUMA IMPORTANCIA LLEVAR UNA VIDA DE:

- ➤ FE.
- ➤ OBEDIENCIA AL SEÑOR.
- ➤ PEDIRLE PERDON DE TODOS NUESTROS PECADOS.
- ➤ PUREZA.
- ➤ AYUNOS.

- ➤ ORACIÓN.
- ➤ LECTURA DIARIA DE LA PALABRA DE DIOS.
- ➤ SANTA CENA (COMUNIÓN FRECUENTE) (SI EN SU IGLESIA NO SE RECIBE FRECUENTEMENTE HACER UNA COMUNION ESPIRITUAL).
- ➤ NO PECAR.

Dijimos anteriormente que La Liberación no es una panacea y debemos estar en obediencia para poder ser instrumentos del amor de Dios en Cristo Jesús y poder ayudar a nuestros hermanos y no cometer errores que después podamos lamentar.

HECHOS 19, 13 – 16

13
PERO ALGUNO DE LOS JUDÍOS, EXORCISTAS AMBULANTES, INTENTARON INVOCAR EL NOMBRE DEL SEÑOR JESÚS SOBRE LOS QUE TENÍAN ESPÍRITUS MALOS, DICIENDO: OS CONJURO POR JESÚS, EL QUE PREDICA PABLO.

14
HABÍA SIETE HIJOS DE UN TAL ESCEVA, JUDÍO, JEFE DE LOS SACERDOTES, QUE HACÍAN ESTO.

15
PERO RESPONDIENDO EL ESPÍRITU MALO DIJO: A JESÚS CONOZCO, Y SÉ QUIÉN ES PABLO; PERO VOSOTROS, ¿QUIÉNES SOIS?

16
Y EL HOMBRE EN QUIEN ESTABA EL ESPÍRITU MALO, SALTANDO SOBRE ELLOS Y DOMINÁNDOLOS, PUDO MÁS QUE ELLOS, DE TAL MANERA QUE HUYERON DE AQUELLA CASA DESNUDOS Y HERIDOS.

TESTIMONIO:

Llegando un día en la Iglesia San Pio X en Santo Domingo, República Dominicana estaban hablando de un hermano en Cristo que le servía a Jesús, había llegado a un salón de la casa parroquial el día anterior y se presentó una persona con problemas espirituales (Un espíritu Impuro) él no quería orar por Liberación por esa persona, porque había pecado y no estaba en condiciones espirituales aptas para hacer la oración de liberación.

Lamentablemente la persona estaba haciendo revuelos y se le manifestaba el espíritu, no habiendo nadie que se atreviera a orar por la persona, el hermano en Cristo decidió hacer la Oración de Liberación.

No bien había comenzado cuando el demonio lo tomó y empujó contra un ventanal rompiéndole una de sus piernas.

Sabemos que Jesús venció al Mundo y que los demonios se tienen que someter a Él, pero para nosotros ser instrumento de Jesús, tenemos que estar en condiciones espirituales puras para poder luchar contra los demonios, como decimos en un buen español, no podemos tener cola que nos pisen.

DEBEMOS COMENZAR CON MUCHA ORACIÓN, POR TANTO PONGAMONOS MUY PROFUNDAMENTE EN LA PRESENCIA DE JESÚS:

> - **QUE ES EL SEÑOR.**
> - **EL JESÚS VICTORIOSO.**
> - **EL JESÚS RESUCITADO.**
> - **EL JESÚS GLORIFICADO.**

PROCLAMAR:

> - **EL NOMBRE DE JESÚS, COMO SALVADOR NUESTRO.**
> - **EL EVANGELIO "LA BUENA NUEVA."**
> - **SU RESURRECCIÓN.**
> - **"JESÚS ESTA VIVO."**

HECHOS 4, 12
Y EN NINGÚN OTRO HAY SALVACIÓN; PORQUE NO HAY OTRO NOMBRE BAJO EL CIELO, DADO A LOS HOMBRES, EN QUE PODAMOS SER SALVOS.

DEBEMOS PONERNOS:

- ➢ **EN PROFUNDA HUMILDAD.**
- ➢ **EN LA MANOS DE DIOS.**
- ➢ **EN LA PRESENCIA DE JESÚS.**
- ➢ **GUIADOS POR EL ESPÍRITU SANTO.**
- ➢ **COMO "INSTRUMENTO" DE ÉL.**

LUCAS 17, 10
ASÍ TAMBIÉN VOSOTROS, CUANDO HAYÁIS HECHO TODO LO QUE OS HA SIDO ORDENADO, DECID: SIERVOS INÚTILES SOMOS, PUES LO QUE DEBÍAMOS HACER, HICIMOS.

Darle **GRACIAS** a **DIOS** porque nos ha puesto en la condición de **SERVIRLE.**

CUBRIRNOS CON LA SANGRE DE JESUCRISTO:

- ➢ **MI PERSONA.**
- ➢ **MI FAMILIA.**
- ➢ **MI HOGAR.**
- ➢ **PERSONAS QUE INTERCEDEN Y EL EQUIPO QUE VA ORAR.**
- ➢ **SUS ANIMALES (SI LOS TIENEN).**
- ➢ **SELLAR EL LUGAR Y CUBRIRLO CON LA SANGRE DE JESÚS PARA QUE NO HAYA INTERACCIÓN NI COMUNICACIÓN DE LOS DEMONIOS.**
- ➢ **CUBRIR CON LA SANGRE DE CRISTO TODAS LAS VENTANAS, PUERTAS, TECHO, SELLAR EL LUGAR, ETC.**

PEDIR EL ESPÍRITU SANTO:

> PEDIR EL PODER DEL ESPÍRITU SANTO.
> ORIENTACIÓN Y GUIA DEL ESPÍRITU SANTO.

PARA QUE NADA NI NADIE NOS HAGA DAÑO, NI NOS PUE-DA TOCAR.

DEBEMOS:

> TENER MUCHA FE.
> CONFIANZA EN DIOS Y SU HIJO JESUCRISTO.
> MUCHA ORACIÓN.
> AYUNOS.
> PEDIR A JESÚS LA AYUDA DE LOS ÁNGELES.

HEBREOS 1, 14
¿NO SON TODOS ESPÍRITUS MINISTRADORES, (ÁNGELES), ENVIADOS PARA SERVICIO A FAVOR DE LOS QUE SERÁN HEREDEROS DE LA SALVACIÓN?

Jesús envió a los doce y cuando comisionó a los setenta los envió de dos en dos. En el libro de Los Hechos se encuentran otros equipos de trabajo:

> PABLO, BERNABÉ Y JUAN MARCOS.
> PABLO Y SILAS.
> BERNABÉ Y JUAN MARCOS.
> AQUILA Y PRISCILA.

Un equipo de seis personas sería lo ideal para Orar por Liberación, compuesto de hombres y mujeres, y no debe:

> NUNCA MINISTRAR SOLO.
> NO DEBE UN HOMBRE MINISTRAR A UNA MUJER SOLO.
> NO DEBE UNA MUJER MINISTRAR A UN HOMBRE SOLA.

Una sola persona debe llevar La liberación, una persona que lo ayude, mientras que los demás están en oración en silencio y abierto a la acción de Espíritu Santo para recibir Palabra de Conocimiento y Orientación del Espíritu Santo.

Si el que está Ministrando se cansa otra persona debe seguir la Liberación lo demás en silencio, atento a cualquier información que puede recibir o aportar.

Como la **"Imposición de Mano"** se puede usar durante La Liberación es preferible que haya testigos de ambos sexos en el equipo.

OTRAS RECOMENDACIONES PARA EL EQUIPO:

> **TODOS LOS MIEMBROS DEBEN PEDIRLE A DIOS EL PERDON DE SUS PECADOS Y ORAR LOS UNO POR LOS OTROS.**
> **LA UNIDAD ES ABSOLUTAMENTE ESENCIAL.**
> **SATANÁS CAPITALIZARÁ TODA DESUNIÓN.**
> **ES NECESARIO ESTAR EN GUARDI CONSTANTE CONTRA ESTAS TÁCTICAS.**
> **TODO GRUPO QUE TRABAJA JUNTO DEBE APREN-DER A FLUIR EN EL ESPÍRITU.**
> **TENER CONFIANZA EL UNO EN EL OTRO.**
> **PEDIRLE A JESÚS QUE CONFIRME CUALQUIER PA-LABRA DE CONOCIMIENTO QUE RECIBA UNO DEL GRUPO.**

Cuando se trabaja en Liberación debemos tener un camino, el cual no debe ser rígido sino flexible y dejar que El Espíritu Santo dirija La Liberación.

Cada miembro del Equipo debe ser sensible y obediente a la dirección del Espíritu Santo.

Sólo una persona debe dar las órdenes a los espíritus, si esta se cansa debe ser relevado por otro, **no deben cometer el error** de querer todos mandar a los espíritus porque estos no obedecerán, Dios es un Dios de orden no de desorden, aunque usted tenga la mejor de las intenciones, los espíritus no obedecerán ni al uno ni al otro, uno solo debe tener la autoridad, si este se cansa se pasa la autoridad a otro miembro del equipo.

Los demás miembros deben estar en oración, abierto a la acción del Espíritu Santo, pueden estar leyendo La Biblia, sobre todos los pasajes en que Jesús hace Liberaciones; atentos por si tienen que agarrar o sostener a la persona que se esta liberando si hay manifestación demoniaca.

Algunos suelen poner canciones cristianas:

- ➢ **DE PERDON.**
- ➢ **ALABANZAS.**
- ➢ **SANACIÓN.**

Esta debe ser música de fondo, que no interfiera con las órdenes que éste dando el que está ministrando.

El propósito es dejar al cautivo libre de las garras de Satanás, dar toda la gloria a Jesús, de manera que no importa quién dirige la lucha, es una acción del equipo y cada puesto es importante como instrumentos del amor de Cristo.

Todo Honor y Gloria es para Dios Padre y su Hijo Jesucristo y su Santo Espíritu, nosotros debemos terminar dando gracias por habernos escogido como instrumentos de su Amor diciendo:

LUCAS 17, 10
ASÍ TAMBIÉN VOSOTROS, CUANDO HAYÁIS HECHO TODO LO QUE OS HA SIDO ORDENADO, DECID: SIERVO INÚTILES SOMOS, PUES LO QUE DEBÍAMOS, HICIMOS.

Para nuestro gozo el mismo Jesús reconoce lo que hacemos diciéndonos.

JUAN 15, 15
YA NO OS LLAMARÉ SIERVOS, PORQUE EL SIERVO NO SABE LO QUE HACE SU SEÑOR; PERO OS HE LLAMADO AMIGOS, PORQUE TODAS LAS COSAS QUE OÍ DE MI PADRE, OS LA HE DADO A CONOCER.

"IMPORTANTE."

Comprobar si el espíritu o espíritus han salido del hermano, pidiéndole que reconozca que Jesús vino al mundo en carne y nació de María y del Espíritu Santo.

1 JUAN 4, 1 - 2
1
AMADOS, NO CREÁIS A TODO ESPÍRITU, SINO PROBAD LOS ESPÍRITUS SI SON DE DIOS; PORQUE MUCHOS FALSOS PROFETAS HAN SALIDO POR EL MUNDO.

2
EN ESTO CONOCED EL ESPÍRITU DE DIOS: TODO ESPÍRITU QUE CONFIESA QUE JESUCRISTO HA VENIDO EN CARNE, ES DE DIOS;

Después de terminada la liberación debemos:

➤ **DAR GRACIAS A DIOS, A SU HIJO Y AL ESPÍRITU SANTO.**
➤ **DAR GRACIAS POR PERMITIRNOS SERVIRLE.**
➤ **ENTREGAR TODAS NUESTRAS CARGAS A NUESTRO SEÑOR JESÚS.**

Es importante atar y entregarle los demonios a Jesús o a sus ángeles para que dispongan de ellos, también es importante entregarle las cargas que hemos recibido a Nuestro Señor Jesús, para que esas entidades demoniacas no nos sigan a nuestros hogares.

1 TIMOTEO 5, 22
NO TE PRECIPITES EN IMPONER A NADIE LAS MANOS, NO TE HAGAS PARTÍCIPE DE LOS PECADOS AJENOS. CONSÉRVATE PURO.

MATEO 11, 28
VENID A MÍ TODOS LOS QUE ESTÁIS TRABAJADOS Y CARGADOS, Y YO OS HARÉ DESCANSAR.

TEMA 3
ENFERMEDADES
DEL
ESPÍRITU

Nuestra **ALMA** también se puede **ENFERMAR,** y esto es más grave que un Cáncer o un Trauma Psicológico.

Un sábado llegó **JESÚS** a la piscina de **BEEZATÁ** (que significa "CASA DE MISERICORDIA"), vio a un hombre que yacía sobre su lecho y le ordenó:

> ➢ **LEVÁNTATE.......TOMA TU CAMILLA Y ANDA.**

Aquel hombre, que llevaba 38 años paralitico, encontró **GRACIA** delante de **LOS OJOS DE DIOS,** se levantó y comenzó andar.

Luego el **MAESTRO** se encontró con Él y le advirtió:

JUAN 5, 14
MIRA QUE ESTÁS CURADO, VETE Y NO PEQUES MÁS PARA QUE NO TE SUCEDA ALGO PEOR.

JESÚS no dijo que **EL QUE PECABA** se quedaría más de 38 años paralíticos, sino que **EL PECAR** sería peor que 38 años de parálisis. Es más, **EL PECADO** no sólo es una enfermedad sino que necesariamente produce **MUERTE**.

ROMANOS 6, 23
PORQUE LA PAGA DEL PECADO ES MUERTE,

El Pecado produce muerte en cuanto que nos priva de la vida de Dios; o mejor dicho de Dios que es la Vida.

JEREMÍAS 2, 13
ME DEJARON A MÍ, MANANTIAL DE AGUAS VIVAS Y SE CONSTRUYERON CISTERNAS AGRIETADAS QUE EL AGUA NO PUEDE CONTENER.

EL PECADO.

Básicamente, consiste en una falta de **FE** a **DIOS;** generalmente provocado por un exceso de confianza en nosotros mismos.

Es creer más en nosotros mismos que en **DIOS.** Es el hombre que confía más en sus propios medios para lograr la realización de su ser, que en **EL CAMINO** propuesto por **DIOS.**

PROVERBIOS 8, 36; JEREMÍAS 26, 19
EL PECADO PERJUDICA MÁS AL HOMBRE QUE A DIOS MISMO.

JEREMÍAS 7, 19
¿ES ACASO A MÍ A QUIEN HIEREN SUS REBELDÍAS? NO ES MÁS BIEN A USTEDES MISMO PARA PROPIA CONFUSIÓN.

DIOS nos ama tanto que sabiendo el mal que produce el pecado en nosotros, nos prohíbe pecar, nos prohíbe ser esclavos.

La sanación completa consiste en que somos liberados de la ley del pecado que nos lleva a hacer el mal que no queremos y nos impide hacer el bien que nos proponemos.

DIOS no sólo **NOS PERDONA EL PECADO** sino que **NOS FORTALECE** para **NO VOLVER A PECAR.**

Aún más cambia **NUESTRO CORAZÓN** para **"QUERER HACER"** lo que **EL MANDA.**

No hay hombre más hombre que aquel que ha sido liberado de **LA ESCLAVITUD** del **PECADO.**

NEHEMÍAS 9, 17
DIOS ES EL DIOS DE LOS PERDONES, QUE SIEMPRE PERDONA Y PERDONA SIEMPRE.

LA SANGRE PRECIOSA DE CRISTO EN LA CRUZ ES LA MEDICINA SANADORA DE NUESTROS PECADOS.

MIQUEAS 7, 18 – 19
18
¿QUÉ DIOS COMO TÚ, QUE PERDONA LA MALDAD, Y OLVIDA EL PECADO DEL REMANENTE DE SU HEREDAD? NO RETUVO PARA SIEMPRE SU ENOJO, PORQUE SE DELEITA EN MISERICORDIA.

19
EL VOLVERÁ A TENER MISERICORDIA DE NOSOTROS; SEPULTARÁ NUESTRAS INIQUIDADES, Y ECHARÁ EN LO PROFUNDO DEL MAR TODOS NUESTROS PECADOS.

¡TU ARROJAS HASTA EL FONDO DEL MAR TODOS NUESTROS PECADOS!

Cuando **DIOS** perdona, perdona; quien siempre nos estará recordando nuestros pecados e iniquidades es **Satanás.**

Por nuestra parte debemos tomar y hacer nuestra **ESA MEDICINA,** mediante **LA FE Y LA RECONCILIACIÓN.**

LA RECONCILIACIÓN.

Juega un papel imprescindible; es el encuentro de alegría porque es el regreso del **HIJO AMADO** a la casa del **PADRE.** (Ver Lucas 15, 11 – 24)

1 JUAN 1, 9
SI CONFESAMOS NUESTROS PECADOS, ÉL ES FIEL Y JUSTO PARA PERDONAR NUESTROS PECADOS, Y LIMPIARNOS DE TODA MALDAD.

SANTIAGO 5, 16
CONFESAOS VUESTRAS OFENSAS UNOS A OTROS, Y ORAD UNOS POR OTROS, PARA QUE SEÁIS SANADOS. LA ORACIÓN EFICAZ DEL JUSTO PUEDE MUCHO.

MATEO 10, 8
JESÚS ENVIÓ A LOS APOSTOLES A "RESUCITAR MUERTOS".

Y no hay gente más muerta que aquella que ha perdido **LA VIDA DE DIOS POR EL PECADO.**

Le tememos **A LA CONFESIÓN** porque no entendemos que de esta manera tenemos **LA RECONCILIACIÓN** con **DIOS.**

LA ACCIÓN DEL DEMONIO EN EL MUNDO.

LUCAS 11, 20
MAS SI POR EL DEDO DE DIOS ECHO YO FUERA LOS DEMONIOS, CIERTAMENTE EL REINO DE DIOS HA LLEGADO A VOSOTROS.

HECHOS 10, 38
CÓMO DIOS UNGIÓ CON EL ESPÍRITU SANTO Y CON PODER A JESÚS DE NAZARET, Y CÓMO ÉSTE ANDUVO HACIENDO BIENES SANANDO A TODOS LOS OPRIMIDOS POR EL DIABLO, PORQUE DIOS ESTABA CON ÉL.

PEDRO resume la obra mesiánica de **JESÚS** en cuatro puntos:

> ➤ **UNGIDO CON EL ESPÍRITU SANTO Y CON PODER.**
> ➤ **PASO HACIENDO EL BIEN.**
> ➤ **CURANDO.**
> ➤ **LIBERANDO A TODOS LOS OPRIMIDOS POR EL DIABLO.**

LA OCUPACIÓN ORDINARIA DEL DIABLO, PERMITIDA POR DIOS HACIA NOSOTROS, ES LA TENTACIÓN. EL DEMONIO PUEDE ASECHAR LAS ALMAS DE TRES FORMAS:

> ➤ **LA OPRESIÓN O ASEDIO.**
> ➤ **LA OBSESIÓN.**
> ➤ **LA POSESIÓN.**

"**La gran victoria de Satanás**" es que ya no creamos en él porque así le permitimos actuar con toda libertad.

Muchos nos dicen "Es que Ustedes ven Diablo hasta en la Sopa", precisamente eso es lo que quiere Satanás para que pueda actuar en Las Personas Libremente y lo triste del caso es que **"SI," HAY DIABLOS HASTA EN LA SOPA.**

˙ LA OPRESIÓN Ó ASEDIO.

La Opresión ó Asedio es la acción extraordinaria de **Satanás** cuando busca aterrorizar por medio de apariciones horribles o por medios de las cosas.

EJEMPLOS:

> APARICIONES HORRIBLES.
> RUIDOS EN LA NOCHE.
> COSAS QUE SE MUEVEN.
> LUCES QUE SE APAGAN.
> VOCES.
> CIERTAS ENFERMEDADES RARAS QUE NOTIENEN EXPLICACIÓN MÉDICA.

SE TRATA DE ACCIONES EXTERIORES.

LUCAS 13, 11
Y HABÍA ALLÍ UNA MUJER QUE DESDE HACÍA DIECIOCHO AÑOS TENÍA ESPÍRITU DE ENFERMEDAD, Y ANDABA ENCORVADA, Y EN NINGUNA MANERA SE PODÍA ENDE-REZAR.

JESÚS hizo una Liberación cuando le dijo:

LUCAS 13, 12
CUANDO JESÚS LA VIO, LA LLAMÓ Y LE DIJO, MUJER, ERES LIBRE DE TU ENFERMEDAD.

LA OBSESIÓN

Llamamos **Obsesión** a la influencia y acción del Enemigo sobre **La Mente** de las personas.

La obsesión puede ser externa cuando el demonio actúa en los sentidos externos del cuerpo o interna cuando influencia la imaginación o la memoria.

Existen personas:

> ATORMENTADAS CON TREMENDAS OBSESIONES SE-XUALES.

- ➢ PENSAMIENTOS DE SUICIDIO.
- ➢ ESPÍRITU DE BLASFEMIA.
- ➢ AUTODESTRUCCIÓN.
- ➢ DESPRECIO.
- ➢ SENTIRSE INDIGNO DEL PERDÓN DE DIOS.

La causa no sólo es física o psicológica sino que están atormentados por una Obsesión que los esclaviza, no teniendo fuerzas para salir victoriosos.

Se podría decir que la Obsesión se parece a una tentación; pero en vez de ser pasajera es permanente, además de tener una fuerza e intensidad que va más allá de nuestras capacidades humanas para vencerla.

Estas personas muchas veces son atacadas por Espíritus Malignos.
En el Nuevo Testamento encontramos diferentes clases de Espíritus que vale la pena conocer:

- ➢ **ESPÍRITU INMUNDO O IMPURO, QUE ES EL MAS FRECUENTE:**

  - o **MATEO 12, 43**
  - o **MARCOS 1, 23. 26. 27; 3,11; 5, 2. 8. 13; 7, 25**
  - o **LUCAS 4, 33.36; 6, 18; 8, 29; 9, 42; 11,24**

- ➢ **ESPÍRITU MUDO: MARCOS 9, 17**
- ➢ **ESPÍRITU SORDO Y MUDO: MARCOS 9, 25b**
- ➢ **MALOS ESPÍRITUS: LUCAS 7, 21; HECHOS: 19, 12**
- ➢ **ESPÍRITUS MALIGNOS: LUCAS 8, 2**
- ➢ **ESPÍRITUS ADIVINOS; HECHOS 16, 16**
- ➢ **ESPÍRITUS DEL MAL: EFESIOS 6, 12**
- ➢ **ESPÍRITUS ENGAÑADORES: 1 TIMOTEO 4, 1**

LA POSESIÓN.

La Posesión es muy rara y es lo último que debemos pensar, hasta después de haber agotado las demás posibilidades, es cuando el demonio toma control de todo el organismo.

LA POSESIÓN SE PUEDE DAR EN LOS SIGUIENTES CASOS:

- ➤ **POR PERMISIÓN DE DIOS** (JUDAS, SAÚL).
- ➤ **CUANDO SE SUFRE UN MALEFICIO.**
- ➤ **ESTADO DE PECADO Y ENDURECIMIENTO DEL MISMO.**
- ➤ **VISITA A LUGARES O PERSONAS MALÉFICAS.**
- ➤ **VENDIENDO SU ALMA AL DIABLO.**
- ➤ **FIRMANDO PACTOS SATÁNICOS CON SANGRE.**
- ➤ **PERTENECIENDO A SECTAS DIABÓLICAS.**
- ➤ **PERSONAS QUE FUERON CONSAGRADAS POR SUS PADRES AL DIABLO.**

Es tan fuerte esta esclavitud que la persona pierde su voluntad propia, quedando totalmente imposibilitada para liberarse de sus cadenas.

Entonces necesita un Poder Superior de afuera a través de un **EXORCISMO.**

IGLESIAS CATÓLICAS.

EL EXORCISMO FORMAL O LITÚRGICO es hecho por el Obispo o un Sacerdote delegado por él para el caso, que han recibido una licencia específica expresada, como lo establece el Derecho Canónico (Can 1172)

El Exorcismo Formal o Litúrgico es un sacramental instituido por La Iglesia para salvaguardar a los fieles de embusteros y magos.

El Exorcismo nunca puede ser ejercido por laicos.

En el libro Gabriele Amorth "Narraciones de un Exorcista" relata lo siguiente:

> **Por consiguiente sólo un sacerdote autorizado, además del Obispo exorcizante (¡OJALÁ LOS HUBIERA!).**

La Iglesia hace diferencia de la Oración de Liberación del Exorcismo; en la Oración de Liberación puede ser hecha por cualquier Laico, El Exorcismo según el Sacramental que se instituyo para proteger a los fieles de embusteros y magos. Pero de esto surgen algunas preguntas.

> **¿LOS LAICOS QUE HACEN ORACIONES DE LIBERACIÓN SON EMBUSTEROS MAGOS?**
> **¿EN LA BIBLIA CUANDO JESÚS ORDENA A EXPULSAR DEMONIOS EXISTE DIFERENCIA ENTRE ORACIÓN DE LIBERACIÓN Y EXORCISMO?**
> **¿A QUIEN DEBEMOS OBEDECER A LA PALABRA DE DIOS O A LA DE LOS HOMBRES?**

Hablemos claro, ¿Ha tratado usted alguna vez de buscar a un sacerdote que le haga una Oración de Liberación?

El Señor Jesús me permitió trabajar con un Obispo en Santo Domingo durante varios años y la mayoría de los Obispos y Sacerdotes mandaban a sus fieles para que le hiciéramos nosotros La Oración de Liberación.

¿El Ritual que contiene las oraciones para el Exorcismo, es un secreto que no se puede saber o son suplicas y oraciones a nuestro Dios y a su hijo Jesucristo?

En muchas ocasiones se utiliza un sacramental para los enfermos ¿Cuál es la diferencia del sacramental del exorcismo?

Entendemos que no cualquier loco o demente se autorizaría practicar exorcismos, pero hablamos de personas probadas que solo tratan de cumplir con el mandato de Jesús:

Gracias a Dios hoy día en La Universidad Católica de Roma se organizan cursos especializados en exorcismos para estudiantes de todo el mundo. Realmente me alegro por ellos por este gran acontecimiento.

MARCOS 16, 17 – 18

17

Y ESTAS SEÑALES SEGUIRÁN A LOS QUE CREEN: EN MI NOMBRE ECHARÁN FUERA DEMONIOS; HABLARÁN NUEVAS LENGUAS;

18

TOMARÁN EN LAS MANOS SERPIENTES, Y SI BEBIEREN COSA MORTÍFERA, NO LES HARÁ DAÑO; SOBRE LOS ENFERMOS PONDRÁN SUS MANOS, Y SANARÁN.

Yo uso lentes para corregir mi vista y le doy gracias a Dios que puedo leer, pero en este pasaje de La Biblia en ningún lugar he encontrado algo que diga:

EN MI NOMBRE ECHARÁN DEMONIOS, SOLO EN ORACIÓN DE LIBERACIÓN; EN EXORCISMO LLAMEN AL OBISPO O AL SACERDOTE AUTORIZADO, ETC.

Disculpen, porque mi intención no es ser sarcástico a sus normas, sino que me duele como en las ciudades cada día hay más personas en Religiones Afros, Brujos, Adivinos, Sectas Satánica y que muchas personas necesiten ayuda de liberación y exorcismos y no puedan encontrar personas que les oren, por simples formalismos y tener control absoluto.

Creo realmente que La Iglesia debe formar un Ministerio para formación de personas tanto Sacerdotes como Laicos comprometidos por el cual Nuestro Señor Jesucristo les haya otorgado ese Don Maravilloso de Amor y Misericordia.

Esperamos en Dios que La Iglesia Católica cambie su actitud referente al Exorcismo.

OTRAS IGLESIAS.

Hemos leído muchos libros sobre liberación de autores cristianos con experiencia en el tema y en ninguno he encontrado diferencias entre realizar una liberación o un exorcismo, gracias a Dios.

¿PUEDE SER POSEÍDO UN CRISTIANO?

Algunos autores de libros cristianos dicen lo siguiente:

¡No! Un cristiano no puede ser poseído porque posesión significa ser dueño de, y Jesucristo es el dueño de todo Cristiano, no el diablo.

Esta afirmación está basada en la siguiente cita Bíblica:

1 CORINTIOS 6, 20
PORQUE HABÉIS SIDO COMPRADOS POR PRECIO; GLO-RIFICAD, PUES A DIOS EN VUESTRO CUERPO Y EN VUESTRO ESPÍRITU, LOS CUALES SON DE DIOS.

Creo que surge una confusión o polémica de la traducción de la palabra posesión.

En el Nuevo testamento la palabra no era **"posesión"** sino:

> ➢ **ESTAR BAJO LA INFLUENCIA DE UN DEMONIO.**
> ➢ **TENER UN DEMONIO AFLIGIÉNDOLE.**

Los demonios están en el cuerpo del cristiano tal como cualquier enfermedad y no en su espíritu.

Y en esta base es que se fundamenta que el cristiano No Puede ser poseído.

Para otros autores de libros la palabra posesión significa lo que expusimos anteriormente; **es cuando el demonio toma control de todo el organismo:**
Esta pregunta puede ser contradictoria y me puse a investigar supuestas posesiones en Santos de la Iglesia Católica y a las mismas le fueron practicados El Rito de Exorcismo.

Como son:

> ➤ **DON SAN JUAN BOSCO.**
> ➤ **JUAN MARÍA VIANNEY (SANTO CURA DE ARS).**
> ➤ **MADRE TERESA DE CALCUTA.**
> ➤ **Y MUCHOS MÁS.**

Al leer la historia de éstas ejemplares personas, según los relatos en ninguna encontramos que hubiese una posesión, lo que pudimos leer era que el demonio asediaba a estas personas, la mayoría de los Santos de la Iglesia Católica han recibido asedios de parte de los demonios.

La posesión es muy rara y es en lo último que debemos pensar.

LA POSESIÓN SE PUEDE DAR EN LOS SIGUIENTES CASOS:

> ➤ **POR PERMISIÓN DE DIOS.**
> ➤ **CUANDO SE SUFRE UN MALEFICIO.**
> ➤ **ESTADO DE PECADO Y ENDURECIMIENTO DEL MISMO.**
> ➤ **VENDIENDO SU ALMA AL DIABLO.**
> ➤ **FIRMANDO PACTOS SATÁNICOS CON SANGR.E**
> ➤ **PERTENECIENDO A SECTAS DIABÓLICAS.**
> ➤ **PERSONAS QUE FUERON CONSAGRADAS POR SUS PADRES AL DIABLO.**
> ➤ **HACIENDOSE SERVIDOR Ó ESPOSA DE SATANÁS.**

Quise hacerles la pregunta a varias personas versadas en la materia y que llevan sus respectivos ministerios con mucha seriedad y llenos del Espíritu Santo.

Primera Consulta:

Estimado Señor

Que Dios le siga Bendiciendo…..

Le escribo para molestarle con una pregunta y quisiera saber su opinión: Yo estoy escribiendo un libro sobre Sanación, Sanación Interior y Liberación, la pregunta que surge es la siguiente:

¿Puede un cristiano ser poseído?

He leído sobre esto y realmente, algunos autores de libros dicen que ¡No! Y por otro lado en la Iglesia en las vidas de los Santos hablan de que algunos se les han practicado Exorcismos.

He leído varias vidas de Santos Ejemplares y lo que descubro es que fueron asediados por el demonio, pero no relatan en su Biografía si hay algo en relación a una posesión:

Ejemplos:

> Madre Teresa de Calcuta.
> San Juan Bosco.
> Santo Cura de Ars.

RESPUESTA:

Sí puede ser un cristiano poseído………. CLARO QUE SÍ….
Lo importante es no llegar a la conclusión de una posesión, sin primero saber si realmente se trata de eso.

Segunda Consulta:

Buenas, y que Dios le siga Bendiciendo

Sé que mi nombre no significara nada para usted, pero lo conocí en Santo Domingo, República Dominicana en un Retiro.

Estoy haciendo un Libro sobre Sanación Interior y Liberación y quisiera saber su opinión sobre esta pregunta:

¿Puede un cristiano ser Poseído?

Muchos autores de libro dicen que ¡No!

RESPUESTAS:

Estimado Luis
Dios te Bendiga

Un cristiano puede apartarse de la fe y caer en pecado.
Puede entonces ser poseído por el maligno en algunos casos

En este momento no puedo decirte más pues no soy experto en la materia

Puede ser que la traducción de la palabra; posesión se interprete de manera diferentes, y se determinen conceptos y opiniones diferentes.

Creo que si Satanás que fue un Ángel de Luz, según la Biblia de hermosa Belleza fue condenado por su Desobediencia, creo que el cristiano si desobedece es entregado a los atormentadores y puede llegar hasta la etapa de estar totalmente poseído.

En la Escritura de La Biblia son pocos los casos narrados en ellas en la que el demonio ha entrado en una persona:

1 SAMUEL 16, 14 – 15

14

EL ESPÍRITU DE JEHOVÁ (YAHVÉH) SE APARTÓ DE SAÚL, Y LE ATORMENTABA UN ESPÍRITU MALO DE PARTE DE JEHOVÁ (YAHVÉH)

15

Y LOS CRIADOS DE SAÚL LE DIJERON: HE AQUÍ AHORA, UN ESPÍRITU MALO DE PARTE DE DIOS TE ATORMENTA.

SAN LUCAS 22, 3

Y ENTRÓ SATANÁS EN JUDAS, POR SOBRENOMBRE ISCA-RIOTE, EL CUAL ERA UNO DEL NÚMERO DE LOS DOCE;

En ocasiones Dios ha permitido que personas sean infectados por demonios para su adelanto espiritual, como son los casos de personas religiosas, también vemos el ataque demoniaco que Job recibió permitido por Dios.

TEMA 4

COMO ENTRAN LOS DEMONIOS
EN LAS PERSONAS
(PUERTAS DE ENTRADA)

Los demonios son personalidades perversas. Son espíritus malignos; son seres espirituales enemigos de Dios y de los hombres.

OBJETIVO:

Sus objetivos son:

> ➤ **TENTAR A LOS SERES HUMANOS.**
> ➤ **ENGAÑAR.**
> ➤ **ACUSAR.**
> ➤ **CONDENAR.**
> ➤ **ENSUCIAR.**
> ➤ **RESISTIR.**
> ➤ **OPONERSE.**
> ➤ **CONTROLAR.**
> ➤ **ROBAR.**
> ➤ **AFLIGIR.**
> ➤ **OPRIMIR.**

- OBSESIONAR.
- POSESIONAR.
- MATAR Y DESTRUIR.

Existen muchas maneras de que **LOS DEMONIOS** entren en una persona.

Ahora bien debemos saber **¿QUÉ ES UNA PUERTA DE ENTRADA?**

Nosotros somos **TEMPLO DEL ESPÍRITU SANTO** y cuando nosotros **PECAMOS** profanamos **EL TEMPLO DE NUESTRO CUERPO** y damos **DERECHO LEGAL AL DEMONIO** para que entre en nuestro cuerpo, a esto le llamamos **"PUERTA DE ENTRADA"**.

LEVÍTICO 19, 31
NO OS VOLVÁIS A LOS ENCANTADORES NI A LOS ADIVINOS; NO LOS CONSULTÉIS, CONTAMINÁNDOOS CON ELLOS. YO JEHOVÁ (YAHVÉH)

1 CORINTIOS 6, 19
¿O IGNORÁIS QUE VUESTRO CUERPO ES TEMPLO DEL ESPÍRITU SANTO, EL CUAL ESTÁ EN VOSOTROS, EL CUAL TENÉIS DE DIOS, Y QUE NO SOIS VUESTRO?

En otras palabras, no se puede coger un demonio al andar por la calle, y toparse accidentalmente con alguno que ande buscando **"Casa"**.

Estos **Espíritus Inmundos** tienen acceso y entran en vidas a través de experiencias personales que haya habido por **pecado** y **desobediencia.** Muchos entran durante los años de **niñez** y **adolescencia,** por medio de **abusos** y **rechazos** de que fueran víctimas algunas personas.

¿PUEDE UNA PERSONA DAR DERECHO LEGAL AL DEMONIO PARA SER ATORMENTADO?

La práctica continua del pecado, las heridas y la falta de perdón le dan derecho legal al demonio para entrar y atormentar a una persona.

EFESIOS 4, 27
... NI DEIS LUGAR AL DIABLO.

PUERTAS DE ENTRADA.

Existen innumerables **PUERTAS DE ENTRADAS,** todo lo que puede relacionar al hombre con el pecado caen dentro de las siguientes categorías:

- ➢ **FALTA DE PERDÓN.**
- ➢ **ESTADO DE PECADO Y ENDURECIMIENTO DEL MISMO.**
- ➢ **VISITA A LUGARES O PERSONAS MALÉFICAS.**
- ➢ **VENDIENDO SU ALMA AL DIABLO.**
- ➢ **FIRMANDO PACTO SATÁNICOS CON SANGRE.**
- ➢ **PERTENECIENDO A SECTAS DIABÓLICAS.**
- ➢ **PERSONAS QUE FUERON CONSAGRADAS POR SUS PADRES AL DIABLO.**

¿CÓMO LOGRAN ENTRAR?

- ➢ **HERENCIA Y MALDICIONES GENERACIONALES.**
- ➢ **PECADO Y FALTA DE PERDON.**
- ➢ **EN CIRCUNSTANCIA DE LA VIDA.**

HERENCIA Y MALDICIONES GENERACIONALES:

Se han encontrado muchos casos donde los espíritus inmundos pudieron habitar personas mediante la artimaña de la herencia.

Si a un niño se le dice que será como sus padres y que puede esperar heredar sus debilidades, entonces se vuelve vulnerable.

Si permitimos al diablo hacerlo, nos dará nuestra herencia, pero el salmista dijo de Dios:

SALMO 47, 4ª (47, 5 OTRAS BIBLIAS)
EL NOS ELEGIRÁ NUESTRA HEREDADES,

LA MALDICIÓN GENERACIONAL también llamada **MAL-DICIÓN ANCESTRAL o MALDICIÓN FAMILIAR.**

Las Personas no solo heredan la naturaleza pecaminosa de sus ancestros, sino que adquieren la maldad acumulada de sus antecesores.

No solo Dios nos culpa de nuestros pecados, sino también de los pecados de nuestros ancestros

Estos pecados generacionales le dan derecho legal a SATANÁS, resultando para las personas en:

> ➢ **FRACASO.**
> ➢ **VIOLENCIA.**
> ➢ **IMPOTENCIA.**
> ➢ **PROFANIDAD.**
> ➢ **OBESIDAD.**
> ➢ **POBREZA.**
> ➢ **VERGÜENZA.**
> ➢ **ENFERMEDAD.**
> ➢ **AFLICCIÓN.**
> ➢ **TEMOR.**
> ➢ **DEPRESIÓN.**
> ➢ **Y AUN LA MUERTE.**

PODEMOS HEREDAR DE NUESTROS ANTEPASADOS:

- ➢ **VENTA AL DEMONIO.**
- ➢ **DEDICACIÓN.**
- ➢ **MALDICIÓN.**
- ➢ **RECHAZO.**
- ➢ **HERENCIA DE OCULTISMO.**

EXODO 20, 4 – 5

4

NO TE HARÁS IMAGEN, NI NINGUNA SEMEJANZA DE LO QUE ESTÉ ARRIBA EN EL CIELO, NI ABAJO EN LA TIERRA, NI EN LAS AGUAS DEBAJO DE LA TIERRA.

5

NO TE INCLINARÁS A ELLAS, NI LAS HONRARÁS; PORQUE YO SOY JEHOVÁ (YAHVÉH) TU DIOS, FUERTE, CELOSO, QUE VISITO LA MALDAD DE LOS PADRES SOBRE LOS HIJOS HASTA LA TERCERA Y CUARTA GENERACIÓN DE LOS QUE ME ABORRECEN.

EXODO 34, 6 – 7

6

Y PASANDO JEHOVÁ (YAHVÉH) POR DELANTE DE ÉL, PROCLAMÓ: ¡JEHOVÁ (YAHVÉH)! ¡JEHOVÁ (YAHVÉH)! FUERTE, MISERICORDIOSO Y PIADOSO; TARDO PARA LA IRA, Y GRANDE EN MISERICORDIA Y VERDAD;

7

QUE GUARDA MISERICORDIA A MILLARES, QUE PERDONA LA INIQUIDAD, LA REBELIÓN Y EL PECADO, Y QUE DE NINGÚN MODO TENDRÁ POR INOCENTE AL MALVADO; QUE VISITA LA INIQUIDAD DE LOS PADRES SOBRE LOS HIJOS Y SOBRE LOS HIJOS DE LOS HIJOS, HASTA LA TERCERA Y CUARTA GENERACIÓN.

DEUTERONOMIO 5, 9

NO TE INCLINARÁS A ELLAS NI LAS SERVIRÁS; PORQUE YO SOY JEHOVÁ (YAHVÉH) TU DIOS, FUERTE, CELOSO, QUE VISITO LA MALDAD DE LOS PADRES SOBRE LOS HIJOS HASTA LA TERCERA Y CUARTA GENERACIÓN DE LOS QUE ME ABORRECEN.

NÚMEROS 14, 18

JEHOVÁ (YAHVÉH), TARDO PARA LA IRA Y GRANDE EN MISERICORDIA, QUE PERDONA LA INIQUIDAD Y LA REBE-LIÓN, AUNQUE DE NINGÚN MODO TENDRÁ POR INOCENTE AL CULPABLE; QUE VISITA LA MALDAD HASTA LOS TERCEROS Y HASTA LOS CUARTOS.

PROVERBIOS 3, 33

LA MALDICIÓN DE JEHOVÁ (YAHVÉH) ESTÁ EN LA CASA DEL IMPÍO, PERO BENDECIRÁ LA MORADA DE LO JUSTOS.

Debemos rechazar y no aceptar la herencia propuesta por el diablo, a cambio debemos aceptar la sanidad y la salud de Nuestro Señor Jesucristo.

JUAN 10, 10

EL LADRÓN NO VIENE SINO PARA HURTAR, MATAR Y DESTRUIR; YO HE VENIDO PARA QUE TENGAN VIDA, Y PARA QUE LA TENGAN EN ABUNDANCIA.

PECADOS Y LOS DEMONIOS.

PECADOS SEXUALES.

ESTOS PECADOS SEXUALES PERMITIRÁN QUE LOS DEMO-NIOS PENETREN EN LA PERSONA QUE LOS COMETE.

EL ABUSO SEXUAL A TEMPRANA EDAD ES UNA DE LAS PUERTAS DE ESTRADA MÁS COMUNES EN LOS NIÑOS.

SEGÚN EL LIBRO DE LOS GÁLATAS, HAY CUATRO PECA-DOS SEXUALES DE LOS CUALES EL RESTO SE DERIVAN DE ESTOS.

GÁLATAS 5, 19
Y MANIFIESTAS SON LAS OBRAS DE LA CARNE, QUE SON:

- ➢ ADULTERIO.
- ➢ FORNICACIÓN.
- ➢ INMUNDICIA.
- ➢ LASCIVIA.

ADULTERIO.

VIOLACIÓN DE LA FE CONYUGAL.

RELACIÓN SEXUAL CON EL SEXO OPUESTO FUERA DEL MATRIMONIO;

ADULTERIO EN PALABRA GRIEGA ES "MOIQUEIA" QUE DENOTA LA ACCIÓN DE MANTENER RELACIONES SEXUA-LES CON OTRA PERSONA FUERA DEL MATRIMONIO.

EN LA BIBLIA (PALABRA DE DIOS), ESTE PECADO LO LLA-MA INFIDELIDAD MATRIMONIAL.

CUANDO UNA PERSONA FUERA DEL MATRIMONIO SE UNE A OTRA TRAE:

- ➢ LIGADURAS FISICA.
- ➢ LIGADURA EMOCIONALES.
- ➢ LIGADURA ESPIRITUALES.

ADEMÁS OCURRE UNA TRANSFERENCIA DE ESPÍRITUS AL UNIRSE ÍNTIMAMENTE, SE HACEN UNA SOLA CARNE.

JEREMÍAS 23, 14

Y EN LOS PROFETAS DE JERUSALÉN HE VISTO TORPEZAS; COMETÍAN ADULTERIOS, Y ANDABAN EN MENTIRAS, Y FORTALECÍAN LAS MANOS DE LOS MALOS, PARA QUE NINGUNO SE CONVIRTIESE DE SU MALDAD; ME FUERON TODOS ELLOS COMO SODOMA, Y SUS MORADORES COMO GOMORRA.

1 CORINTIOS 6, 16 Y 18

16

¿O NO SABÉIS QUE EL QUE SE UNE CON UNA RAMERA, ES UN CUERPO CON ELLA?: LOS DOS SERÁN UNA SOLA CARNE.

18

HUID DE LA FORNICACIÓN. CUALQUIER OTRO PECADO QUE EL HOMBRE COMETE, ESTÁ FUERA DEL CUERPO; MAS EL QUE FORNICA, CONTRA SU PROPIO CUERPO PECA.

MATEO, 19, 6
ASÍ QUE NO SON YA MÁS DOS, SINO UNA SOLA CARNE; POR

TANTO, LO QUE DIOS JUNTÓ, NO LO SEPARE EL HOMBRE.

EN PALABRAS DE LIBERACIÓN, ESO SE LLAMA:

> ➤ **"LIGADURAS DEL ALMA."**

LAS PERSONAS QUE COMETEN ADULTERIO SIEMPRE TIENEN UNA ACTITUD DE QUE **"NADIE ME VERÁ."**

AUNQUE NADIE NOS VEA AQUÍ EN LA TIERRA, DIOS DESDE EL CIELO SIEMPRE NOS VERÁ.

JOB 24, 15

EL OJO DEL ADÚLTERO ESTÁ AGUARDANDO LA NOCHE, DICIENDO: NO ME VERÁ NADIE; Y ESCONDE SU ROSTRO.

¿QUÉ DEBEMOS HACER CON LAS PERSONAS QUE ESTÁN VIVIENDO EN ADULTERIO?

DEBEMOS APARTARNOS DE ELLOS.

1 CORINTIOS 5, 9 – 11

9

OS HE ESCRITO POR CARTA, QUE NO OS JUNTÉIS CON LOS FORNICARIOS;

10

NO ABSOLUTAMENTE CON LOS FORNICARIOS DE ESTE MUNDO, O CON LOS AVAROS, O CON LOS LADRONES, O CON LOS IDÓLATRAS; PUES EN TAL CASO OS SERÍA NECESARIO SALIR DEL MUNDO.

11

MÁS BIEN OS ESCRIBÍ QUE NO OS JUNTÉIS CON NINGUNO QUE, LLAMÁNDOSE HERMANO, FUERE FORNICARIO, O AVARO, O IDÓLATRA, O MALDICIENTE, O BORRACHO, O LADRÓN; CON EL TAL NI AUN COMÁIS.

CONCLUSIÓN.

EL ADULTERIO Y LA FORNICACIÓN SON PECADOS ABOMINABLES A LOS OJOS DE DIOS, POR TANTO DEBEMOS APARTARNOS DE ELLOS.

TESTIMONIO:

Una Señora fue a pedir oración por un problema muy grande que tenía; cuando caminaba de repente sin esperarlo se les paralizaban las piernas y no le permitía caminar.

En La Oración de Sanación Interior EL SEÑOR nos reveló en Palabra de Conocimiento que tenía problemas con su esposo (Ella le había pedido El Divorcio) La Señora nos relató que su Esposo es Ingeniero y estaba haciendo unas obras en la ciudad de Puerto Plata, Una Ciudad de República Dominicana.

Ella vivía con sus dos hijos en Santo Domingo unas 4 horas de Puerto Plata; El esposo estaba teniendo relaciones sexuales con dos prostitutas al mismo tiempo, y él quería que ella participara y se acostara con ellas y tener relaciones lesbianas.

Ella se opuso y era el motivo de la petición del divorcio, cuando el regresaba a Santo Domingo, mantenía relaciones con ella y esto motivó a que Espíritus Sexuales Paralizantes se introdujeran en su cuerpo.

Oramos por Liberación y Jesús hizo su obra maravillosa.

Meses después nos llamaron de nuevo por que la Señora estaba en cama paralizada, pues no podía caminar de nuevo.

Cuando llegamos de inmediato EL SEÑOR nos reveló que había tenido relaciones con su Ex-esposo pues ya se habían divorciado.

Le explicamos que esto no podía seguir ocurriendo pues los demonios no se irían y harían que se deprimiera y después harían que intentara suicidarse; ella nos confesó que había tenido depresiones y que había contemplado el suicidio.

Oramos nuevamente por ella con la promesa de no volver a tener relaciones con su ex-esposo, El Amor de Cristo y su inmensa misericordia hizo nuevamente su obra y la señora fue liberada nuevamente.

Con razón La Biblia nos dice que nos apartemos de los adúlteros y los fornicarios.

FORNICACIÓN.

UNIÓN CARNAL FUERA DEL MATRIMONIO.

Toda persona que sin haberse casado mantenga relaciones sexuales con otra es un fornicario.

Al igual que el adulterio hay **"UNA LIGADURA DEL ALMA"**, debemos huir de los fornicarios al igual que del adultero.

1 CORINTIOS 6, 18
HUID DE LA FORNICACIÓN. CUALQUIER OTRO PECADO QUE EL HOMBRE COMETA, ESTÁ FUERA DEL CUERPO; MAS EL QUE FORNICA, CONTRA SU PROPIO CUERPO PECA.

1 TESALONICENSES 4, 3
PUES LA VOLUNTAD DE DIOS ES VUESTRA SANTIFICACIÓN; QUE OS APARTÉIS DE FORNICACIÓN;

LA INMUNDICIA.

INMUDICIA, SUCIEDAD, BASURA, IMPUREZA.

¿QUÉ ES LA INMUNDICIA?

ES UNA MANCHA MORAL DE LAS PERSONAS QUE SON DADAS:

> ➤ **A LA LASCIVIA.**
> ➤ **AL DESENFRENO SEXUAL.**

LA INMUNDICIA.

ES UNA COMBINACIÓN DE:

- ➤ **ADULTERIO.**
  VIOLACIÓN DE LA FE CONYUGAL.
  RELACIÓN SEXUAL CON EL SEXO OPUESTO FUERA DEL MATRIMONIO.

- ➤ **FORNICACIÓN.**
  UNIÓN CARNAL FUERA DEL MATRIMONIO.

- ➤ **MASTURBACIÓN.**
  PRODUCIR EL ORGASMO POR EXCITACIÓN DE LO ORGANOS GENITALES CON LA MANO.

- ➤ **HOMOSEXUALISMO.**
  RELACIÓN SEXUAL CON EL MISMO SEXO (DOS HOMBRES).

- ➤ **LESBIANISMO.**
  RELACIÓN SEXUAL CON EL MISMO SEXO DE (DOS MUJERES).

- ➤ **INCESTO.**
  RELACIÓN SEXUAL ENTRE PARIENTES QUE NO PUEDEN CONTRAER MATRIMONIO LEGAL.

MATEO 23, 27
¡AY DE VOSOTROS, ESCRIBAS Y FARISEOS, HIPÓCRITAS! PORQUE SOIS SEMEJANTES A SEPULCROS BLANQUEADOS, QUE POR FUERA, A LA VERDAD, SE MUESTRAN HERMOSOS, MAS POR DENTRO ESTÁN LLENOS DE HUESOS DE MUERTOS Y DE TODA INMUNDICIA.

LASCIVIA.

PROPENSIÓN A LA LUJURIA O AL DELEITE CARNAL.

¿QUÉ ES LA LASCIVIA?

LASCIVIA VIENE DE LA PALABRA GRIEGA **"ASELGEIA";** QUE DENOTA:

> - **EXCESO.**
> - **AUSENCIA DE FRENO.**
> - **INDECENCIA.**
> - **DISOLUCIÓN.**

ES UNO DE LOS MALES QUE PROCEDEN DEL CORAZÓN.

"ASELGEIA" ES:

> - **LUJURIA.**
> - **TODA INDECENCIA DESVERGONZADA.**
> - **CONCUPISCENCIA.**
> - **DEPRAVASIÓN (ORGÍAS).**
> - **COMETER PECADO CON ARROGANCIA Y DESPRE-CIO.**

LA GRAVEDAD DE ESTOS PECADOS ES PROGRESIVA, SE LLAMA PECADO DE LASCIVIA CUANDO LA PERSONA HA LLEGADO A UN DESENFRENO TAL, QUE NO PUEDE DEJAR DE COMETER ESTOS ACTOS:

> - **SE ENCUENTRA EN UNA TOTAL AUSENCIA DE FRENO.**
> - **FALTA DE DECENCIA.**
> - **SE VUELVE SUCIA EN TODOS LOS ASPECTOS.**

NO SOLO SE COMETE LA LASCIVIA EN EL ÁREA SEXUAL, SINO TAMBIÉN:

> **CON LA BOCA AL COMER DEMASIADO.**
> **AL USAR DROGAS.**
> **EN CUALQUIER PECADO EN GENERAL.**

EFESIOS 4, 19
LOS CUALES, DESPUÉS PERDIERON TODA SENSIBILIDAD, SE ENTREGARON A LA LASCIVIA PARA COMETER CON AVIDEZ TODA CLASE DE IMPUREZA.

EL HOMOSEXUALISMO Y LESBIANISMO.

RELACIÓN SEXUAL CON EL MISMO SEXO.

ROMANOS 1, 27
(HOMOSEXUALISMO) *Y DE IGUAL MODO TAMBIÉN LOS HOMBRES, DEJANDO EL USO NATURAL DE LA MUJER, SE ENCENDIERON EN SU LASCIVIA UNOS CON OTROS, COMETIENDO HECHOS VERGONZOSOS HOMBRES CON HOMBRES, Y RECIBIENDO EN SÍ MISMO LA RETRIBUCIÓN DEBIDA A SU EXTRAVÍO.*

1 CORINTIOS 6, 9

¿NO SABÉIS QUE LOS INJUSTOS NO HEREDARÁN EL REINO DE DIOS? NO ERRÉIS; NI LOS FORNICARIOS, NI LOS IDÓLATRAS, NI LOS ADÚLTEROS, NI LOS AFEMINADOS, NI LOS QUE SE ECHAN CON VARONES,

ROMANOS 1, 26 (LESBIANISMO)

POR ESO DIOS LO ENTREGÓ A PASIONES VERGONZOSAS; PUES AUN SUS MUJERES CAMBIARON EL USO NATURAL POR EL QUE ES CONTRA NATURALEZA,

OTRAS CITAS BIBLICAS:

- ➢ **GÉNESIS 19, 5 – 8**
- ➢ **LEVÍTICO 18, 22 ; 20, 13**
- ➢ **DEUTERONOMIO 23, 17**
- ➢ **JUECES 19, 22**
- ➢ **1 REYES 14, 24 ; 15, 12 ; 22, 46**
- ➢ **TIMOTEO 1, 9 – 10**
- ➢ **2 PEDRO 2, 6 ; 2, 8**
- ➢ **JUDAS 1, 7**
- ➢ **HISTORIA DE DAVID Y JONATÁN**
- ➢ **1 SAMUEL 20, 41**
- ➢ **2 SAMUEL 1, 26**
- ➢ **1 SAMUEL 20, 30**

TRANSVESTISMO.

VESTIRSE UNA PERSONA CON LA ROPA DEL OTRO SEXO.

DEUTERONOMIO 22, 5
NO VESTIRÁ LA MUJER TRAJE DE HOMBRE, NI EL HOMBRE VESTIRÁ ROPA DE MUJER; PORQUE ABOMINACIÓN ES A JEHOVÁ (YAHVÉH) TU DIOS CUALQUIERA QUE ESTO HACE.

1 CORINTIOS 11, 14

LA NATURALEZA MISMA ¿NO OS ENSEÑA QUE AL VARÓN LE ES DESHONROSO DEJARSE CRECER EL CABELLO,

Es alarmante hoy día la mayoría de los medios de comunicación y programas con personas que se sienten orgullosos de su homosexualidad o lesbianismo.

No solo no esconden sus pecados sino que se sienten orgullosos de ellos.

Dios ama a todas sus criaturas y nos ama a todos porque somos y fuimos hechos a su imagen y semejanza, pero aborrece el pecado y más aborrece al que se siente orgulloso, arrogante y soberbio de su pecado.

ISAÍAS 3, 9
LA APARIENCIA DE SU ROSTROS TESTIFICA CONTRA ELLOS; PORQUE COMO SODOMA PUBLICAN SU PECADO, NO LO DISIMULAN. ¡AY DEL ALMA DE ELLOS! PORQUE AMONTO-NARON MAL PARA SÍ.

ROMANOS 1, 32
QUIENES HABIENDO ENTENDIDO EL JUICIO DE DIOS, QUE LOS QUE PRACTICAN TALES COSAS SON DIGNOS DE MUERTE, NO SÓLO LAS HACEN, SINO QUE TAMBIÉN SE COMPLACEN CON LOS QUE LAS PRACTICAN.

TESTIMONIO:

Estando en la casa de Monseñor Gómez se nos acercó un joven de unos 20 años, pidiendo con lágrimas en sus ojos que oráramos por él.

Su problema es que él luchaba en su interior, porque una fuerza y una voz lo impulsaban al homosexualismo. Él nos decía llorando "A MI NO ME GUSTAN LOS HOMBRES".

Cuando oramos por él se manifestó un Espíritu Inmundo de Homosexualidad, después de sanar sus heridas expulsamos en El Nombre de Jesús el espíritu.

Uno de los Aspectos = Formas del demonio era que le transformaba la cara como un Monstruo y hacia un gesto al sacar la lengua, le confieso que nunca he visto una lengua tan grande, parecía la de un caballo.

Dios por medio de su Hijo Jesucristo y con el Poder del Espíritu Santo, hicieron su obra Liberando a este Joven, que todo sea para su Gloria.

INCESTO.

RELACIÓN SEXUAL ENTRE PARIENTES QUE NO PUEDEN CONTRAER MATRIMONIO LEGAL;

RELACION SEXUAL DEL PADRE O LA MADRE CON LOS HIJOS;

RELACION SEXUAL DE LOS HERMANOS; ETC.

GÉNESIS 19, 32 – 36
32
VEN, DEMOS A BEBER VINO A NUESTRO PADRE, Y DUR-MAMOS CON ÉL, Y CONSERVAREMOS DE NUESTRO PADRE DESCENDENCIA.

33

Y DIERON A BEBER VINO A SU PADRE AQUELLA NOCHE, Y ENTRÓ LA MAYOR, Y DURMIÓ CON SU PADRE; MAS ÉL NO SINTIÓ CUÁNDO SE ACOSTÓ ELLA, NI CUÁNDO SE LEVANTÓ.

34

EL DÍA SIGUIENTE, DIJO LA MAYOR A LA MENOR: HE AQUÍ, YO DORMÍ LA NOCHE PASADA CON MI PADRE;

DÉMOSLE A BEBER VINO TAMBIÉN ESTA NOCHE, Y ENTRA Y DUERME CON ÉL, PARA QUE CONSERVEMOS DE NUESTRO PADRE DESCENDENCIA.

35

Y DIERON A BEBER VINO A SU PADRE TAMBIÉN AQUELLA NOCHE, Y SE LEVANTÓ LA MENOR, Y DURMIÓ CON ÉL; PERO ÉL NO ECHÓ DE VER CUÁNDO SE ACOSTÓ ELLA, NI CUÁNDO SE LEVANTÓ.

36

Y LAS DOS HIJAS DE LOT CONCIBIERON DE SU PADRE.

LEVÍTICO 18, 6 – 18

6

NINGÚN VARÓN SE LLEGUE A PARIENTA PRÓXIMA ALGUNA, PARA DESCUBRIR SU DESNUDEZ. YO JEHOVÁ (YAHVÉH)

7

LA DESNUDEZ DE TU PADRE, O LA DESNUDEZ DE TU MADRE, NO DESCUBRIRÁS; TU MADRE ES, NO DESCUBRIRÁS SU DESNUDEZ.

8

LA DESNUDEZ DE LA MUJER DE TU PADRE NO DESCU-BRIRÁS; ES LA DESNUDEZ DE TU PADRE.

9

LA DESNUDEZ DE TU HERMANA, HIJA DE TU PADRE O HIJA DE TU MADRE, NACIDA EN CASA O NACIDA FUERA, SU DESNUDEZ NO DESCUBRIRÁS.

10

LA DESNUDEZ DE LA HIJA DE TU HIJO, O DE LA HIJA DE TU HIJA, SU DESNUDEZ NO DESCUBRIRÁS, PORQUE ES LA DESNUDEZ TUYA.

11

LA DESNUDEZ DE LA HIJA DE LA MUJER DE TU PADRE, ENGENDRADA DE TU PADRE, TU HERMANA ES; SU DESNUDEZ NO DESCUBRIRÁS.

12

LA DESNUDEZ DE LA HERMANA DE TU PADRE NO DESCUBRIRÁS; ES PARIENTA DE TU PADRE.

13

LA DESNUDEZ DE LA HERMANA DE TU MADRE NO DESCUBRIRÁS, PORQUE PARIENTA DE TU MADRE ES.

14

LA DESNUDEZ DEL HERMANO DE TU PADRE NO DESCUBRIRÁS; NO LLEGARÁS A SU MUJER; ES MUJER DEL HERMANO DE TU PADRE.

15

LA DESNUDEZ DE TU NUERA NO DESCUBRIRÁS; MUJER ES DE TU HIJO, NO DESCUBRIRÁS SU DESNUDEZ.

16

LA DESNUDEZ DE LA MUJER DE TU HERMANO NO DESCUBRIRÁS; ES LA DESNUDEZ DE TU HERMANO.

17

LA DESNUDEZ DE LA MUJER Y DE SU HIJA NO DESCUBRIRÁ; NO TOMARÁS LA HIJA DE SU HIJO, NI LA HIJA DE SU HIJA, PARA DESCUBRIR SU DESNUDEZ; SON PARIENTAS, ES MALDAD.

18

NO TOMARÁS MUJER JUNTAMENTE CON SU HERMANA, PARA HACERLA SU RIVAL, DESCUBRIENDO SU DESNUDEZ DELANTE DE ELLA EN SU VIDA.

RELACIÓN SEXUAL CON ANIMALES O BESTIALISMO.

LEVÍTICO 20, 15 – 16

15

CUALQUIERA QUE TUVIERE CÓPULA (UNIÓN SEXUAL) CON BESTIA, HA DE SER MUERTO, Y MATARÉIS A LA BESTIA.

16

Y SI UNA MUJER SE LLEGARE A ALGÚN ANIMAL PARA AYUNTARSE CON ÉL, A LA MUJER Y AL ANIMAL MATARÁS; MORIRÁN INDEFECTIBLEMENTE; SU SANGRE SERÁ SOBRE ELLOS.

Hemos llegado a tal depravación, que por internet ofrecen cursos para entrenar a los animales a tener sexo con las personas, como dice un refrán "Que Dios nos tome confesado."

RELACIÓN SEXUAL CON DEMONIOS.

GÉNESIS 6, 2
QUE VIENDO LOS HIJOS DE DIOS QUE LAS HIJAS DE LOS HOMBRES ERAN HERMOSAS, TOMARON PARA SÍ MUJERES, ESCOGIENDO ENTRE TODAS.

Son muchos los libros que relatan de esposas de Satanás aquí en la tierra, cualquier libro que usted lea que le relate una Ceremonia Satánica terminan teniendo sexo con personas y con demonios.

TESTIMONIO:

Estando yo en la ciudad de Miami, visité un dentista, la asistente que me atendía en ese momento comienza a relatarme que su novio murió en un accidente, pocos días antes de ellos casarse.

Me cuenta ella que la muerte de su novio le afectó mucho y estaba en una gran depresión.

Muchas veces de manera inexplicable personas que uno no conoce le relatan cosas intimas de su vida en minutos, cosas que usted no se las cuenta a nadie.

El Espíritu Santo nos utiliza como intercesores para ayudar a estas personas.

Ella me cuenta que su herida había sido muy grande, pero que por lo menos ella se estaba comunicando con su novio y que él venía por las noches y tenía relaciones con él.

Yo le expliqué que esa relación no era con su novio, que los demonios la engañaban porque ella había sido herida y había abierto una puerta de entrada al demonio.

Le aconsejé que fuera a Los Siervos de Cristo Vivo y que les contara todo lo que le estaba sucediendo y le hicieran una oración de liberación y sanación interior.

Varios meses después la encontré en un Retiro Carismático, se acercó a mi feliz de su liberación y tan contenta que no se veía rastro de depresión.

Qué grande es Nuestro Señor que nos da las herramientas para que en su Nombre liberemos a las personas.

Lamentablemente esta experiencia es muy común y son muchos los testimonios de personas que tienen relaciones sexuales con sombras o entidades demoniacas, estas personas deben recibir sanación interior y liberación y rechazar al demonio y protegerse con La Sangre de Nuestro Señor Jesucristo.

ESAS SOMBRAS SON DOS CLASES DE ESPÍRITUS INMUNDOS:

- ➢ ÍNCUBOS.
- ➢ SÚCUBOS.

ÍNCUBOS.
Demonios que tienen apariencia de varón los cuales estimulan y llevan a la mujer a tener placer sexual.

SÚCUBOS.
Demonios que tienen apariencia femenina que estimulan a los hombres y lo llevan a la eyaculación.

SADOMASOQUISMO.

Es la unión del Sadismo y del Masoquismo en una misma persona.

SADISMO.

Placer malsano en ver o en hacer sufrir al prójimo.
Es considerado como una Perversión Sexual.

MASOQUISMO.

Perversión Sexual del que goza con verse maltratado por una persona.

Muchas veces vemos en anuncios, películas y lo que es peor en historietas cómicas (Muñequitos) a la famosa mujer con un látigo maltratando a los hombres para proporcionarle un supuesto placer mal sano o amarran a su pareja en la cama.

Estas Perversiones Sexuales son otras formas de Abrir Puertas al Demonio.

PORNOGRAFÍA.

La palabra **GRIEGA** **"PORNOGRAPHOS"**, viene de la palabra **PORNO,** que significa **PROSTITUTA,** y de **GRAPHO,** que significa **ESCRIBIR.**

Hoy día LOS MEDIOS DE COMUNICACIÓN EN EL MUNDO COMO:

- ➢ **TELEVISIÓN.**
- ➢ **VIDEOS.**
- ➢ **PELÍCULAS.**
- ➢ **NOVELAS.**
- ➢ **REVISTAS.**
- ➢ **LIBROS.**
- ➢ **COMPUTADORA "INTERNET".**
- ➢ **SEXO EN VIVO.**

Presentan los actos sexuales en todas las dimensiones de la **LASCIVIA** por personas que se dedican a la prostitución y participan en estos actos a cambio de dinero y algunos por publicidad.

¿QUÉ CONSECUENCIA NOS TRAE LA PORNOGRÁFIA?

➢ **AUMENTO DE VIOLACIONES SEXUALES.**

➢ **CRIMENES RELACIONADOS CON EL SEXO**

➢ **DIVORCIOS CAUSADOS POR MATERIALES POR-NOGRÁFICOS O CONTACTOS POR INTERNET.**

➢ **INTRODUCE A LOS NIÑOS A LA MASTURBACIÓN Y AL SEXO ANTES DE TIEMPO MAL INFUNDADO.**

➢ **DAÑO DE LA MENTE DE LAS PERSONAS CAUSA-DAS POR LAS IMÁGENES QUE ATACAN LA MEMO-RIAS CAUSANDO VERGÜENZA Y CULPABILIDAD.**

➢ **TANTO LOS HOMBRES COMO LAS MUJERES QUE SON UTILIZADAS PARA FOTOS, VIDEOS Y PELI-CULAS PORNO TERMINAN CON ESPÍRITUS INMUN-DO DE SEXO Y NECESITARAN UNA LIBERACIÓN CONSIDERADA DE LAS MÁS DIFICILES.**

ESTAS PERSONAS CUANDO TIENEN RELACIONES TRAS-PASAN ESTOS ESPÍRITUS A LA OTRA PERSONA.

Las Personas que producen estas fotos, videos y películas como las personas que los ven se exponen abrir puertas a los demonios.

Si leemos algunas historias de la Biblia vemos que consecuencias funestas trae a la humanidad estas prácticas:

➢ **DIOS DESTRUYÓ A SODOMA Y GOMORRA.**
➢ **DESTRUYE AL MUNDO CON EL DILUVIO.**

- ➢ DESTRUYE A BABILONIA.
- ➢ CASTIGO AL PUEBLO DE ISRAEL EN DIFERENTES OCASIONES.

Hoy día podemos decir que estas ciudades fueron prácticamente destruidas por fenómenos de la naturaleza pero que coincidencia que las ciudades más promiscuas han sido destruidas como:

- ➢ EL TERREMOTO EN SAN FRANCISCO.
- ➢ LA CIUDAD DE NEW ORLEANS CON EL CICLON KATRINA, FUE INUNDADA CASI POR COMPLETA.

¿QUÉ PODEMOS HACER?

- ➢ ARREPENTIRSE DELANTE DE DIOS
- ➢ RENUNCIAR A TODO ESPÍRITU INMUNDO DE:

  - o PORNOGRÁFIA.
  - o SEXO.
  - o LASCIVIA.
  - o FANTASÍAS MENTALES SEXUALES.
  - o ADULTERIO.
  - o FORNICACIÓN.
  - o ADICCIÓN.
  - o MASTURBACIÓN.
  - o VOYERISMO.
  - o VIOLACIÓN.
  - o PROSTITUCIÓN.
  - o NINFOMANÍA.
  - o FRIGIDEZ.
  - o FETICHISMO.
  - o FANTASIAS LUJURIOSAS

- ➢ PEDIRLE AL SEÑOR QUE BORRE DE LA MENTE TODA LA MEMORIA DE LAS COSAS VISTAS Y OI-DAS EN LA PORNOGRÁFIA.

> QUEMAR Y TIRAR A LA BASURA TODO MATERIAL PORNOGRÁFICO Y QUITAR LOS CANALES DE TV QUE PRESENTE PROGRAMAS PORNOGRÁFICOS.

TESTIMONIO:

En una ocasión regresaron a su casa antes de lo previsto un primo mío y su esposa, para sorpresa de ellos encontraron a su hijo y dos niñas vecinas todos de aproximadamente unos 11 años en su cama completamente desnudos haciendo lo mismo que una película porno que mi primo había dejado en su habitación.

Como dice la Palabra de Dios, el Diablo anda como León Rugiente buscando a quien devorar.

El medio que más abre puertas al demonio es la pornografía y debemos tener mucho cuidado con el material que tenga en sus casas y con los canales de TV que tengan en el Cable.

1 PEDRO 5, 8
SED SOBRIOS, Y VELAD; PORQUE VUESTRO ADVERSARIO EL DIABLO, COMO LEÓN RUGIENTE, ANDA ALREDEDOR BUSCANDO A QUIEN DEVORAR;

MASTURBACIÓN.

¿QUÉ ES LA MASTURBACIÓN?

Es excitar los Órganos Genitales con el fin de obtener placer sexual.

Puede llegar a procurar hábitos y hacerse dependiente hasta convertir a la persona en un Enfermo Sexual y no poderse contener.

Muchos llegan a preferir la Masturbación que tener una relación con su pareja.

La estimulación comienza normalmente en la pubertad:

> **EL DESEO DE ESTIMULARSE A UNO MISMO.**
> **POR ABUSO SEXUAL.**

Tanto El Hombre como La Mujer pueden ser dominados por este Espíritu de Lujuria abriendo puertas para que ese espíritu entre en la persona. Este pecado, es lujuria y es asociado a las fantasías sexuales.

LA MASTURBACIÓN VIENE DE DOS FUENTES:

> **HERENCIA.**
> **ELECTIVA.**

PARA SOLUCIONAR ESTE PECADO DEBE:

> **BUSCAR ORACIÓN DE LIBERACIÓN.**
> **RENUNCIAR VOLUNTARIAMENTE A ESE ACTO.**
> **NO VER PORNOGRAFIA CUALQUIERA QUE ESTA SEA.**
> **EVITAR PENSAMIENTOS IMPUROS.**
> **TRANSFORMAR SUS PENSAMIENTOS HACIA DIOS.**

INMORALIDAD Y FANTASÍAS SEXUAL.

Llenan la mente del hombre, la Palabra de Dios nos dice:

MATEO 5, 28
PERO YO OS DIGO QUE CUALQUIERA QUE MIRA A UNA MUJER PARA CODICIARLA, YA ADULTERÓ CON ELLA EN SU CORAZÓN.

Estas fantasías sexuales y los pensamientos promiscuos nos llevan al pecado.

Muchas veces queremos parecer ingenuos:

> **CUÁNDO UNA MUJER SE PONE UNOS PANTALONES APRETADOS, ¿SE LO PONE CON CUAL OBJETIVO? NO ES DE GUSTAR Y PROVOCAR Al HOMBRE?**

> **CUÁNDO SE HACE UN COMENTARIO TANTO EL HOMBRE COMO LA MUJER:**

"QUÉ BUENO ESTA ESE HOMBRE Ó ESA MUJER"

ESTAMOS PENSADO EN UN HELADO, O PENSAMOS REALMENTE ¿QUE BUENO SERÍA TENER RELACIONES CON ÉL Ó CON ELLA?

LA VIOLACIÓN Y EL ABUSO.

2 SAMUEL 13, 11 – 14
11
Y CUANDO ELLA SE LAS PUSO DELANTE PARA QUE COMIESE, ASIÓ DE ELLA, Y LE DIJO: VEN, HERMANA MÍA, ACUÉSTATE CONMIGO.

12

ELLA ENTONCES LE RESPONDIÓ: NO, HERMANO MÍO, NO ME HAGAS VIOLENCIA; PORQUE NO SE DEBE HACER ASÍ EN ISRAEL. NO HAGAS TAL VILEZA.

13

PORQUE ¿ADÓNDE IRÍA YO CON MI DESHONRA? Y AUN TÚ SERÍAS ESTIMADO COMO UNO DE LOS PERVERSOS EN ISRAEL.

TE RUEGO PUES, AHORA, QUE HABLES AL REY, QUE ÉL NO ME NEGARÁ A TI.

14

MAS ÉL NO LA QUISO OÍR, SINO QUE PUDIENDO MÁS QUE ELLA, LA FORZÓ, Y SE ACOSTÓ CON ELLA.

TESTIMONIO:

Estando con El Amigo Renzo orando por unas personas se acercaron dos señoras que eran profesoras de un curso de meditación, una de ellas nos relató que estaba teniendo muchos problemas con su hijo de 15 años, y que no sentía amor por su hijo y que el joven había decidido de repente irse a vivir con su padre, la pareja era divorciada.

De nuevo el hijo regresó con la madre y comenzó con una rebeldía hacia ambos padres, ella seguía teniendo rechazo en su corazón hacia su hijo, esto se lo relata a Renzo, yo estoy junto a ellos oyendo y en oración, el Señor me revela una palabra de conocimiento "violación".

Muy sutilmente los interrumpo y le pregunto a ella, significa para usted algo la palabra "violación". La señora rompe a llorar, llorar y llorar por un espacio de 10 ó 15 minutos y en sollozos nos relata; que ella fue "violada" por el padre de ese niño y que como fruto de esa "violación" había nacido ese hijo.

Oramos por sanación interior para que El Señor sanara las heridas de esa "violación" y como es de esperarse El Señor hizo su obra maravillosa después que ella perdono al padre del niño y a su hijo y se perdonó a ella misma, fue maravilloso ver el rostro trasformado después de esta sana-

ción; muchas personas no se dan cuenta del daño que produce un abuso o una violación y el rastro de amargura que acarrean, si se pudiera comparar a esta señora cuando entro con su cara a la que salió, es como si comparáramos el Cielo con la Tierra.

TESTIMONIO:

Al principio que comencé a orar por personas y no teniendo experiencia en Liberación, fuimos un grupo a orar por una joven de unos 14 años que vino desde Miami a la República Dominicana con su madre. La madre nos relató que el padre de la joven, estando endrogado la había violado en repetidas ocasiones, cuando ella se enteró llamaron a la policía de la ciudad de Miami y procesaron al padre del cual fue juzgado con una sentencia de 10 años.

Oramos por la joven y por su mamá, después nos enteramos que el papá le había mandado una carta a su hija pidiéndole perdón pues había aceptado a Cristo en su corazón estando en la cárcel.

En esta ocasión no sabíamos nada acerca de la liberación y no se hizo lamentablemente ninguna oración de liberación por esta jovencita.

Esta joven cuando llego de nuevo a los Estados Unidos a la ciudad de Miami, se fue de la casa y se dedicó a la prostitución. Que daño tan grande es la violación y peor si esta acompañada de incesto. ¡Que Dios se apiade de ella!

LA PROMISCUIDAD.

Mezcla confusa, convivencia heterogénea de personas de sexos diferentes.
Ambiguo, de doble sentido.

> - LA FORNICACIÓN.
> - EL ADULTERIO.
> - SEXO ORAL.
> - MASOQUISMO SEXUAL.
> - LAS FANTASIAS SEXUALES.
> - LA PORNOGRÁFIA.
> - HOMOSEXUALISMO Y LEBIANISMO.
> - EL BESTIALISMO.
> - LOS ABORTOS.

Las personas Promiscuas son las que practican estas aberraciones sexuales.

161

EL SEXO ANAL.

El tener relaciones anales en un acto contra natura; la mayoría de las personas que lo practican lo hacen para evitar el riesgo de embarazar a su pareja o para que conserven la virginidad.

Esto puede llevar al hombre al homosexualismo, también pueden abrir puertas a los demonios de:

> ➤ LASCIVIA.
> ➤ HOMOSEXUALISMO.
> ➤ DEGRADACIÓN.
> ➤ DEPRAVACIÓN.
> ➤ PERVERSIÓN.

Además pueden producir en la mujer traumas como:

> ➤ VERGÜENZA.
> ➤ CULPABILIDAD.
> ➤ BAJA AUTOESTIMA
> ➤ FÍSICOS.

LOS ABORTOS.

Aborto es, provocar de modo expreso la interrupción del embarazo.

El aborto en un asesinato de una criatura indefensa que está en el útero de una mujer.

Las mujeres que se someten a abortos electivos no se dan cuenta del daño Espiritual, Emocional y Físico que se hacen, es uno de los medios de abrirle puertas a los demonios, sobre todo a los Espíritus de Asesinatos, Espíritus de Temor, Espíritus de Depresión los cuales pueden llevar a la persona hasta el suicidio.

TESTIMONIO:

Una mujer llegó una tarde y al subir la escalera, inmediatamente se le manifestaron unos espíritus, Monseñor Gómez y yo oramos por liberación por esa señora, la cual fue liberada gracias a la misericordia de Dios y su hijo Jesucristo.

Unas semanas después llegó de nuevo con el mismo problema y oramos nuevamente por ella y Jesús nuevamente realizo su obra maravillosa en ella.

Un mes después regresó con el mismo problema, era la hora del mediodía y Monseñor Gómez no se sentía bien de salud y yo le dije:

Monseñor permítame hablar con ella antes de orar para que el Señor nos revele porque esos demonios regresan.

La señora y yo nos sentamos en unos sillones y comenzamos a orar y pedirle a Jesús que nos revelara la raíz del problema, en eso recibo una visión de 7 caritas de bebes, sigo orando y le pido confirmación al Señor, vuelve la visión de las siete caritas de bebe y una palabra de conocimiento "Aborto" y le pregunto a la señora, ¿Ha tenido usted 7 abortos?, no había terminado de pronunciar la última palabra cuando con llantos y sollozos me confirma que su esposo la había obligado a hacerse 7 abortos.

Le pedimos perdón a Dios y que Jesús curara esas heridas tan grandes y profundas para que los demonios no siguieran teniendo derecho legal de estar en ese cuerpo y echamos fuera a esos demonios en el nombre de Jesús.

Después le entregamos esas criaturas a Jesús y les pusimos nombres y las bendijimos en el nombre del Padre, del Hijo y del Espíritu Santo, Jesús que todo lo sabe le devolvió su dignidad de mujer y su rostro resplandecía de paz y tranquilidad después que perdono a su esposo y a ella misma.

Una vez más se prueba que La Liberación es parte del Ministerio de Sanación y que no se puede separar.

OTROS PECADOS.

Todo pecado permite abrir puertas para que los demonios entren:

GALATAS 5, 20 – 21

20

IDOLATRÍA, HECHICERÍA, ENEMISTADES, PLEITOS, CELOS IRAS, CONTIENDAS, DESENSIONES, HEREJÍAS,

21

ENVIDIAS, HOMICIDIOS, BORRACHERAS, ORGÍAS Y COSAS SEMEJANTES A ESTAS;

LA FALTA DE PERDON (PECADO DE OMISIÓN).

Cuando una Persona se resiente en su corazón por algo que le hizo otra persona y queda el resentimiento y no perdona es uno de los mecanis-

mos que más utiliza SATANÁS para que la persona quede herida y no perdone para así abrir puertas y tener derecho legal de introducir a sus demonios.

Nosotros mismos cuando oramos a DIOS el Padre Nuestro que nos enseñó Nuestros señor JESUCRISTO, le decimos a DIOS que nos perdone así como Nosotros Perdonamos a Los que Nos Ofenden, Nosotros le condicionamos el Perdón a DIOS hacia Nosotros prometiendo que vamos a perdonar.

Qué pasa si nosotros no perdonamos y ya hemos prometido a DIOS que vamos a perdonar, El siempre cumple lo que promete.......Entonces como Él es un caballero cumple con lo que usted le pidió y NO NOS PERDONA.

PEDRO le pregunto a JESÚS que cuantas veces teníamos que perdonar y Él le contesto lo siguiente:

MATEO 18, 22
JESÚS LE DIJO: NO TE DIGO HASTA SIETE, SINO AUN HASTA SETENTA VECES SIETE.

Que esto quiere decir siempre, también nos dice:

MATEO 5, 23 – 24
23
POR TANTO, SI TRAES TU OFRENDA AL ALTAR, Y ALLÍ TE ACUERDAS DE QUE TU HERMANO TIENE ALGO CONTRA TI,

24

DEJA ALLÍ TU OFRENDA DELANTE DEL ALTAR, Y ANDA, RECONCÍLIATE PRIMERO CON TU HERMANO, Y ENTONCES VEN Y PRESENTA TU OFRENDA.

MATEO 5, 44
PERO YO OS DIGO: AMAD A VUESTROS ENEMIGOS, BENDECID A LOS QUE OS MALDICEN, HACED BIEN A LOS QUE OS ABORRECEN, Y ORAD POR LOS QUE OS ULTRAJAN Y OS PERSIGUEN.

JESÚS con sus Palabras nos enseña lo importante que es perdonar.

Hay que pedirle a Dios no solo perdonar sino también olvidar, el hace que nuestros recuerdos ya no nos atormenten y tengamos paz y amor por las personas que nos han herido.

EL ORGULLO, LA SOBERBIA Y LA ARROGANCIA

Estos Pecados fueron los que llevaron a Satanás a rebelarse contra Dios.

EL ORGULLO.

Opinión demasiado buena que tiene uno de sí mismo, sentimiento elevado de la dignidad personal.

> - **ENGREIDO.**
> - **ALTANERO.**
> - **ALTIVO.**
> - **DESDEÑOSO.**

- ➤ INSOLENTE.
- ➤ SOBERBIO.
- ➤ VANIDOSO.

Vive para uno mismo creyéndose mejor que los demás.

LA SOBERBIA.

Orgullo desmedido, el Soberbio tiene:

- ➤ IRA.
- ➤ CÓLERA.
- ➤ RABIA.
- ➤ ENOJO.

Es una persona que suele depender de su habilidad, de lo que sabe y de lo que ha aprendido.

LA ARROGANCIA.

Es la persona que tiene una alta estima de sí mismo y menosprecia a los demás, también se jacta de sus logros presentes y del pasado, siempre se cree que logra todo con sus propios esfuerzos:

- ➤ ALTANERO.
- ➤ SOBERBIO.
- ➤ INSOLENTE.
- ➤ GALLARDO.
- ➤ AIROSO.

PROVERBIOS 8, 13
EL TEMOR DE JEHOVÁ (YAHVÉH) ES ABORRECER EL MAL; LA SOBERBIA Y LA AROGANCIA, EL MAL CAMINO, Y LA BOCA PERVERSA, ABORREZCO.

PROVERBIOS 6, 16 – 19

16

SEIS COSAS ABORRECE JEHOVÁ (YAHVÉH), Y AUN SIETE ABOMINA SU ALMA:

17

LOS OJOS ALTIVOS, LA LENGUA MENTIROSA, LAS MANOS DERRAMADORAS DE SANGRE INOCENTES,

18

EL CORAZÓN QUE MAQUINA PENSAMIENTOS INICUOS, LOS PIES PRESUROSOS PARA CORRER AL MAL,

19

EL TESTIGO FALSO QUE HABLA MENTIRAS, Y EL QUE SIEMBRA DISCORDIA ENTRE HERMANOS.

CARACTERISTÍCAS DE LAS PERSONAS:

EL ORGULLO, LA SOBERBIA Y LA ARROGANCIA:

- ➤ AUTOSUFICIENTE.
- ➤ PERFECCIONISTA.
- ➤ EGOÍSTA.
- ➤ COMPETITIVA.
- ➤ RENCOROSA.
- ➤ VOLUNTARIOSA.
- ➤ AMBICIOSA.
- ➤ CONTENCIOSA.
- ➤ NO CREE EN LA PALABRA DE DIOS.

EL MIEDO Y EL TEMOR.

Muchas personas sienten miedo y temor de la muerte; Jesús venció al diablo y destruyó la muerte con su Resurrección.

La Muerte es la raíz principal del temor, para vencer este temor debemos recibir La vida nueva que Jesús nos prometió.

Jesús rompió las cadenas de la esclavitud que nos sostenían al Miedo, a la Muerte y Temores.

El que no aparta sus pensamientos de Jesús y se mantiene en comunión constante con él no tiene que temer a nada.

Renuncie en El Nombre de Jesús a todo Espíritu de Temor.

LA HECHICERÍA, EL OCULTISMO, SECTAS Y LA BRUJERÍA:

- ➢ ACUPUNTURA.
- ➢ MEDICINA ALTERNATIVA.
- ➢ ADIVINACIÓN.
- ➢ ASTROLOGÍA.
- ➢ CARTA ASTRAL.
- ➢ HORÓSCOPO.
- ➢ BRUJERÍA.
- ➢ HECHISERÍA.
- ➢ CONSULTAS A MÉDIUMS O ESPIRITISTAS.
- ➢ MAGIA.
- ➢ ESPIRITISMO.
- ➢ OCULTISMO.
- ➢ LA OUIJA.
- ➢ SECTAS Y CULTOS SATANICOS.
- ➢ TAROT.
- ➢ TELEPATÍA.
- ➢ HIPNOTISMO.
- ➢ CONTROL MENTAL.
- ➢ MEDITACIONES DE CUALQUIER TIPO QUE INCLU-YAN LA PÉRDIDA DE CONCIENCIA O DEJAR LA MENTE EN BLANCO.
- ➢ EMPLEEN AGUAS, ACEITES O MINERALES EN LO QUE SE HAN INTRODUCIDO UNA VARA O UN PÉN-DULO.
- ➢ LEVITACIÓN.

- METAFÍSICA.
- PARASICOLOGÍA.
- PERCEPCIÓN EXTRASENSORIAL.
- NUEVA ERA.
- PROYECCIÓN ASTRAL.
- REENCARNACIÓN.
- BUDISMO.
- ISLAMISMO.
- HINDUISMO.
- YOGA.
- ARTES MARCIALES.
- EL HAREKRISNA.
- ROSACRUCES.
- MASONERÍA.
- CHAKRAS.
- SANTERÍA.
- RELIGIONES AFRICANAS, AFRO-CUBANAS, CUAL-QUIERAS DE SUS PRÁCTICAS.

CUALQUIERA DE ESTAS PRACTICAS **ABRE PUERTAS** AL INFLUJO DE LOS PODERES SATÁNICOS Y DEMONÍACOS.

CONCLUIMOS EN QUE **TODO PECADO** PUEDE ABRIR UNA PUERTA A SATANÁS Y SUS ESPÍRITUS MALIGNOS.

EN CIRCUNSTANCIAS DE LA VIDA.

Los espíritus del mal no tienen el sentido de jugar limpio. Nunca vacilan en aprovechar completamente los momentos de debilidad en la vida de la persona.

Una de las primeras preguntas que se hace durante la Sanación Interior es:

- ¿CÓMO TE RELACIONABAS CON TUS PADRES CUAN-DO ERAS NIÑO?

169

En la mayoría de los casos esta pregunta abre la puerta para una lista de quejas por las cuales se culpa a los padres. Cuán a menudo he escuchado respuestas como:

> ➤ **MI PADRE NOS ABANDONO (O MI MADRE).**
> ➤ **MI PADRE ABUSO DE MÍ.**
> ➤ **MI PADRE ERA ALCOHÓLICO O DROGADICTO.**
> ➤ **MIS PADRES NO QUERIAN QUE YO NACIERA.**

Otras circunstancias que abren puertas es cuando muere un ser querido:

> ➤ **PADRE O MADRE.**
> ➤ **HIJO O HIJA.**
> ➤ **NOVIO O NOVIA.**
> ➤ **ESPOSO O ESPOSA.**

Cualquier uso o abuso de:

> ➤ **DRÓGAS HERÓICAS.**
> ➤ **LAS BORRACHERAS REPETIDA.**
> ➤ **CUALQUIER INCIDENTE QUE PRODUZCA UN SEVE-RO TRAUMA EMOTIVO O FÍSICO.**

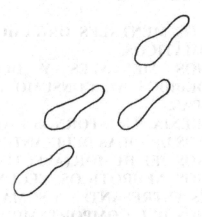

TEMA 5
PASOS EN
LA LIBERACION

DEBEMOS TENER DISCERNIMIENTO Y NO VER DEMONIOS POR TODOS LADOS.

Debemos investigar a la persona, con un recuento de su vida y sus actividades y pedirle a **DIOS, a JESÚS Y SU SANTO ESPÍRITU** que nos revele por medio del **DON DE DISCERNIMIENTO DE ESPÍRITU CUAL ES LA RAÍZ DEL PROBLEMA.**

IMPORTANCIA DE LLENAR EL CUESTIONARIO.

Es de suma importancia obtener la mayor información de la persona por la cual se va orar por liberación. (Completar el cuestionario).

Después de **LA PREPARACIÓN** debemos asegurarnos de que **LA PERSONA** realmente tiene un problema espiritual y no de otra índole como:

ENFERMEDADES MENTALES:

- ➢ TRASTORNOS MENTALES ORGÁNICOS, INCLUIDOS LOS SINTOMÁTICOS.
- ➢ TRASTORNOS MENTALES Y DEL COMPORTA-MIENTO DEBIDOS AL CONSUMO DE SUSTANCIAS PSICOTROPAS.
- ➢ ESQUIZOFRENÍA, TRASTORNOS ESQUIZOTIPICOS Y TRASTORNOS DE IDEAS DELIRANTES.
- ➢ TRASTORNOS DEL HUMOR (AFECTIVOS).
- ➢ TRASTORNOS NEURÓTICOS, SECUNDARIOS A SI-TUACIONES ESTRESANTES Y SOMATOMORFOS.
- ➢ TRASTORNOS DEL COMPORTAMIENTO ASOCIADOS A DISFUNCIONES FISIOLÓGICAS Y A FACTORES SOMÁTICOS.
- ➢ TRASTORNOS DE LA PERSONALIDAD Y DEL COM-PORTAMIENTO DEL ADULTO.
- ➢ RETRASO MENTAL
- ➢ TRASTORNOS DEL DESARROLLO PSICOLOGICO
- ➢ TRASTORNOS DEL COMPORTAMIENTO Y DE LAS EMOCIONES DEL COMIENZO HABITUAL EN LA INFANCIA Y ADOLESCENCIA.
- ➢ TRASTORNOS MENTAL SIN ESPECIFICACIÓN.

Es recomendable obtener una evaluación Psicológica o Psiquiátrica, dependiendo de estos resultados podemos determinar si **LA PERSONA** necesita una **ORACIÓN DE SANACIÓN FISICA O DE LIBE-RACIÓN.**

EL FORMULARIO
MINISTERIO DE SANACIÓN

1. Este es solo un Ministerio de Sanación, en el cual Oramos por Sanación Física, Sanación Interior y Sanación Espiritual (Liberación).

2. No se cobra por el tiempo, (De Gratis recibisteis dadlo de gratis).

3. El proceso podría durar horas o más, el equipo esta dispuesto a estar el tiempo que requiera y sea necesario.

4. Se debe firmar este documento como consentimiento de que la sesión o sesiones es una Solicitud Voluntaria de Oración y una promesa de No demandar a las partes involucradas que están Orando por Sanación.

5. Se exige total participación y sinceridad.

6. Prepárese para perdonar a personas del presente o del pasado que lo(a) hayan agraviado.

7. Antes de darle una cita, usted debe prometer que dejara de pecar intencionalmente o dejar malos hábitos, y que desea realmente sanarse y de ser necesario Orar por Liberación de la Opresión Demoniaca.

8. Se sugiere que ayune el día anterior a la cita; o si algunos amigos o parientes suyos le sugirieron que asista a este Ministerio, que ellos ayunen también y que oren por quienes vamos a participar en la sesión(es).

9. Antes de comenzar cualquier sesión(es) podría pedírsele que lea en voz alta La Siguiente Suplica:

SEÑOR.

CONFIESO CON MI BOCA QUE JESÚS ES EL SEÑOR, Y CREO EN MI CORAZÓN QUE DIOS LO LEVANTÓ DE LOS MUERTOS.

CONFIESO TAMBIÉN QUE JESUCRISTO ES MI SALVADOR PERSONAL.

RENUNCIO A CUALQUIER OPRESIÓN DEL DIABLO EN MI VIDA POR RAZÓN DE INIQUIDAD, TRANSGRESIÓN Y PECADOS DE MIS PADRES, ANTEPASADOS Y DE MÍ MISMO, Y HUMILDEMENTE LE PIDO A DIOS QUE ME LIBERE Y ME LIMPIE Y ME PROTEJA POR MEDIO DE LA SANGRE DE SU HIJO JESUCRISTO.

ME ARREPIENTO DE TODA ACTITUD, ACCIÓN O HÁBITO PECAMINOSO DE MI PARTE QUE NO GLORIFIQUE A JESUCRISTO, Y PIDO PERDÓN, SANACIÓN FISÍCA, SANACIÓN INTERIOR, LIBERACIÓN, LIMPIEZA E INTEGRIDAD.

RENUNCIO AL DIABLO Y A TODAS LAS INFLUENCIAS, ATADURAS, DOMINIOS Y ENFERMEDADES DEMONIÍACAS EN MI VIDA;

TE PIDO, SEÑOR, LA LIBERACIÓN Y LIBERTAD PROMETIDAS POR JESUCRISTO PARA QUE ÉL PUEDA SER EL SEÑOR DE MI VIDA Y PERSONALIDAD ÍNTEGRA Y PARA QUE SEA GLORIFICADO EN TODO LO QUE DIGO Y HAGO EN CUERPO, ALMA Y ESPÍRITU

ORO EN SU PRECIOSO NOMBRE, AMÉN.

DECIR UN PADRE NUESTRO (EXPLICAR ESTA ORACIÓN).

10. Como parte de la terminación de este formulario, identifique a quien va el documento.

Se necesita al menos 10 días antes de la cita asignada.

Toda cancelación debe ser anunciada por lo menos con veinticuatro horas de anticipación.

CUESTIONARIO

Nombre:

Fecha De Nacimiento:

Lugar De Nacimiento:

Dirección:

Ciudad:

Estado: **Zip Code:**

Social No:

Licencia No:

Estado: Civil:

Profesión ú Oficio:

Teléfonos: **Res:**

Cell.

Ofc.

E-Mail

En Emergencia a que Persona Podemos Llamar:

Persona:

Parentesco:

Teléfonos:
Res:

Cell:

Ofc:

Fecha:

Firma:

Nota:

177

DOCUMENTO LEGAL

LIBERACIÓN VOLUNTARIA, ASUNCIÓN DE RIESGO Y ACUERDO DE INDEMNIZACIÓN.

En consideración de que se me permita participar en la ministración voluntaria de oración, a la cual aquí se refiere como **"Ministerio de Sanación"**, el abajo firmante,

Nombre:

Social No:

Fecha de Nacimiento:

Licencia No.: Estado:

Al cual aquí se refiere como el "Renunciante", acepta lo siguiente:

1.- LIBERA, RENUNCIA, DISPENSA Y HACE PACTO DE NO DEMANDAR.

Tanto el renunciante como sus representantes personales, cesionarios, aseguradores, herederos, ejecutores, administradores, cónyuge y parientes cercanos, por el presente documento liberan, renuncian y dispensan y hacen pacto de no entablar demanda contra el Ministerio:

Con Dirección en:

Y a sus directores, funcionarios, empleados, agentes, voluntarios, así como a herederos, cesionarios, afiliados, subordinados y subsidiarios, a los cuales aquí se refiere como los **"Liberadores"**, por cualquier responsabilidad al renunciante como a sus representantes personales, cesionarios, aseguradores, herederos, ejecutores, administradores, cónyuge y parientes cercanos por cualquier daño, pérdida o costo debido a lesiones en la persona o propiedad o como resultado de la muerte del renunciante, ya sea ocasionada por negligencia de los liberadores o mientras el renunciante esté participando en el " Ministerio de Sanación y en cualquier otra actividad relacionada con el Ministerio de Sanación.

2. ASUNCIÓN DE RIESGO.

El renunciante entiende, está consciente de, y asume todos los riesgos inherentes a su participación en el Ministerio de Sanación. Estos riesgos incluyen respuestas y reacciones físicas y emocionales, pero no están limitadas a ellas, como consecuencia de esta ministración.

3.- INDEMNIZACIÓN.

El renunciante acepta indemnizar a los libertadores de cualquier responsabilidad, pérdida, daño o costos en que los libertadores pueden incurrir debido a la participación del renunciante en el Ministerio de Sanación, ya sea causada por la negligencia de los libertadores o por cualquier otra cosa. El renunciante asume toda la responsabilidad, y riesgo, de lesiones corporales, muerte o daño a la propiedad debido a negligencia de los liberadores o mientras participa en el Ministerio de Sanación.

El renunciante acepta explícitamente esta liberación voluntaria, asunción de riesgos y acuerdo de indemnización, que aquí se refieren como **"Acuerdo"**, cuya intención es tan amplia e inclusiva como lo permiten las leyes del país de_____ y que si cualquier porción de este acuerdo se invalida, se acepta que continúe un contrapeso en toda fuerza y efecto legal.

Este acuerdo contiene todo el convenio entre las partes en relación con el Ministerio de Sanación.

EL RENUNCIANTE AFIRMA QUE:

HE LEÍDO CON CUIDADO ESTE ACUERDO, LO ENTIENDO Y ES UNA LIBERACIÓN DE TODO RECLAMO, INCLUSO EN CASO DE NEGLIGENCIA DE LOS LIBERADORES.

COMPRENDO QUE ASUMO TODOS LOS RIESGOS INHERENTES A EL MINISTERIO DE SANACIÓN ESTABLECIDOS EN ESTE ACUERDO.

COMPRENDO QUE ESTOY INDEMNIZANDO A LOS LIBERA-DORES.

VOLUNTARIAMENTE FIRMO COMO EVIDENCIA DE MI COM-PRENSIÓN Y ACEPTACIÓN DE LAS PROVISIONES DE ESTE ACUERDO.

FECHA:

FIRMA
DEL RENUNCIANTE

**FIRMA
DEL TESTIGO**

SOCIAL:

NOTA:

Este Documento Legal debe ser adaptado a su país de origen, seria prudente consultarlo con un abogado de su país y adaptarlo a las leyes vigentes.

CUESTIONARIO
PARTE I

1. Experiencia Eclesial:
   ¿A que Iglesia usted pertenece?:

Cristiano Evangélico:	☐	Cristiano Protestante:	☐
Católica:	☐	Adventista:	☐
Mormones:	☐	Testigos De Jehová:	☐
Otras:	☐	Niguna:	☐

   Explique:

2. Explique brevemente la experiencia de su conversión:

3. ¿Cambio realmente su vida, ya sea que haya llegado a Cristo como Adolescente o Adulto?

4. ¿Lo bautizaron de Niño?

Sí ☐ No ☐ No Sé ☐

5. ¿Quién es Jesucristo para usted?

```


```

6. ¿Es el arrepentimiento parte de su vida?

```


```

7. ¿Qué significa para usted La Sangre de Jesucristo en el Calvario?

```


```

8. ¿Cómo es su Vida de Oración?

```


```

9. ¿Tiene usted la seguridad de la Salvación?

```


```

10. ¿Está satisfecho con su caminar en su Religión?

RELACIÓN CON SU FAMILIA.

1. ¿Cómo fue la relación con sus padres?

Buen ☐ Mala ☐ Indiferente ☐

Explique:

A. ¿Algunos problemas especiales con su padre?
B. ¿Con su madre?
C. ¿Con su(s) hermanos o hermana(s)?

---

2. Información sobre sus padres

A. ¿Son sus padres Cristianos?

Padre Sí ☐ No ☐ No sé ☐
Madre Sí ☐ No ☐ No sé ☐

B. ¿Están casados sus padres?

¿Por la Iglesia?   Sí ☐   No ☐   No sé ☐
¿Civil?   Sí ☐   No ☐   No sé ☐

¿Viven Juntos?   Sí ☐   No ☐   No sé ☐

¿Divorciados?   Sí ☐   No ☐   No sé ☐

¿Si fueron Divorciados, que edad tenia Usted?

Edad ☐

¿Sus Padres se han vuelto a casar?

Padre   Sí ☐   No ☐   No sé ☐

Madre   Sí ☐   No ☐   No sé ☐

3. ¿Cómo fue Usted de Niño?

A. ¿Fue un niño planeado?

Sí ☐   No ☐   No sé ☐

B. ¿Fue del sexo esperado?

Sí ☐   No ☐   No sé ☐

C. ¿Fue concebido fuera del matrimonio?

Sí ☐   No ☐   No sé ☐

D. ¿Fue usted adoptado?

Sí ☐   No ☐   No sé ☐

4. Si fue adoptado. ¿Conoce todo acerca de sus padres?

Sí ☐ No ☐ No sé ☐

5. ¿Tiene usted padrastro o madrastra?

¿Padrastro?
Sí ☐ No ☐ No sé ☐

¿Madrastra Sí ☐ No ☐ No sé ☐

¿Cómo es su relación con ellos?

Padrastro:

Madrastra:

6. ¿Cómo fue su padre?

Pasivo ☐ Firme ☐ Ni lo uno, Ni lo Otro ☐

¿Manipulador Sí ☐ No ☐

¿Fueron Amigos? Sí ☐ No ☐

Describa breve su relación con su padre:

7. ¿Cómo fue su madre?

Pasivo ☐ Firme ☐ Ni lo uno, Ni lo Otro ☐

¿Manipuladora? Sí ☐ No ☐

¿Fueron Amigos? Sí ☐ No ☐

Describa breve su relación con su madre:

```



```

8. ¿Tuvo un hogar feliz durante su infancia?

Sí ☐ No ☐ No sé ☐

Describa brevemente:

```



```

9. ¿Cómo describiría la situación económica de su familia cuando usted era niño?

Pobre ☐
Ingresos Moderados ☐
Leve Luchas Financieras ☐
Buena ☐
Ricos ☐

10. ¿Sufrió usted injusticias siendo niño, adolescente o en su vida adulta con sus padres?

Sí ☐   No ☐   Regular ☐

¿Cuáles? ¿Quién las cometió?

```
┌─────────────────────────────────────────────┐
│                                             │
│                                             │
│                                             │
│                                             │
│                                             │
└─────────────────────────────────────────────┘
```

11. ¿Sabe si su madre sufrió algún trauma durante el embarazo cuando lo tuvo a usted?

Sí ☐   No ☐   No sé ☐

Explique:

```
┌─────────────────────────────────────────────┐
│                                             │
│                                             │
│                                             │
│                                             │
│                                             │
└─────────────────────────────────────────────┘
```

12. ¿Sabe usted si el parto fue difícil o complicado?

Sí ☐   No ☐   No sé ☐

Explique:

```
┌─────────────────────────────────────────────┐
│                                             │
│                                             │
│                                             │
│                                             │
│                                             │
└─────────────────────────────────────────────┘
```

13. ¿Recibió algún trauma durante el parto?

Sí ☐　No ☐　No sé ☐

¿Fue amamantado por su madre?

Sí ☐　No ☐　No sé ☐

14. ¿Tiene usted hermanos y hermanas?

Nombre: ☐

Edad: ☐

Nombre: ☐

Edad: ☐

Nombre: ☐

Edad: ☐

Nombre: ☐

Edad: ☐

¿Qué puesto ocupa entre sus hermanos?

☐

¿Cómo fue su relación con ellos mientras crecían?

☐

¿Como es ahora?

¿Hay problemas especiales?

15. ¿Están vivos sus padres?

Padre   Sí ☐   No ☐

Madre   Sí ☐   No ☐

16. ¿Fueron perfeccionistas sus padres?

                  Sí ☐   No ☐

17. ¿Han participado, usted, sus padres o abuelos en alguna de estas organizaciones:

Ciencia Cristiana	Sí ☐	No ☐
Rosacruces	Sí ☐	No ☐
Bajai	Sí ☐	No ☐
Testigo de Jehová	Sí ☐	No ☐
Yoga, Gurús	Sí ☐	No ☐
Religiones Nativas	Sí ☐	No ☐
Unitarismo	Sí ☐	No ☐
Iglesia Unificada	Sí ☐	No ☐
Iglesias Espiritistas	Sí ☐	No ☐
Moonies	Sí ☐	No ☐

Hijos de Amor	Sí	No	
Cristadelfianos	Sí	No	
Cienciología	Sí	No	
Teosofía	Sí	No	
Religiones Comunes	Sí	No	
Mormones	Sí	No	
Islamismo	Sí	No	
Nueva Era	Sí	No	
Hinduismo	Sí	No	
Budismo	Sí	No	
Zen, Tibetanos, Etc.	Sí	No	
Orientales	Sí	No	
Hija del Nilo	Sí	No	
Santuario de Molay	Sí	No	
Otro	Sí	No	

Explique:

18. ¿Sabe usted si algún miembro cercano de su familia ha participado en?:

Franco-masonería	Sí	No	
Sociedades Secretas	Sí	No	
La Chica del Arcoíris	Sí	No	
Estrella del Oriente	Sí	No	
Hija de Job	Sí	No	
Adoradores del Elk	Sí	No	

¿Hay entre sus posesiones vestiduras u objetos de interés masónico?

Sí ☐ No ☐ No sé ☐

¿Está dispuesto(a) renunciar a él?

Sí ☐ No ☐

19. ¿Sabe usted si se ha lanzado alguna maldición sobre usted y su familia?

Sí ☐ No ☐ No sé ☐

¿Quién lo hizo?

```



```

¿Por qué?

```



```

Explique:

```



```

20. ¿Tiene conocimiento de que hubo evidencia de lujuria en su padre, abuelos o hermanos?

Sí ☐   No ☐   No sé ☐

Explique:

```



```

21. ¿Dónde nació su padre? (Ciudad, Estado y Nación).

```



```

22. ¿Dónde nació su madre? (Ciudad, Estado y Nación).

```



```

23. ¿Dónde nacieron sus abuelos (Ciudad, Estado y Nación).

¿El padre de su mamá?
¿La madre de su mamá?

¿El padre de su papá?
¿La madre de su papá?

24. ¿Sufre de depresión algunos de sus padres?

Padre	Sí ☐	No ☐
Madre	Sí ☐	No ☐

25. ¿Ha padecido problemas nerviosos o mentales alguno de sus?:

Padres	Sí ☐	No ☐
Hermanos	Sí ☐	No ☐
Hermanas	Sí ☐	No ☐
Abuelos	Sí ☐	No ☐

26. ¿Hasta donde usted sepa, ¿Tiene adicciones de alguna clase algún miembro de su familia?

Sí ☐ No ☐

Explique:

27. ¿Sabe usted si sus padres o algún pariente, lo mas lejano que usted conozca, ha participado en Ocultismo o Hechicería?

Sí ☐   No ☐   No sé ☐

¿Quién lo hizo y que hizo?

[ ]

¿En que medida?

[ ]

INFORMACIÓN SOBRE USTED

Conteste las siguientes preguntas:

1. ¿Cuál es su país de nacimiento?

2. ¿Ha vivido en otros países?

   Sí ☐ No ☐

   ¿En cuales?

3. Hable de su imagen propia:

Baja imagen de mi mismo	Sí ☐	No ☐
Me siento inseguro	Sí ☐	No ☐
Me condeno a mí mismo	Sí ☐	No ☐
Me odio	Sí ☐	No ☐
Me siento indigno	Sí ☐	No ☐
Creo que soy un fiasco	Sí ☐	No ☐
Me siento inferior	Sí ☐	No ☐
Cuestiono mi identidad	Sí ☐	No ☐
Me castigo	Sí ☐	No ☐

(Sí es así. ¿Cómo lo hace?)

```
┌─────────────────────────────────────────────────────┐
│                                                       │
│                                                       │
│                                                       │
│                                                       │
│                                                       │
└─────────────────────────────────────────────────────┘
```

4. ¿Ha tenido educación universitaria?

    Colegio ☐ Escuela Secundaria ☐

    Si su respuesta es positiva ¿De que clase?

```
┌─────────────────────────────────────────────────────┐
│                                                       │
│                                                       │
│                                                       │
│                                                       │
│                                                       │
│                                                       │
└─────────────────────────────────────────────────────┘
```

5. ¿Fue usted solitario de adolescente?

    Sí ☐ No ☐ A veces ☐ Nunca ☐

6. ¿Tiene usted problemas con dar o recibir amor?

    Sí ☐ No ☐ A veces ☐ Nunca ☐

7. ¿Le resulta difícil comunicarse con personas cercanas a usted?

    Tengo dificultad real   ☐
    No estoy dispuesto   ☐
    A veces tengo problemas   ☐
    Me es fácil   ☐

8. ¿Es usted perfeccionista?

Sí ☐ No ☐

9. ¿Fueron perfeccionistas sus padres?

Sí ☐ No ☐

10. ¿Viene de una familia orgullosa?

Sí ☐ No ☐

11. ¿Tiene usted problemas de orgullo?

Sí ☐ No ☐

12. ¿Tiene, o ha tenido problema con?:

Impaciencia	Sí ☐	No ☐
Carácter	Sí ☐	No ☐
Depresión	Sí ☐	No ☐
Rebeldía	Sí ☐	No ☐
Violencia	Sí ☐	No ☐
Ira	Sí ☐	No ☐
Irritabilidad	Sí ☐	No ☐
Terquedad	Sí ☐	No ☐
Prejuicio Racial	Sí ☐	No ☐
Deseo de Matar	Sí ☐	No ☐

13. ¿Es usted una persona que critica?
Sí ☐ No ☐ Quizás ☐

14. ¿Se siente emocionalmente inmaduro?
Sí ☐ No ☐ No Necesariamente ☐

15. ¿Han sido problemas para usted la mentira y el robo?

Sí ☐   No ☐   No Necesariamente ☐

¿Los son hoy día?

Sí ☐   No ☐   No Necesariamente ☐

Explique:

```



```

16. ¿Tiene inclinación a?:

Juramentos	Sí ☐	No ☐
Blasfemia	Sí ☐	No ☐
Obscenidades	Sí ☐	No ☐
Jura	Sí ☐	No ☐
Usa obscenidades	Sí ☐	No ☐

17. ¿Tiene usted hacia alguien los siguientes sentimientos?

¿Falta de perdón? ¿A quién y por qué?

```



```

¿Resentimiento? ¿A quién y por qué?

[ ]

¿Amargura? ¿A quién y por qué?

[ ]

¿Odio? ¿A quién y por qué?

[ ]

18. ¿Ha recibido personalmente consejería psiquiátrica, alguna vez?

Hospitalización   Sí [ ] No [ ]
Electrochoques   Sí [ ] No [ ]
Psicoanálisis   Sí [ ] No [ ]
Otro   Sí [ ] No [ ]

19. ¿Ha sido hipnotizado alguna vez?

Sí [ ] No [ ]

Si la respuesta en Sí, ¿Cuándo y por qué?

[ ]

20. ¿Sufre Usted de?:

Apatía de Emociones	Sí ☐	No ☐
Confusión	Sí ☐	No ☐
Dureza	Sí ☐	No ☐
Dudas	Sí ☐	No ☐
Burla	Sí ☐	No ☐
Escepticismo	Sí ☐	No ☐
Desastre Financiero	Sí ☐	No ☐
Alergias	Sí ☐	No ☐
Dificultad Frecuentes	Sí ☐	No ☐
Dificultad para Comprender	Sí ☐	No ☐
Malestares	Sí ☐	No ☐
Enfermedad	Sí ☐	No ☐
Padece de Pesadillas	Sí ☐	No ☐
Ha tratado de Suicidarse	Sí ☐	No ☐
Ha deseado Morir	Sí ☐	No ☐
Al desear Morir lo dijo En voz alta	Sí ☐	No ☐

Explique:

```


```

21. ¿Ha tenido temor fuerte y prolongado de alguna cosa en la lista siguiente?:

Fracaso	Sí ☐	No ☐
Incapacidad de Competir	Sí ☐	No ☐
Ineptitud	Sí ☐	No ☐
Autoridad	Sí ☐	No ☐
Oscuridad	Sí ☐	No ☐
Figuras o imágenes de Muertos	Sí ☐	No ☐
Violación	Sí ☐	No ☐
Violencia	Sí ☐	No ☐

Estar Solo	Sí	☐	No	☐
Futuro	Sí	☐	No	☐
Satanás y Espíritus Malignos	Sí	☐	No	☐
Mujeres	Sí	☐	No	☐
Multitudes	Sí	☐	No	☐
Hombres	Sí	☐	No	☐
Alturas	Sí	☐	No	☐
Locura	Sí	☐	No	☐
Hablar en Público	Sí	☐	No	☐
Accidentes	Sí	☐	No	☐
Llegar a Viejo	Sí	☐	No	☐
Opinión de los Demás	Sí	☐	No	☐
Lugares Cerrados	Sí	☐	No	☐
Enfermedad Terminal	Sí	☐	No	☐
Divorcio o Separación	Sí	☐	No	☐
Matrimonio	Sí	☐	No	☐
Insectos	Sí	☐	No	☐
Arañas	Sí	☐	No	☐
Perros	Sí	☐	No	☐
Serpientes	Sí	☐	No	☐
Animales Otros	Sí	☐	No	☐
Agua	Sí	☐	No	☐
Sufrimientos	Sí	☐	No	☐
Ruidos Fuertes	Sí	☐	No	☐
Espacios Abiertos	Sí	☐	No	☐
Muerte o Lesión de un Ser Querido	Si	☐	No	☐
Tiendas de Abarrotes	Sí	☐	No	☐
Volar en avión	Sí	☐	No	☐

Alguno de los temores anteriores aun lo tienen atrapado desde que se convirtió en cristiano.

Sí ☐ No ☐

Si así es, ¿Cuáles?

```


```

22. ¿Es usted una persona ansiosa?

	Sí ☐	No ☐
¿Preocupada? | Sí ☐ | No ☐ |
¿Deprimida? | Sí ☐ | No ☐ |

23. Se siente mentalmente confundido(a).

	Sí ☐	No ☐
¿Tiene lagunas mentales?	Sí ☐	No ☐

24. ¿Tiene fantasías cuando está despierto?

	Sí ☐	No ☐
¿Tiene fantasías mentales?	Sí ☐	No ☐

25. ¿Padece continuamente de pesadillas?

	Sí ☐	No ☐
¿Insomnio?	Sí ☐	No ☐

26 ¿Ha hecho usted alguna vez un pacto con el diablo?

Sí ☐ No ☐

¿Fue un pacto de sangre?

¿Qué fue?

¿Cuando?

> [blank box]

¿Por qué?

> [blank box]

27. ¿Está dispuesto (a) a renunciar a él?

Sí ☐ No ☐

28. ¿Sabe usted si se ha lanzado alguna maldición sobre usted y su familia?

Sí ☐ No ☐

¿Quién Lo hizo:

> [blank box]

¿Por qué?

> [blank box]

Explique:

```



```

29. ¿Ha participado usted alguna vez en lo siguiente?:

Tabla Quíja	Sí ☐	No ☐
Cartas del Tarot	Sí ☐	No ☐
Médiums	Sí ☐	No ☐
Sesiones de Espiritismo	Sí ☐	No ☐
Adivinadores	Sí ☐	No ☐
Quiromancia	Sí ☐	No ☐
Ocultismo o Hechicería	Sí ☐	No ☐
Consulta a un Babalawo	Sí ☐	No ☐
Hipnotismo	Sí ☐	No ☐
Astrología	Sí ☐	No ☐
Terapia del color	Sí ☐	No ☐
Levitación	Sí ☐	No ☐
Viajes Astrales	Sí ☐	No ☐
Horóscopos	Sí ☐	No ☐
Fetichismo	Sí ☐	No ☐
Clarividencia	Sí ☐	No ☐
Magia Negra	Sí ☐	No ☐
Adoración a Demonios	Sí ☐	No ☐
Cristales	Sí ☐	No ☐
Escritura Automática	Sí ☐	No ☐
Movimiento de la Nueva Era	Sí ☐	No ☐
Ver a un Curandero	Sí ☐	No ☐
Solicitud de un Espíritu Guía	Sí ☐	No ☐

30. ¿Ha estado en alguna otra actividad de brujería, demoníaca o satánica?

Sí ☐ No ☐

Si es así en cual.

```


```

31. ¿Ha leído alguna vez libros sobre ocultismo o brujería?

Sí ☐ No ☐

¿Por qué?

```


```

32. ¿Ha participado en juegos demoniacos como Calabozos y Dragones?

Sí ☐ No ☐

¿Ha visto películas demoniacas?

Sí ☐ No ☐

¿Lo hace ahora?

Sí ☐ No ☐

33. ¿Ha participado en meditación trascendental?

Sí ☐ No ☐

¿Tiene un mantra? Sí ☐ No ☐

Si lo tiene ¿Cuál es?

```
┌─────────────────────────┐
│                         │
│                         │
│                         │
└─────────────────────────┘
```

34. ¿Ha participado de religiones orientales?

Sí ☐ No ☐

¿Ha seguido gurúes? Sí ☐ No ☐

35. ¿Ha visitado templos paganos?

Sí ☐ No ☐

¿Cuándo?

```
┌──────────────────────────────────────────┐
│                                          │
│                                          │
│                                          │
│                                          │
│                                          │
└──────────────────────────────────────────┘
```

¿Hizo ofrendas?

Sí ☐ No ☐

¿De qué tipo?

```
┌──────────────────────────────────────────┐
│                                          │
│                                          │
│                                          │
│                                          │
└──────────────────────────────────────────┘
```

¿Tomo parte en alguna ceremonia?
Explique:

[ ]

36. ¿Ha hecho alguna vez cualquier clase de yoga?

Sí [ ] No [ ]

¿Meditación?   Sí [ ] No [ ]

¿Ejercicios?   Sí [ ] No [ ]

37. ¿Aprendió o uso alguna vez cualquier clase de comunicación o control mental?

Sí [ ] No [ ]
Explique:

[ ]

38. ¿Ha usado talismanes, fetiches, amuletos o signos del zodiaco?

Sí [ ] No [ ]

¿Tiene alguno entre sus posesiones?

Sí [ ] No [ ]

39. ¿Tiene en su casa símbolos de ídolos o de adoración a espíritus?
   Tales como:

Budas	Sí ☐	No ☐
Tótems	Sí ☐	No ☐
Máscaras de Rostros		
Pintados	Sí ☐	No ☐
Fetiches	Sí ☐	No ☐
Ídolos Tallados	Sí ☐	No ☐
Símbolos Paganos	Sí ☐	No ☐
Penachos de Plumas	Sí ☐	No ☐
Tikis Folclore Nativo	Sí ☐	No ☐
Muñecas Kachina		
(De que Clase)	Sí ☐	No ☐
¿Otros?	Sí ☐	No ☐

   ¿De dónde vienen y como los consiguió?

40. ¿Tiene usted algún adorno de hechicería como la bruja de buena suerte en su casa o en su cocina?
   Sí ☐   No ☐

41. ¿Está usted "En Onda" con alguna de la siguiente música?:

Rock and Roll	Sí ☐	No ☐
Punk Rock	Sí ☐	No ☐
Rap	Sí ☐	No ☐
Metal Pesado	Sí ☐	No ☐
Reggeton	Sí ☐	No ☐
Otras (Similares)	Sí ☐	No ☐

¿Cuánto tiempo pasa escuchándola?

Horas:

Días a la Semana:

42. ¿Ha practicado artes marciales?

Sí ☐ No ☐

Si así es. ¿Cuáles?

¿Las practica ahora?

43. ¿Ha tenido alguna vez premoniciones?

Sí ☐ No ☐
¿Déja Vu?   Sí ☐ No ☐
¿Visión Psíquica? Sí ☐ No ☐

44. ¿Ha caminado alguna vez sobre el fuego?

Sí ☐ No ☐
¿Ha practicado vudú?   Sí ☐ No ☐

45. ¿Tiene tatuajes?

Sí ☐ No ☐

Si así es, ¿De qué clase?

PARTE III
INFORMACIONES MORALES

1. ¿Cuál es su estado civil?

Casado ☐
Divorciado ☐
Separado ☐
Concubinato ☐
Viudo ☐
Comprometido ☐
Soltero ☐

2. ¿Cómo describiría su relación sexual con su cónyuge?

3. ¿Ha cometido fornicación alguna vez (Estando soltero(a)?

Sí ☐ No ☐

¿Con cuántos compañeros(as)?
De primeros nombres y ¿Cuándo?

211

¿Con prostitutas?

Sí ☐ No ☐

¿Cuántas?, ¿Cuándo?

☐

¿Ha cometido adulterio alguna vez (Al menos uno delos cónyuges Casados).

Sí ☐ No ☐

Primer(os) Nombre(s) y ¿Cuándo?

☐

¿Está actualmente involucrado(a) en una relación sexual ilícita?

Sí ☐ No ☐

Nombre(s):

☐

¿Está dispuesto a dejarla?

Sí ☐ No ☐

4. **¿Tiene usted pensamientos de lujuria?**

Sí ☐ No ☐

¿De qué clase y con qué frecuencia?

[   ]

5. **¿Se ha involucrado alguna vez en sexo oral?**

Sí ☐ No ☐

¿Con Quién?

[   ]

¿Ha participado alguna vez en sexo anal?

Sí ☐ No ☐

¿Con quién?

[   ]

6. **¿Se masturba con frecuencia?**

Sí ☐ No ☐

¿Cuán a menudo?, ¿Sabe por qué?

¿Siente que es un problema compulsivo?

7. **¿Fue agredido sexualmente por alguien de su familia o por otra persona cuando era niño o adolescente?**

Sí ☐ No ☐

¿Por quién?, ¿Más de una vez?
Explique:

¿Fue en realidad violado? ,¿Por quién?, ¿Más de una vez?
Explique:

8. ¿Ha sido victima de incesto por parte de un miembro de su familia?

Sí ☐ No ☐

¿Por quién?, ¿A menudo?, ¿Por cuánto tiempo?

```
┌────────────────────────────────────────────────────┐
│                                                      │
│                                                      │
│                                                      │
│                                                      │
│                                                      │
└────────────────────────────────────────────────────┘
```

9. ¿Hombres: ¿Ha agredido o violado a alguien?

Sí ☐ No ☐

Nombres:

```
┌────────────────────────────────────────────────────┐
│                                                      │
│                                                      │
│                                                      │
│                                                      │
└────────────────────────────────────────────────────┘
```

¿Cometió incesto?　　　Sí ☐ No ☐

Explique:

```
┌────────────────────────────────────────────────────┐
│                                                      │
│                                                      │
│                                                      │
│                                                      │
└────────────────────────────────────────────────────┘
```

10. MUJERES:

¿Fue violada?　　　　　Sí ☐ No ☐

Nombres: "Explique"

```


```

¿Es usted frígida?   Sí ☐ No ☐

Explique:

```


```

11. ¿Ha tenido alguna vez deseos homosexuales o lesbianos?

Sí ☐ No ☐

¿Los tiene ahora?   Sí ☐ No ☐
¿Experiencia?   Sí ☐ No ☐

¿Con quién y cuándo?

```


```

12. ¿Ha tenido fantasías sexuales con animales?

Sí ☐ No ☐

¿Ha cometido acto sexual de bestialidad? Con un animal.

Sí ☐ No ☐

Enumere todos los animales involucrados:

```



```

13. ¿Le ha atraído alguna vez la pornografía?

Sí ☐ No ☐

¿Cómo llegó a involucrarse?
Nombre de personas involucradas:

```



```

¿Hasta que grado?

```



```

¿Es todavía un problema?	Sí ☐	No ☐
¿Ha visto películas pornográficas?	Sí ☐	No ☐
¿Videos?	Sí ☐	No ☐
¿Ha visto espectáculos sexuales en vivo?	Sí ☐	No ☐

14. ¿Compra o alquila actualmente pornografía o tienen canales porno por televisión en su hogar?

Sí ☐ No ☐

¿Mira pornografía por internet?

Sí ☐ No ☐

15. ¿Lo han asediado deseos de tener sexo con niños (Pedofilia)?

Sí ☐ No ☐

¿Lo ha llegado a hacer?

Sí ☐ No ☐

16. ¿Ha tenido alguna vez estimulación interna y clímax fuera de su control, especialmente de noche?

Esto quiere decir:
Tiene sueños en que alguien se le acerca y le pide tener relaciones sexuales con usted, o simplemente las tiene, y usted "siente" una presencia a su lado en la cama, para luego despertarse con un clímax sexual (Esto es muy diferente a una emisión nocturna normal).

Sí ☐ No ☐

17. ¿Ha ido alguna vez a una sala de masajes donde lo estimularon sexualmente?

Sí ☐ No ☐

PARTE I V
CUESTIONARIO DE SALUD Y ACCIDENTES

1. ¿Padece enfermedades o alergias crónicas?

Sí ☐ No ☐

¿Cuáles?

```
┌──────────────────────────────────────┐
│                                      │
│                                      │
│                                      │
│                                      │
└──────────────────────────────────────┘
```

¿Son hereditarias?

```
┌──────────────────────────────────────┐
│                                      │
│                                      │
│                                      │
│                                      │
│                                      │
└──────────────────────────────────────┘
```

2. ¿Ha tenido alguna vez accidentes o traumas graves que se mantienen firmes en la mente (Fuera de los mencionados arriba)?

Explique:

```
┌──────────────────────────────────────┐
│                                      │
│                                      │
│                                      │
│                                      │
│                                      │
│                                      │
└──────────────────────────────────────┘
```

3. **¿Tiene otros problemas que no ha descubierto en este cuestionario?.**
(Explíquelos lo más que pueda. Intente ver cuándo empezaron y si están conectados con algún trauma, si fue victimizado o si provoco el problema).

4. **¿Tiene usted adicción de alguna clase?**

Sí ☐   No ☐

5. **¿Ha sido usted adicto a cualquier de estas cosas?**

Alcohol	Sí ☐	No ☐
Cigarrillo	Sí ☐	No ☐
Comida	Sí ☐	No ☐
Juego	Sí ☐	No ☐
Ejercicio Compulsivo	Sí ☐	No ☐
Derroche de Dinero	Sí ☐	No ☐
Ver TV	Sí ☐	No ☐
Café	Sí ☐	No ☐
Drogas	Sí ☐	No ☐
Internet	Sí ☐	No ☐

Drogas (Prescritas o Alucinógena).
¿Cuáles?

¿Es un problema actual algo de lo anterior?

6. **HOMBRES:**
   ¿Ha concebido alguna vez un bebé que fue abortado?

   Sí ☐   No ☐

   ¿Cuántos?

   ¿Cuándo? Dé fechas y nombre(s) de la(s) madre(s):

7. **MUJERES:**
   ¿Se ha practicado abortos?

   Sí ☐ No ☐

   ¿Cuántos? ☐

   De fechas y nombre(s) del (los) padre(s).

   ┌─────────────────────────────────────┐
   │   │
   │   │
   │   │
   │   │
   │   │
   └─────────────────────────────────────┘

8. **¿Cualquier otra información importante?**

   ┌─────────────────────────────────────┐
   │   │
   │   │
   │   │
   │   │
   │   │
   │   │
   │   │
   └─────────────────────────────────────┘

CUESTIONARIO
SUGERENCIAS

PARTE I

1. **EXPERIENCIA ECLESIAL:**
   ¿A que iglesia usted pertenece?:

2. **EXPLIQUE BREVEMENTE LA EXPERIENCIA DE SU CONVERSION;**

3. **¿CAMBIÓ REALMENTE SU VIDA, YA SEA QUE HAYA LLEGADO A CRISTO COMO ADOLESCENTE O ADULTO?**

4. **¿LO BAUTIZARON DE NIÑO?**

5. **¿QUIÉN ES JESUCRISTO PARA USTED?**

6. **¿ES EL ARREPENTIMIENTO PARTE DE SU VIDA?**

7. **¿QUE SIGNIFICA PARA USTED LA SANGRE DE JESUCRISTO EN EL CALVARIO?**

8. **¿CÓMO ES SU VIDA DE ORACION?**

9. **¿TIENE USTED LA SEGURIDAD DE LA SALVACION?**

10. **¿ESTA SATISFECHO CON SU CAMINAR EN SU RELIGION?**

RELACIÓN CON SU FAMILIA

1. ¿CÓMO FUE LA RELACIÓN CON SUS PADRES?

2. ¿INFORMACIÓN SOBRE SUS PADRES?

3. ¿CÓMO FUE USTED DE NIÑO?

A ¿Fue un hijo planificado?

> - Los que no fueron planificados pueden sufrir rechazo desde la matriz.
> - Si la noticia del embarazo se recibió con remordimiento.
> - Se dijeron expresiones como "No quiero tener este bebe", "Yo embarazada ahora" o "Llega en mal momento."

B ¿Fue usted del sexo "deseado"?

> - Muchos padres se desilusionan por el sexo del niño al nacer.
> - En estos casos, se debe extender el perdón a los padres por su insensibilidad.
> - Se debe echar fuera:

   - Un espíritu de rechazo.

C ¿Fue usted concebido fuera del matrimonio?

> - A menudo, quienes fueron concebido en lujuria luchan con la lujuria durante toda su vida.

> - Pueden sufrir de:

   - Espíritu de lujuria.
   - Espíritu de violencia.
   - Espíritu de ira.
   - Y una variedad de temores.

D ¿Fue Usted adoptado?

- ➤ Los niños adoptados se vuelven rebeldes y difíciles de manejar, se deben echar fuera:

  - Espíritu de abandono que reside en niños adoptados.

- ➤ Estos deben orar para perdonar a sus padres biológicos por haberlos entregados.

- ➤ Orar para que Dios los lleve a ser agradecidos con sus Padres adoptivos.

- ➤ Ore contra el rechazo hereditario puesto que no conocemos el pasado de esos padres, por lo general es necesario:

  - Sacar el temor al rechazo.
  - El rechazo percibido.
  - Y sus propios orígenes de rechazo.

4. SI USTED ES ADOPTADO, ¿SABE TODO ACERCA DE SUS PADRES NATURALES?

- ➤ Frecuentemente hay buenas razones para explicar por qué se da un niño en adopción:

  - Puede presentar fuertes rechazos.
  - Y ataduras con las que se deber tratar.

5. ¿TIENE USTED PADRASTRO O MADRASTRA?

- ➤ ¿Se volvieron a casar su padre o su madre?
- ➤ Si así fue, ¿Cómo es su relación con su padrastro o madrastra?
- ➤ ¿Es cristiano su padrastro o madrastra?
- ➤ ¿Hay hermanastros o hermanastra?

> ¿Cómo fue la relación con ellos mientras crecían?
> ¿Cómo es ahora su relación?

Tal vez debamos perdonar a alguien por su comportamiento hiriente y rechazo.

6. ¿CÓMO FUE SU PADRE?

¿Fue su padre pasivo o firme y manipulador?

- Orar contra un espíritu de manipulación y control.

7. ¿CÓMO FUE SU MADRE?

¿Fue su madre pasiva o firme y manipuladora?

- Orar contra un espíritu de manipulación y control.

8. ¿TUVO UN HOGAR FELIZ DURANTE SU INFANCIA?

9. ¿CÓMO DESCRIBIRIA LA SITUACIÓN ECONÓMICA DE SU FAMILIA CUANDO USTED ERA NIÑO?

> ¿Pobre?, ¿Con ligeros problemas económicos?, ¿Ingresos regulares?, ¿Próspera?, ¿Ricos?

- Orar por espíritus de miseria.
- Espíritu de vergüenza.
- Espíritu de codicia y materialismo.

10. ¿SUFRIÓ USTED INJUSTICIAS SIENDO NIÑO O EN SU VIDA ADULTA CON SUS PADRES?

Los niños pueden tener TEMORES debido a injusticias, tales como insultos, hurtos o alguna clase de engaño, aparentemente insignificantes.

SIN EMBARGO, PODRÍAN HABER ENTRADO ESPÍRITUS TALES COMO:

- Espíritus de ira.
- Espíritus de rechazo.
- Espíritus de vergüenza.
- Espíritus de dolor.
- Espíritus de amargura.
- Espíritus de resentimiento.
- Espíritus de falta de perdón, etc.

11. ¿SABE SI SU MADRE SUFRIÓ ALGÚN TRAUMA DURANTE EL EMBARAZO CUANDO LO TUVO A USTED?

➤ Durante el embarazo puede entrar:

- Espíritus de trauma.
- Espíritus de violencia.
- Hasta espíritus de muerte.

➤ Especialmente si la madre fue una esposa maltratada.

➤ El niño se siente de alguna manera culpable por los problemas.

- El resultado es el rechazo.

12. ¿SABE USTED SI EL PARTO FUE DIFICIL O COMPLICADO?

➤ Muchas veces los espíritus se aprovechan de la situación, cuando su utilizan instrumentos en el parto o cuando el cordón umbilical se enreda del cuello, etc.

ECHAR FUERA A:

- Espíritus de trauma.
- Espíritus de violencia.
- Espíritus de pánico y otros.

13. ¿ESTABLECIERON CON USTED LAZOS AFECTIVOS CUANDO NACIÓ?

➤ ¿Recibió Usted leche materna?

ECHAR FUERA A:

- Espíritus de trauma.
- Espíritus de violencia.
- Espíritus de pánico y otros.

14. ¿TIENE USTED HERMANOS Y HERMANAS?

➤ ¿Qué ubicación tiene en relación con ellos?

➤ ¿Cómo fue su relación con ellos mientras crecía? Hay algún problema especial?

Tratamos de averiguar si hubo factores familiares que podrían ser el origen de un rechazo.

- Tales como un niño con favoritismo sobre otro.

ECHAR FUERA A:

- Espíritus de trauma.
- Espíritus de violencia.
- Espíritus de rechazo.

15. ¿ESTÁN VIVOS SUS PADRES?

> ¿Están vivos sus padres?

- Si ha muerto uno de los padres o ambos, o un hermano; pudiera ser la causa de un rechazo o falta de perdón.

- La persona debe decirle al Señor que esta dispuesta a perdonar, aun cuando el pariente o un individuo haya muerto.

16. ¿FUERON PERFECCIONISTAS SUS PADRES O USTED?

- Espíritus hereditarios de perfeccionismo.
- Espíritus de rechazo.
- Espíritus de estrés.

17. ¿HAN PARTICIPADO, USTED SUS PADRES O ABUELOS EN ALGUNA DE ESTAS ORGANIZACIONES?

- Ciencia Cristiana.
- Rosacruces.
- Testigos de Jehová.
- Mormones.
- Iglesia Unificada (Moonies).
- Unitarismo.
- Iglesias Espiritistas.
- Niños de Amor.
- Cientologia.
- Cristadelfianos.
- Bajai.
- Religiones Comunes.
- Teosofía.
- Religiones Nativas (Estados Unidos u otros países).
- Gurús.

Religiones Orientales como:

- Hinduismo.
- Budismo.
- Zen.
- Tibetanos.
- Islamismos, Etc.
- ¿Otras?

Estas Sectas y Credos pueden transmitir:

- Espíritus de falsa religión. Llame al espíritu por el nombre de la secta.

18. ¿SABE USTED SI ALGÚN MIEMBRO CERCANO DE SU FAMILIA HA PARTICIPADO EN?:

- Masonería.
- Comunitarismo.
- Chicas del Arco Iris.
- Mormonismo.
- Estrella del Oriente.
- Santuarios Hijas del Nilo.
- Hijas de Job.
- Elk o De Milay.

¿Sufre Usted de apatía, dureza emocional, confusión, desastres económicos, escepticismo, dudas, incredulidad, dificultad para comprender, enfermedades, malestares frecuentes, alergias y burlas.?

TODO LO ANTERIOR PUEDE SER SÍNTOMAS DE MALDICIÓN MASÓNICA.

- Al echar este espíritu, llámelo "El Espíritu de Masonería y Doctrina Lucifer".

OTROS ESPÍRITUS PODRÍAN SER DE:

- Espíritus de hechicería.
- Espíritus de anticristo.
- Espíritus de confusión.
- Espíritus de burla.
- Espíritus de falsa religión.

Ore y rompa la cadena generacional por sus descendientes.

¿Hay entre sus posesiones objetos o vestiduras de los masones? Se deben destruir todos los objetos de interés y vestiduras. (Ponerlo en el fuego). Si es una prenda, como un anillo de oro, se debe derretir o tirar al mar, lago o río. Renunciar a cualquier ligadura y tirarlo en el nombre de Jesús.

19. ¿SABE USTED SI SE HA LANZADO ALGUNA MALDICIÓN SOBRE USTED O SU FAMILIA?

Aquí la persona oraría pidiendo perdón para quien lanzo la maldición y pidiendo la misericordia de Dios sobre quien lo hizo.

Se rompería la maldición y se oraría más o menos así:

En el nombre de Jesús rompo el poder de esa maldición. Y por medio de la sangre de Jesucristo cancelo toda maldición sobre (Nombre), en el nombre glorioso de Jesús.

20. ¿TIENE CONOCIMIENTO DE QUE HUBO EVIDENCIA DE LUJURIA EN SUS PADRES, ABUELOS O HERMANOS?

Tratamos de descubrir si hay Espíritu Generacional de Lujuria merodeando. Estos son muy comunes.

ES ÚTIL CORTAR CON EL ESPÍRITU GENERACIONAL DE LUJURIA:

- Y ahora, espíritu de lujuria, en el nombre de Jesús te ató, destruyo tu poder y te ordeno que liberes a este hermano (Su Nombre) y lo deje ir "Ahora Mismo" en el nombre de Jesús de Nazaret....... ¡Fuera!

21. ¿DÓNDE NACIÓ SU PADRE? (CIUDAD, ESTADO Y NA-CIÓN).

22. ¿DÓNDE NACIÓ SU MADRE? (CIUDAD, ESTADO Y NA-CIÓN).

23. ¿DÓNDE NACIERON SUS ABUELOS? (CIUDAD, ESTADO Y NACIÓN).

21, 22 y 23
Se intenta reunir información de los Padres y antepasados y la herencia cultural de la persona, lo cual a veces es muy útil.

Personalmente conozco y entiendo muchas culturas, y esto da mucha luz y ha resultado práctico en varias ocasiones, sobre todo en la cultura hispánica.

Ciertas culturas tienen tendencia hacia ataduras específicas.

24. ¿SUFRE DE DEPRESIÓN ALGUNOS DE SUS PADRES?

- **Espíritus generacionales de depresión.**
- **Espíritus de trastorno nervioso.**

25. ¿HA PADECIDO PROBLEMAS NERVIOSOS O MENTALES ALGUNO DE SUS (PADRES, HERMANOS(AS), ABUELOS)?

Algunos problemas mentales podrían estar relacionados con es-píritus malignos.

Otros quizás no, pero podrían estar ocasionados por ciertos pro-blemas físicos como desequilibrio químicos, deformidades, lesio-nes, entre otros.

SI USTED CREE QUE ESTA RELACIONADO CON ALGU-
NOS ESPÍRITUS, DEBE BUSCAR COMO:

- Espíritus de esquizofrenia.
- Espíritus de depresión maniaca.
- Espíritus de enfermedad mental.
- Espíritus de confusión, etc.

Siempre en estos casos en recomendable orar por Sanación Física junto con Sanación Espiritual (Ver Mateo 10, 8).

MATEO 10, 8
*SANAD ENFERMOS, LIMPIAD LEPROSOS, RESUCITAD
MUERTOS, ECHAD FUERA DEMONIOS; DE GRACIA
RECIBISTEIS, DAD DE GRACIA.*

26. HASTA DÓNDE USTED SEPA, ¿TIENE ADICCIONES DE
ALGUNA CLASE ALGÚN MIEMBRO DE SU FAMILIA?

El espíritu de adicción se puede manifestar de diferentes maneras.

A menudo se presenta un espíritu generacional de adicción, con
el que se debe tratar.

Es importante decirle al espíritu de adicción que termino su
labor en esta línea familiar, y le prohíbo al espíritu generacional
de adicción que pase a los hijos de la persona por quien estoy
orando (Mencionar el nombre de la persona).

Luego oro sobre cada espíritu causante de adicción y problemas
que aquejan a la persona y le ordeno Salir.

27. ¿SABE USTED SI SUS PADRES O ALGÚN PARIENTE, LO
MAS LEJANO QUE USTED CONOZCA, HA PARTICIPADO
EN OCULTISMO O HECHICERIA?

➢ Si ha habido brujería en los antecesores familiares, la persona debe perdonar a quien dejó esa puerta abierta en la línea familiar.

- Luego echamos fuera un espíritu generacional de brujería.

INFORMACIÓN SOBRE USTED

1. ¿CUÁL ES SU PAIS DE NACIMIENTO?

   Se intenta reunir información de su país y de la herencia cultural que tiene, lo cual a veces es muy útil.

   Personalmente conozco y entiendo muchas culturas, y esto da mucha luz y ha resultado práctico en varias ocasiones, sobre todo en la cultura hispánica.

2. ¿HA VIVIDO EN OTROS PAISES?

   Es importante saber las culturas en que ha vivido por lo expresado anteriormente en el No. 1.

3. ¿HABLE DE SU PROPIA IMAGEN:

   Descríbase personalmente; dé unas cuantas expresiones de una o dos palabras que le sean posible.

   Este es un útil reflejo de la imagen que la persona tiene de sí misma.

   Aquí pueden aparecer problemas específicos que pasaron desapercibidos.

   POR EJEMPLO,

   - Si escribe la palabra "Perezoso", oro contra un espíritu de pereza.

   Utilizo esta parte para hacer una oración final por lo opuesto a las percepciones negativas que la persona tiene de sí misma.

Además le pido a Dios que le ayude en esos problemas percibidos, especialmente si tiene que ver con autodisciplina o mala conducta.

4. ¿HA TENIDO EDUCACIÓN UNIVERSITARIA?

La persona puede educarse a sí misma hacia la incredulidad.

LOS PROBLEMAS PUEDEN SER:

- Espíritus de Escepticismo.
- Espíritus de Incredulidad.
- Espíritus de Discusión.
- Espíritus de Orgullo y Arrogancia.

5. ¿FUE USTED SOLITARIO DE ADOLESCENTE?

- Espíritus de Soledad.
- Espíritus de Dolor.
- Espíritus de Abandono.

6. ¿TIENE USTED PROBLEMAS CON DAR O RECIBIR AMOR?

- Espíritus de Frialdad Emocional.

ROMPA LAS ATADURAS SOBRE LAS EMOCIONES.

7. ¿LE RESULTA DIFICIL COMUNICARSE CON PERSONAS CERCANA A USTED?

✓

8. ¿ES USTED PERFECCIONISTA?

VER PREGUNTA 9

9. ¿FUERON PERFECCIONISTAS SUS PADRES? PREGUNTAS 8 y 9:

- Espíritus hereditarios de perfeccionismo.
- Espíritus de rechazo.
- Espíritus de estrés.

10. ¿VIENE DE UNA FAMILIA ORGULLOSA?

- Un espíritu generacional de Orgullo.

11. ¿TIENE USTED PROBLEMAS DE ORGULLO?

- Espíritus de orgullo.
- Espíritus de arrogancia.
- Espíritus de auto engrandecimiento.

12. ¿TIENE, O HA TENIDO PROBLEMAS CON?:

Este es un grupo de síntomas de RECHAZO, con otros agregados.

Ayuda a ver si el auto-rechazo y el rechazo agresivo son problemas.

- Ore por cada uno,
- Y si es necesario añada luego el auto-rechazo y la agresión.

13. ¿ES USTED UNA PERSONA QUE CRITICA?

- Buscar un espíritu generacional de crítica.

14. ¿SE SIENTE EMOCIONALMENTE INMADURO?

- Si es así, ore contra un espíritu de inmadurez emocional.

15. ¿HA SIDO PROBLEMAS PARA USTED LA MENTIRA Y EL ROBO?

- Espíritus de Mentira.
- Espíritus de Engaño.
- Espíritus de Cleptomanía.
- Espíritus de Robo.
- Espíritus de falta de Perdón, etc.

16. ¿TIENE INCLINACIÓN A?:

ESTAS SON RECHAZOS:

- Rebeldía.
- Y Agresividad.

17. ¿TIENE USTED HACIA ALGUIEN LOS SIGUIENTES SENTIMIENTOS?

Aquí es necesario que se perdone a las personas.

- Se deben romper ataduras del alma y echar fuera esos espíritus.

DEBEMOS ORAR AL FINAL POR LA SANIDAD DE LOS RECUERDOS HERIDOS.

18. ¿HA RECIBIDO PERSONALMENTE CONSEJERIA PSIQUIATRICA ALGUNA VEZ?

Hay ocasiones que se tratan mal a las personas en los hospitales, asilos y se abren las posibilidades a:

- Espíritus de Trauma.
- Espíritus de Ira.
- Espíritus de Victimización.
- Espíritus de Engaño y Similares.

19. ¿HA SIDO HIPNOTIZADO ALGUNA VEZ?

La hipnosis puede ser una puerta abierta de la cual se aprovechan los espíritus malignos, cuando la persona no esta en control de su mente.

A menudo empeora una enfermedad mental después de la hipnosis.

SI ES EL CASO ORO DE ESTA MANERA:

- Ahora me dirijo a cualquier espíritu que se aprovecha del estado hipnótico de (Nombre) y que entro en ese momento, te ató por completo, rompo tu poder y te ordeno liberar a (Nombre) en él nombre de Jesús, etc.

  También podría haber espíritus de control mental y confusión.

20. ¿SUFRE USTED DE?

- Orar por el nombre del espíritu del cual se sufre.

21. ¿HA TENIDO TEMOR FUERTE Y PROLONGADO DE ALGUNA COSA EN LA LISTA SIGUIENTE?

Desde que se convirtió en cristiano, ¿Aún se siente preso de alguno de los temores antes mencionados?

Oro sobre todo temor que la persona manifiesta sentir después de volverse cristiana, llamándolo por su nombre, de este modo:

- Espíritu de miedo a las (arañas) "o lo que sea", en el nombre de Jesús te ató, rompo tu poder y te ordeno que sueltes a (Nombre de la persona) y lo(a) liberes ahora, en él nombre de Jesús.

239

DESPUÉS DE ORAR SOBRE CADA TEMOR, ME DIRIJO AL:

- Espíritu generacional de temor que se ha manifestado en los temores enumerados.

LA ORACIÓN ES LA MISMA, EXCEPTO PORQUE ORDENO: "TÚ, ESPÍRITU GENERACIONAL DE TEMOR......."

22. ¿ES USTED UNA PERSONA ANSIOSA?
"Se preocupa o se deprime"

- Espíritus de Ansiedad.
- Espíritus de Preocupación.
- Espíritus de Depresión.

23. ¿SE SIENTE MENTALMENE CONFUNDIDO(A)?

¿Tiene bloqueos mentales?

- Espíritus de Confusión.

24. ¿TIENE FANTASIAS DESPIERTO?

¿Sueña despierto? ¿Tiene fantasías mentales?

- Espíritus de fantasías mentales.
- Espíritus de escapismo mental.

25. ¿PADECE CONTINUAMENTE DE PESADILLAS? ¿DE INSOMNIO?

- Espíritus de muerte.
- Espíritus de violencia.
- Espíritus de temor o lujuria (Dependiendo del tema de los sueños).

26. ¿HA HECHO USTED ALGUNA VEZ UN PACTO CON EL DIABLO?

27. ¿ESTA DISPUESTO(A) A RENUNCIAR A EL?

RESPUESTA 26 Y 27

¿Fue un pacto de sangre? ¿Está dispuesto(a) a renunciar a él?

"Un pacto con el Diablo" es simplemente un trato que un individuo hace con el diablo, intercambiando su alma por un favor, frecuentemente dinero, poder o amor.

A veces está acompañado de la extracción de gotas de sangre del cuerpo.

Cuando se expresan maldiciones o se han hecho votos en reuniones mágicas de brujería, o en cultos de adoración Satánica, a estos le acompañan la libación de porciones de sangre de algún sacrificio, puede ser desde humano hasta animales, pueden ser de otra materia como orine y otra sustancia.

Estos pactos cuando están acompañados de sangre son muy fuertes.

Pero, La Sangre de Jesucristo es mucho más poderosa y lo primero que se debe hacer es renunciar al pacto, esto significa "Renunciar" a las palabras dichas.

LUEGO DECLARARÍA:

- Ahora, por medio de La Sangre de Jesús, la cual es más poderosa que la sangre usada en este pacto, declaro nulo e inválido a ese pacto; ya no tiene más poder sobre (Nombre de la Persona).

Manifiesto que está rota la maldición sobre (Nombre de la Persona) y ya no tiene efecto en su vida, en Él Nombre de Jesús.

Oro en Él Nombre de Jesús por limpieza total sobre su cuerpo y completa pureza de la contaminación que provocará la pócima que bebió o conjuros que fueron hechos.

28. ¿SABE USTED SI SE HA LANZADO ALGUNA MALDICION SOBRE USTED Y SU FAMILIA?

"Ver pregunta 19" Parte 1.

Aquí la persona oraría pidiendo perdón para quien lanzó la maldición y pidiendo la misericordia de Dios sobre quien lo hizo.

Se rompería la maldición y se oraría más o menos así:

En el nombre de Jesús rompo el poder de esa maldición. Y por medio de la sangre de Jesucristo cancelo toda maldición sobre (Nombre), en él nombre glorioso de Jesús.

29. ¿HA PARTICIPADO USTED ALGUNA VEZ EN LO SIGUIENTE?

Todas estas actividades pueden ser puertas abiertas para:

- Espíritus de Brujería.
- Espíritus de Temor.
- Espíritus de Muerte.

Las tablas Qüijas son puertas abiertas muy comunes para entrada de:

- Espíritus de Miedo.
- Espíritus de Brujería.

En 1997 se vendieron en los Estados Unidos más de 7 millones de tablas Qüijas. ¡Estas tablas son instrumentos de comunicación con demonios! En Estados Unidos y Europa se han vendido más de 25 millones.

Si La persona ha participado en alguna de estas actividades:

- Debe orar y pedir perdón por su participación en (Nombre de la Actividad) y echamos fuera a espíritu de brujería, y a menudo de muerte, temor y algunos otros que podrían llegar a la mente.

30. ¿HA ESTADO EN ALGUNA OTRA ACTIVIDAD DE BRUJE-RIA DEMONIACA O SATANICA?

Si ha habido brujería se debe dejar esa práctica inmediatamente.

- Luego echamos fuera al espíritu de brujería.

31. ¿HA LEIDO ALGUNA VEZ LIBROS SOBRE OCULTISMO O BRUJERIA?

Si los leyó para aprender a lanzar maldiciones sobre alguien, para adorar a Satanás, o para algo similar.

La persona se debe arrepentir. Se debe destruir (Quemar) cualquier objeto, como una Biblia Satánica puesto que se ha utilizado en adoración idólatra.

Antes de leer cualquier libro de ocultismo, para conocimiento y poder servirle al Señor Jesús, al leerlo debe orar pidiendo protección sobre su mente y después ore pidiendo limpieza de mente.

Todo material en relación con esto debe ser incinerado (Quemado).

32. ¿HA PARTICIPADO EN JUEGOS DEMONIACOS COMO CALABOZOS Y DRAGONES?

¿Ha visto películas demoníacas? ¿Lo hace ahora?
Destruya todos los materiales.

A MENUDO A TALES COSAS LAS ACOMPAÑAN:

- Espíritus de temor.
- Espíritus de muerte.
- Espíritus de suicidio.

33. ¿HA PARTICIPADO EN MEDITACION TRASCENDENTAL?

¿Tiene un mantra? Si es así, ¿Cuál es?

Orando por un estudiante universitario que tomo un curso de meditación trascendental y le dieron un mantra.

Le preguntaron cuál era y dijo que solo eran dos silabas que debía repetir una y otra vez cuando meditara.

El Señor me guio a pedirle que lo copiara y entonces lo lleve a una amiga de la India y le pregunte el significado de la palabra; Ella miro aterrorizada y dijo que era el nombre de una asquerosa diosa sexual del hinduismo. Mientras el joven meditaba, estaba llamando a este demonio lujurioso.

¡No es de extrañar que estuviera luchando con lujuria! Ante su invitación ella había puesto un atormentador punto de apoyo en la vida de él.

Le pedí que orara pidiendo perdón a Dios por practicar meditación trascendental.

Una vez que renuncio al mantra, despachamos al espíritu de lujuria.

Todos tenemos inquietudes en nuestro caminar, y Nuestro Señor en su inmensa bondad permitió que estuviera en varios caminos antes de encontrar la verdad en Él.

Yo estuve en esos caminos, un mantra es una palabra que le proporcionan a uno, de la cual no le dicen el significado.

Cuando uno se pone a meditar debe comenzar a repetir esa palabra (Mantra) repetitivamente, esta debe ser utilizada frente al gurú o un espíritu guía. La razón es que la persona al repetir el mantra va a sacar su espíritu del cuerpo y a entrar en planos que le están prohibido por La Palabra de Dios y como hemos explicado anteriormente.

La razón que no le dejan repetir su mantra independientemente es que usted puede entrar en un plano donde están los espíritus malignos o demonios, esto es muy peligroso y en mi caminar he conocido personas afectadas mentalmente así como físicamente.

Llegué a tal grado que el gurú me dio una lista de mantras para yo repartirlos a las personas; te vende la idea de que tú puedes quedarte en tu religión, para poco a poco ir introduciéndote en la de ellos.

Gracias a Dios que me dio la oportunidad de renunciar y arrepentirme de todo corazón de todo aquello.

34. ¿HA PARTICIPADO DE RELIGIONES ORIENTALES?

¿Ha seguido a un gurú?

Una vez más, renuncie a la participación, siendo tan específico como sea posible y prometa lealtad a Dios Padre, a Jesucristo su hijo, nuestro Salvador, y al Espíritu Santo.

35. ¿HA VISITADO TEMPLOS PAGANOS?

¿Ha hecho ofrendas en la cuál usted consintió? ¿Tomó parte en alguna ceremonia?

Si después de visitar un templo tuvo síntomas negativos como:

- Temores.
- Pesadillas.
- O algo similar.

Ore pidiendo limpieza.

Muchas veces como turistas visitamos esos templos, ante de entrar recomendamos orar pidiendo protección sobre usted y limpieza al salir.

Mientras este allí pida a Dios misericordia sobre esas personas que están adorando demonios o ídolos para que encuentren la verdad en Cristo.

Nunca tome parte en ninguna ceremonia, ofrenda, danza, etc.

36. ¿HA HECHO ALGUNA VEZ CUALQUIER CLASE DE YOGA?

¿Meditación? ¿Ejercicios?

Renuncie a estos ejercicios religiosos, meditaciones y tiempo de adoración.

- **Eche fuera los espíritus religiosos de yoga.**

37. ¿APRENDIÓ O USÓ ALGUNA VEZ CUALQUIER CLASE DE COMUNICACIÓN O CONTROL MENTAL?

Arrepiéntase y:

- **Expulse demonios de control mental.**
- **Demonios de percepción extrasensorial.**
- **Demonios de dinámica mental y confusión.**

38. ¿HA USADO TALISMANES, FETICHES, AMULETOS O SIGNOS DEL ZODIACO?

¿Conserva aun algunos?

Tales objetos, deben ser quemados o destruirlos por completo, muchos son objetos malditos y que pueden portar demonios con ellos ó recibir influencia de ellos.

Se debe realizar arrepentimiento, renunciación y limpieza.

- Eche fuera los espíritus de hechicería.

39. ¿TIENE EN SU CASA SIMBOLOS DE IDOLOS O DE ADO-RACION A ESPIRITUS?

Tales como:

¿De dónde son o cómo llegaron a sus manos?

Se deben romper las maldiciones de todos estos artículos y después destruirlos, preferiblemente quemándolos o haciéndolos añicos y tirándolos al mar.
Pero se podría presentar un problema de que esas figuras no sean suyas, sino de un pariente que vive con usted y no la pueda destruir porque no son suyas.

Le podría señalar al dueño que usted es cristiano y no tiene comunión con ídolos.

Debe orar pidiendo limpieza en su hogar o si no fuere el caso de su habitación y ungir con aceite las puertas, ventanas, su cama, etc.:

- Debe orar pidiendo protección para sí mismo.
- Ordenar a los espíritus inmundos que salgan.
- Y ordenar a los demonios que lo dejen en Paz.

Pida al Señor que lo "Acordone" espiritualmente, que lo llene con la presencia del Espíritu Santo y que no permita entrada a espíritus malignos.

40. ¿TIENE USTED ALGUN ADORNO DE HECHICERIA COMO LA BRUJA DE BUENA SUERTE EN SU CASA O EN SU COCINA?

Ninguna bruja es buena, ellas representan al diablo y no tienen lugar en el hogar de un creyente en Cristo.

41. ¿ESTA USTED "EN ONDA" CON ALGUNA DE LA SIGUIENTE MUSICA?

Es muy sabio destruir lo que tiene letras que incitan al pecado, como conducta sexual ilícita o perversa, violencia, suicidio y malas palabras.

42. ¿HA PRACTICADO ARTES MARCIALES?

¿La práctica hoy día?

**Las artes marciales están vinculadas con El Budismo.
A menudo son una puerta abierta para:**

- **Espíritus de Ira.**
- **Espíritus de Violencia**
- **Espíritus de Venganza.**
- **Espíritus de Asesinato.**

Se debe abandonar su práctica.

43. ¿HA TENIDO ALGUNA VEZ PREMONICIONES?

¿DÉJA VU? ¿VISIÓN SÍQUICA?

No me preocupa el Déja Vu que posiblemente haya ocurrido una o dos veces hace algunos años.

El Déja Vu o Paramnesia es la experiencia de sentir que se ha sido testigo o se ha experimentado previamente una situación nueva.

Este término fue acuñado por el investigador psíquico francés Emile Boirac (1851-1917).

La experiencia del Déja Vu, suele ir acompañada por una convincente sensación de familiaridad y también por una sensación de sobrecogimiento, extrañeza o rareza.

La experiencia previa es con frecuencia atribuida a un sueño, aunque algunos casos se dan una firme sensación de que la experiencia ocurrió auténticamente en el pasado.

Sin embargo, es necesario orar cuando las premoniciones, las visiones psíquicas y el Déja Vu aparecen más a menudo.

- **Busque espíritus de engaño, visiones psíquicas.**
- **Déja Vu, Hechicería y Brujería.**

44. ¿HA CAMINADO ALGUNA VEZ SOBRE FUEGO?

¿Ha participado alguna vez en vudú, caminar sobre carbones encendidos o cualquier otra forma de ceremonia religiosa pagana?

Esto necesita:

- **Arrepentimiento.**
- **Renuncia.**
- **Y romper maldiciones.**

45. ¿TIENE TATUAJES?

Estoy seguro que habrá visto tatuajes muy demoniacos en los cuerpos de los hombres y las mujeres de todas las edades.

No es algo bueno para el Cristiano tener una simbología demoniaca y satánica en su cuerpo. Es recomendable que se retiren esos tatuajes con operaciones con laser.

Estos tatuajes pueden crear una esclavitud al simbolismo que representa y pueden obstruir el camino de la total libertad en Cristo.

Es interesante lo que dice:

LEVÍTICO 19, 28
Y NO HARÉIS RASGUÑOS EN VUESTRO CUERPO POR UN MUERTO, NI IMPRIMIRÉIS EN VOSOTROS SEÑAL ALGUNA. YO JEHOVÁ (YAHVÉH).

En la nueva versión internacional dice:

NO SE HAGAN HERIDAS EN EL CUERPO POR CAUSA DE LOS MUERTOS, NI TATUAJES EN LA PIEL. YO SOY EL SEÑOR.

Este versículo está en medio de un pasaje que enseña contra la hechicería, adivinaciones, augurios, médiums y espíritus familiares, todo esto se relaciona con el demonio, ¡Humm…..! Quizás podría haber alguna conexión.

PARTE III
INFORMACIONES MORALES

1. ¿CUAL ES SU ESTADO CIVIL?

   ✓

2. ¿COMO DESCRIBIRIA SU RELACION SEXUAL CON SU CONYUGE?

   Creo que la relación sexual Dios la creo para que las parejas casadas la disfruten plenamente.

   Si este no es el caso, intento localizar causas espirituales de los problemas y orar respecto a ellas.

   Descubro que a menudo las mujeres son culpables de usar la relación sexual como un arma, al negarlo para sus propósitos personales.

   Le hago ver que esto está mal y quiero recordarle lo que dicen las escrituras.

   1 CORINTIOS 7, 3 – 5
   3
   EL MARIDO CUMPLA CON LA MUJER EL DEBER CONYUGAL, Y ASIMISMO LA MUJER CON EL MARIDO.

   4
   LA MUJER NO TIENE POTESTAD SOBRE SU PROPIO CUERPO, SINO EL MARIDO; NI TAMPOCO TIENE EL MARIDO POTESTAD SOBRE SU PROPIO CUERPO, SINO LA MUJER.

5

NO OS NEGUÉIS EL UNO AL OTRO, A NO SER POR ALGÚN TIEMPO DE MUTUO CONSENTIMIENTO, PARA OCUPAROS SOSEGADAMENTE EN LA ORACIÓN; Y VOLVED A JUNTAROS EN UNO, PARA QUE NO OS TIENTE SATÁNAS A CAUSA DE VUESTRA INCONTINENCIA.

También encuentro que algunos hombres son pocos delicados y algunos crueles, exigentes y poco cuidadosos, ásperos.

No tienen la más mínima idea cuando se trata de tener destrezas románticas.

Un enorme problema es que confunden la relación de amor con sexo, y con frecuencia vemos usar esas palabras de modo intercambiable.

¡No es de extrañar que estén totalmente confundido! Es frecuente que tanto hombres como mujeres no logren entender el amor de Dios o de Cristo por la humanidad. Debido a que no es clara su definición de "Amor";

Cuando ocurren estos problemas, sugeriría dar un poco de tiempo después de que se ha orado por los dos cónyuges.

Si aun hay problemas para establecer una experiencia sexual matrimonial placentera, debemos referir a la pareja a un buen consejero matrimonial cristiano.

3. ¿HA COMETIDO FORNICACION ALGUNA VEZ (ESTANDO SOLTERO(A)?

¿Cuántos compañeros? Nombres y cuando, ¿Con prostitutas? ¿Cuántas? ¿Cuando? ¿Ha Cometido adulterio alguna vez (Al menos uno de los cónyuges casado)? Nombres y cuando.

¿Participa actualmente en una relación sexual ilícita? ¿Tiene disposición de acabar con ella?

4. ¿TIENE USTED PENSAMIENTO DE LUJURIA?

- **Espíritus De lujuria.**

Orar por limpieza y sanidad mental.

5. ¿SE HA INVOLUCRADO ALGUNA VEZ EN SEXO ORAL?

¿CON QUIÉN?

El sexo oral fuera del matrimonio es una puerta abierta para que los espíritus de perversión sexual les puedan crear atadura.

Estos se deben echar fuera y se debe orar pidiendo limpieza por las partes del cuerpo involucradas.

Hay diferencias de opiniones, sobre si la estimulación oral ocasional y mutuamente aceptada está bien dentro del matrimonio.

Diría que lo que está mal es que un esposo exija a la esposa algo ofensivo o repulsivo, lo cual ella o el no quieran hacer, se debe abandonar dicha estimulación.

Los sentimientos de la esposa son muy importantes y se deben respetar.

Si el sexo oral dentro del matrimonio fuera exigido por el esposo para remplazar el sexo normal, sospecharía que ha entrado un espíritu perverso, el cual debe ser expulsado.

¿HA PARTICIPADO EN SEXO ANAL?

¿CON QUIÉN?

La sodomía esta condenada en las escrituras, se debe extender perdón cuando sea necesario y se debe orar pidiendo limpieza en el cuerpo.

253

SE DEBER ECHAR FUERA TODOS:

- Espíritus de homosexualidad.
- Espíritus de sodomía.
- Espíritus de degradación.
- Espíritus de rechazo.

6. ¿SE MASTURBA CON FRECUENCIA?

¿SABE POR QUÉ? ¿SIENTE QUE ES UN PROBLEMA COMPULSIVO?

La masturbación ocasional es a menudo una parte del crecimiento. Si se convierte en un hábito dominador, quizás haya adherida una atadura demoníaca.

La masturbación compulsiva puede ser una adicción que interfiere con el matrimonio y produce culpa y vergüenza.

Hay personas que tienen el hábito de masturbarse varias veces al día.

- Echamos fuera un espíritu de masturbación y de fantasías lujuriosas.

- Busque además un espíritu de adicción en casos graves y expulse la culpa y la vergüenza.

7. ¿FUE AGREDIDO SEXUALMENTE POR ALGUIEN DE SU FAMILIA O POR OTRA PERSONA CUANDO ERA NIÑO O ADOLESCENTE?

¿POR QUIÉN? ¿MÁS DE UNA VEZ? ¿FUE VIOLADO?

8. ¿HA SIDO VICTIMA DE INCESTO POR PARTE DE UN MIEMBRO DE SU FAMILIA?

BUSQUE:

- Espíritus generacionales.
- Espíritus de acoso sexual.
- Espíritus de lujuria.
- Espíritus de incesto, etc.

9. ¿HOMBRES?:

¿Ha agredido o violado a alguien?

De Nombres. ¿Cometió Incesto?   Mujeres: ¿Fue alguna vez violada? De nombres.

Muchas ataduras sexuales están arraigadas "En ese entonces", en la época de un acoso sexual. Las preguntas 4, 5 y 6 tratan de recoger información sobre esos lamentables acontecimientos.

La persona debe perdonar al culpable, o perdonarse a sí misma por ultrajar a otra.

A menudo los agresores son a su vez agredidos, por eso. BUSQUE:

- Espíritus Generacionales.
- Espíritus de acoso sexual.
- Espíritus de Lujuria.
- Espíritus de Incesto, Etc.

La víctima debe perdonar a Dios sí se creyó abandonada en el momento de la agresión.

Debemos buscar:

- Espíritus de lujuria.
- Espíritus de envilecimiento.
- Espíritus de odio.
- Espíritus de incesto.
- Espíritus de ira.
- Espíritus de culpa.
- Espíritus de vergüenza.
- Espíritus de falta de perdón
- Espíritus de amargura.
- Espíritus de maldad.
- Espíritus de odio hacia el varón y similares.

10. MUJERES: (Ver también respuesta 9)

¿Fue violada?
¿Es usted frígida?

BUSQUE:

- Espíritus de resentimiento.
- Espíritus de amargura.
- Espíritus de frigidez.
- Espíritus de frialdad emocional.

11. ¿HA TENIDO ALGUNA VEZ DESEOS HOMOSEXUALES O LESBIANOS?

¿Los tiene ahora? ¿Los experimenta?

Los pecados y las agresiones sexuales son diferentes de los demás pecados.

1 CORINTIOS 6, 13 – 20
13b
PERO EL CUERPO NO ES PARA LA FORNICACIÓN, SINO PARA EL SEÑOR, Y EL SEÑOR PARA EL CUERPO.

14
Y DIOS, QUE LEVANTÓ AL SEÑOR, TAMBIÉN A NOSOTROS NOS LEVANTARÁ CON SU PODER.

15
¿NO SABÉIS QUE VUESTROS CUERPOS SON MIEMBROS DE CRISTO? ¿QUITARÉ, PUES, LOS MIEMBROS DE CRISTO Y LOS HARÉ MIEMBROS DE UNA RAMERA? DE NINGÚN MODO.

16
¿O NO SABÉIS QUE EL QUE SE UNE CON UNA RAMERA, ES UN CUERPO CON ELLA? PORQUE DICE: LOS DOS SERÁN UNA SOLA CARNE?

17
PERO EL QUE SE UNE AL SEÑOR, UN ESPÍRITU ES CON ÉL.

18
HUID DE LA FORNICACIÓN. CUALQUIER OTRO PECADO QUE EL HOMBRE COMETA, ESTÁ FUERA DEL CUERPO; MAS EL QUE FORNICA, CONTRA SU PROPIO CUERPO PECA.

19
¿O IGNORÁIS QUE VUESTRO CUERPO ES TEMPLO DEL ESPÍRITU SANTO, EL CUAL ESTÁ EN VOSOTROS, EL CUAL TENÉIS DE DIOS, Y QUE NO SOIS VUESTROS?

20

PORQUE HABÉIS SIDO COMPRADOS POR PRECIO; GLO-
RIFICAD, PUES, A DIOS EN VUESTRO CUERPO Y EN
VUESTRO ESPÍRITU, LOS CUALES SON DE DIOS.

El cuerpo físico de la persona "NO" es para él pecado.

Se debe limpiar para poder disfrutar una adecuada relación matrimonial.

Pido los nombres de los involucrados con incidentes de:

- Fornicación.
- Prostitución
- Adulterio
- Relaciones homosexuales o lesbianas.
- Así como hechos incestuosos y de victimización.

No disfrutamos recopilando estas informaciones. El propósito es romper ataduras impías del alma en cada uno de esos individuos.

Por medio de una oración como esta, ordeno la destrucción de Las Ataduras del Alma:

ORACIÓN:

Y ahora, en el nombre de Jesús, rompo todas las ataduras impías del cuerpo, alma y espíritu entre ustedes (Nombre) y (Inserte el nombre). Pido a Dios que eche atrás cada parte que fue puesta en atadura a (Inserte el otro nombre).

Ahora me dirijo a todo espíritu inmundo que se aprovechó de esta atadura impía del alma y le ordeno que salga en el nombre de Jesús y que no regrese más. Te prohíbo que aflijas a (Nombre)

Cuando se trata de homosexualidad, a menudo oigo la expresión:

- "Pero yo nací así."
- "Nací en el cuerpo equivocado."
- "Nací hombre pero soy una mujer atrapada en un cuerpo de hombre."

MI RESPUESTA ES:

- "Quizás fue así"

MI PREGUNTA PARA USTED ES:

- ¿Quiere seguir de esa manera o quiere librarse para ser normal?

Voy tras un espíritu generacional de homosexualidad, luego tras su propio espíritu de homosexualidad o, en el caso de una mujer tras el correspondiente espíritu de lesbianismo.

Por supuesto se deben romper las ataduras del alma.

Debemos tener en cuenta cualquier objeto o regalo que tengan entre sí, se debe romper cualquier nexo del alma con esos regalos como:

- Anillos.
- Prendas de cualquier tipo.
- Objetos, Adornos, Peluches, Etc.
- Ropa, Etc.
- Fotos.

Se deben destruir o quemar o devolver a la otra persona después de orar y romper cualquier nexo del alma.

Cuando se limpian los problemas sexuales se deben hacer oraciones de limpieza por lo que se ha degradado:

- Piel.
- Órganos sexuales.
- Ojos.
- Oídos
- Boca, Etc.

También por medio de una oración dedico al Señor esas partes del cuerpo, para que se usen adecuada y normalmente, es bueno orar para que cada uno asuma los papeles apropiados de varón y hembra, que los hombres sean totalmente masculinos, como lo quiso Dios, y que del mismo modo las mujeres sean totalmente femeninas.

12. ¿HA TENIDO FANTASIAS SEXUALES CON ANIMALES?

¿Ha realizado actos sexuales (Bestialidad) con un animal? Enumere todos los animales involucrados:

- Eche fuera un espíritu de (Nombre del animal).
- Espíritus De bestialidad.
- Espíritus De culpa.
- Espíritus De vergüenza.

13. ¿LE HA ATRAIDO ALGUNA VEZ LA PORNOGRAFIA?

¿Le ha atraído alguna vez la pornografía? ¿Cómo se involucro? ¿Ha visto películas pornográficas? ¿Videos? ¿Espectáculos sexuales en vivo? ¿Compra o alquila actualmente pornografía, o tiene en su hogar uno de tales canales por televisión?

La pornografía es sumamente adictiva.

Las imágenes quedan marcadas en la mente y parecen imposibles de borrar; siempre regresan. Si este fue un pecado intencional de parte de la persona por quien esta orando, debe orar algo como:

ORACIÓN

"Señor" perdóname por involucrarme en pornografía. Me arrepiento y te pido que me limpies de su contaminación y me liberes de esta esclavitud.

Si la persona fue "Convertida en victima" al encontrar pornografía en el cuarto de su padre, o al haberla dejado a la vista el tío, o al ver un video de un vecino adolescente o de un amigo, entonces debe perdonar a quienes lo metieron en esa atadura, antes de hacer una oración similar a la del párrafo anterior.

BUSQUE:

- Espíritus de pornografía.
- Espíritus de fantasías sexuales.
- Espíritus de adicción.

En oración, pida limpieza de imágenes marcadas en la memoria. Pida a Dios que las saque y presione el botón cerebral "Borrar" en relación a ellas.

Destruir todos los materiales, como libros, revistas, fotos, videos, películas, etc.

También se deben cancelar los canales de televisión, se debe bloquear o borrar cualquier actividad pornográfica de su computadora.

14. ¿COMPRA O ALQUILA ACTUALMENTE PORNOGRAFIA O TIENE CANALES PORNO POR TELEVISION EN SU HOGAR?

(Ver respuesta 13)

15. ¿LO HAN ASEDIADO DESEOS DE TENER SEXO CON NIÑOS (PEDOFILIA)

¿LO HA HECHO?

Debe de echar fuera:

- Espíritus de pedofilia.

Una persona con este espíritu probablemente lo recibió:

- Por herencia.
- Por ver pornografía.
- O por haber sido agredido sexualmente de niño.

16. ¿HA TENIDO ALGUNA VEZ ESTIMULACION INTERNA O CLIMAX FUERA DE SU CONTROL, ESPECIALMENTE DE NOCHE?

Con esto quiero decir:

¿Tiene sueños de un personaje que se le acerca y le pide tener sexo con usted, o simplemente lo hace, y usted "Siente una presencia a su lado de la cama, y luego despierta con clímax sexual? (Esto es diferente a una emisión normal).

Este problema es causado por espíritus lujuriosos que abordan a una persona en un sueño y le provocan estimulación sexual después de haber pedido permiso.

Una vez dado el permiso, ellos pueden volver libremente.

Disfrutan especialmente obrando en las tinieblas, pero a menúdos son tan atrevidos que también durante el día ocasionan problemas.

- Si el espíritu es de naturaleza femenina, su nombre es SÚCUBO.
- Si actúa como un varón, su nombre es ÍNCUBO.

Llámelo por su nombre al expulsarlo.
Muchas veces estos espíritus han estado en líneas familiares por varias generaciones.

Estos espíritus entran muchas veces:

- Por medio de ceremonias de brujería.
- Adoración Satánica.
- Herida emocional por la muerte de un ser querido, como su esposo(a), novio(a).

BUSQUE TAMBIÉN:

- Espíritus de lujuria.
- Espíritus de culpa.
- Espíritus de control mental demoníaco.

Frecuentemente hacen sobresaltar al cuerpo cuando son llamados por su nombre. Parece que les impresiona que se les llame por sus nombres legítimos.

17. ¿HA IDO ALGUNA VEZ A UNA SALA DE MASAJE DONDE LO ESTIMULAN SEXUALMENTE?

BUSQUE:

- Espíritus de pornografía.
- Espíritus de fantasías sexuales.
- Espíritus de lujuria.

PARTE IV
CUESTIONARIO DE SALUD Y ACCIDENTES

1. ¿PADECE ENFERMEDADES O ALERGIAS CRONICAS?.

   AQUÍ BUSCAMOS:

   - Espíritus hereditarios de enfermedad.
   - También un espíritu específico de enfermedad.

   Siempre oro contra un espíritu de enfermedad si hay alergias o males crónicos, y también oro pidiendo sanidad física.

2. ¿HA TENIDO ALGUNA VEZ ACCIDENTES O TRAUMAS GRAVES QUE SE MANTIENEN FIRMES EN LA MENTE (FUERA DE LOS MENCIONADOS ARRIBA).

   Si durante el momento de oración NO emergió.

   - Un espíritu de trauma, pero aparece aquí, ahora es el tiempo de orar contra él.

3. ¿TIENE OTROS PROBLEMAS QUE NO HA DECUBIERTO EN ESTE CUESTIONARIO?

   Explíquelos tan completamente como pueda.

   Trate de precisar exactamente cuando comenzaron y si estuvieron conectados con alguna clase de trauma, si fue victimizado, o si invito a que el problema entrara.

4. ¿TIENE USTED ADICCION DE ALGUNA CLASE?

   ¿Constituye algo de esto un problema actual?

5. ¿HA SIDO USTED ADICTO A CUALQUIERA DE ESTAS COSAS?

¿Ha sido alguna vez adicto a?:

ALCOHOL, TABACO, COMIDAS, JUEGOS, EJERCICIOS COMPULSIVOS, DESPILFARRO, TELEVISIÓN, CAFÉ O DROGAS, (RECETADAS O ALUCINÓGENAS)?

¿Constituye algo de esto un problema actual?

El espíritu de adicción se puede manifestar de diferentes maneras.

A menudo se presenta un espíritu generacional de adicción, con el que se debe tratar.

Es importante decirle al espíritu de adicción que termino su labor en esta línea familiar, y le prohíbo al espíritu generacional de adicción que pase a los hijos de la persona por quien estoy orando.

Luego oro sobre cada espíritu causante de adicción y problemas que aquejan a la persona y le ordeno salir en el Nombre de Jesús.

6. ¿HOMBRES?:

¿Ha concebido alguna vez un bebé al que fue abortado? ¿Cuantos? De fechas y nombre(s) y nombre(s) de la madre(s).

El daño emocional ocasionado por tener un aborto puede durar años, o toda la vida.

Se debe extender perdón por sí mismo y por la madre antes de poder orar pidiendo limpieza e integridad.

SE DEBEN BUSCAR:

- Espíritus de asesinato.
- Espíritus de muerte.
- Espíritus de dolor.
- Espíritus de falta de perdón.
- Espíritus de amargura.
- Espíritus de odio hacia la humanidad.
- Espíritus de odio por sí mismo.
- Espíritus de rechazo.
- Espíritus de egoísmo.

Siempre oro por la sanidad de la matriz después de que allí se ha cometido un asesinato.

A veces se puede rastrear la frigidez en el matrimonio hasta un aborto.

Debemos decirle a la mujer que el bebé esta con El Señor, que algún día lo vera y que Dios le ha perdonado este pecado.

Los hombres que han insistido en el aborto de un niño al cual engendraron son en realidad cómplice de asesinato.

Ellos también deben arrepentirse y pedir perdón.

BUSQUE:

- Espíritus de lujuria.
- Espíritus de abandono.
- Espíritus de asesinato.
- Espíritus de crueldad emocional.
- Espíritus de egoísmo.
- Espíritus de violación (Si es el caso).

7. **MUJERES:**

   ¿Se ha practicado abortos?

   ¿CUÁNTOS? DÉ NOMBRE(S) DEL PADRE(S).

   (Ver Respuesta 6).

8. **¿CUALQUIER OTRA INFORMACION IMPORTANTE.**

   ✓

PASO I
LUGAR, MINISTRO Y EL
EQUIPO DE LIBERACIÓN

LUGAR

El lugar puede ser:

- ➤ **LA IGLESIA.**
- ➤ **UN SALON PRIVADO.**
- ➤ **LA CASA DEL INFECTADO, SI ES DEBIDAMENTE RE-VISADA.**

ASÍ COMO EN LA NOCHE DE PASCUA, LOS DINTELES DE LOS HEBREOS, PROTEGIDOS POR LA SANGRE DEL CORDERO PASCUAL, ERAN RESPETADOS POR EL ANGEL EXTERMINADOR; **ASÍ TAMBIÉN LA SANGRE DEL CORDERO DE DIOS NOS CUBRE, PROTEGE Y LIBERA DE TODA INFLUENCIA DE LO MALO.** CON ÉSTA PROTECCIÓN EVITA:

- ➤ **COMUNICACIÓN ENTRE LOS ESPÍRITUS.**

- ➤ **NO HAYA INTERACCIÓN PARA QUE LOS DEMONIOS NO TOMEN FUERZA Y PODER UNO DEL OTRO.**

➤ Debemos proteger con **"La Sangre de Jesucristo"** todo el local donde se va hacer la liberación:

➤ **SE PROTEGEN TODAS LAS PUERTAS Y DINTELES CON LA SANGRE DE JESÚS.**
VISUALIZAMOS QUE ESTAMOS UNTANDO CON UN ISOPO LA SANGRE DE JESÚS A ESAS PUERTAS Y ESOS DINTELES Y TODO ORIFICIOS EN EL LUGAR.

➤ **SE PROTEGEN TODAS LAS VENTANAS Y HUECOS SI LOS HAY CON LA SANGRE DE JESÚS.**

➤ **BENDECIMOS EL LUGAR Y PEDIMOS QUE EL ESPÍRITU SANTO VENGA A ESE LUGAR.**
SE PUEDE UTILIZAR Y ROCEAR CON ACEITE BENDECIDO, TAMBIEN PUEDEN UTILIZAR AGUA BENDECIDA QUE EMANA DEL COSTADO DE CRISTO; HAY IGLESIAS QUE NO UTILIZAN EL AGUA, HACEMOS UN PEQUEÑA CRUZ CON EL ACEITE EN CADA PUERTA Y VENTANA SI USTED LO DESEA.

➤ **PEDIMOS A JESÚS QUE ENVIE SUS ANGELES PARA QUE CIRCUNDEN EL LUGAR.**

PARA QUE NO PUEDAN ACERCARSE MÁS DEMONIOS. DE ESTA MANERA EVITAMOS QUE NOS PUEDAN ATACAR Y QUE HAYAN COMUNICACIONES E INTERACIONES DE UN DEMONIO CON OTROS Y EVITAMOS QUE TOMEN FUERZA Y PODER UNO DE OTROS.

TODO ESTO SE HACE EN UNA ORACIÓN DE PETICIÓN:

➤ **LE PEDIMOS AL PADRE EN EL NOMBRE DE JESÚS.**

➤ **LE PEDIMOS A JESÚS PARA QUE INTERCEDA CON EL PADRE.**

EL MINISTRO.

El ministro o persona que dirigirá la liberación debe ser una sola persona que hable y que tenga la autoridad de Cristo Jesús:

> - LLENA DE DIOS Y DE SU SANTO ESPÍRITU.
> - HAYA TENIDO EXPERIENCIA PREVIA EN EL MINIS-TERIO DE SANACIÓN.
> - QUE TENGA COMPASIÓN Y MISERICORDIA POR SUS HERMANOS.
> - OBTENGA LA OUTORIDAD, EL PODER Y LA FUERZA DEL ESPÍRITU SANTO.
> - SIGA LOS PASOS EN EL TEMA 2 PREPARACIÓN PARA LA LIBERACIÓN.

Por experiencias debemos protegernos con:

> - LA ARMADURA DE DIOS.
> - CON EL ESCUDO DE DIOS.
> - LA SANGRE DEL CORDERO (JESÚS).
> - POR SUS SANTAS LLAGAS.
> - CON SU CORONA DE ESPINAS.

Podemos hacer una oración como sigue:

"YO RECLAMO SOBRE MÍ Y SOBRE LOS QUE AQUÍ ESTA-MOS, LA SANGRE DEL CORDERO DE DIOS QUE QUITA EL PECADO DEL MUNDO PARA QUE NOS PURIFIQUE DE TODO PECADO Y NOS PROTEJA CONTRA TODA INFLUENCIA DEL MALIGNO.

DEBEMOS PROTEGER TAMBIÉN:

> - NUESTRAS FAMILIAS.
> - PERTENENCIAS, ANIMALES Y COSAS.
> - EL LUGAR DONDE SE EFECTUE LA LIBERACIÓN.

EL EQUIPO DE LIBERACIÓN.

EL EQUIPO DEBE ESTAR INTEGRADO POR PERSONAS:

> **MADURAS EN EL SEÑOR.**
> **PRUDENTES TANTO PARA NO ESTAR VIENDO DIA-BLOS POR TODOS LADOS, COMO PARA SABER DISCERNIR SU PRESENCIA Y SU INFLUJO.**
> **EL EQUIPO PUEDE ESTAR FORMADO PREFERIBLE-MENTE DE 6 PERSONAS, COMPUESTO DE HOMBRES Y MUJERES.**

Una sola persona debe llevar La liberación, otra persona que lo ayude, mientras que lo demás, preferiblemente 6 en total estén en oración en silencio y abierto a la acción de Espíritu Santo para recibir Palabra de Conocimiento y Orientación del Espíritu Santo y sujetar al infectado de ser necesario.

> **NUNCA MINISTRAR SOLO.**
> **NO DEBE UN HOMBRE MINISTRAR A UNA MUJER SOLO.**
> **NO DEBE UNA MUJER MINISTRAR A UN HOMBRE SOLA.**

OTRAS RECOMENDACIONES PARA EL EQUIPO:

> **TODOS LOS MIEMBROS DEBEN PEDIRLE A DIOS EL PERDON SE SUS PECADOS Y ORAR LOS UNOS POR LOS OTROS.**
> **LA UNIDAD ES ABSOLUTAMENTE ESENCIAL.**
> **SATANÁS CAPITALIZARÁ TODA DESUNIÓN.**
> **ES NECESARIO ESTAR EN GUARDIA CONSTANTE CONTRA ESTA TÁCTICAS.**
> **TODO EL GRUPO QUE TRABAJA JUNTO, DEBE APRENDER A FLUIR EN EL ESPÍRITU.**
> **TENER CONFIANZA EL UNO EN EL OTRO.**

➢ **PEDIRLE A JESÚS QUE CONFIRME CUALQUIER PA-LABRA DE CONOCIMIENTO QUE RECIBA CUALQUIE-RA DE LOS INTEGRANTES DEL GRUPO.**

El propósito del equipo es dejar al cautivo libre de las garras de Satanás, dar toda la gloria a Jesús, de manera que no importa quién dirige la lucha; es una acción conjunta del equipo y cada puesto (El Cuerpo de Cristo) es importante.

PASO 2

LA LUCHA
CONTRA
LOS DEMONIOS

Los demonios son nuestros enemigos espirituales y nosotros los cristianos debemos de enfrentarlos.

EFESIOS 6, 10 – 12
10
POR LO DEMÁS, HERMANOS MÍOS, FORTALECEOS EN EL SEÑOR, Y EN EL PODER DE SU FUERZA.

11
VESTÍOS DE TODA ARMADURA DE DIOS, PARA QUE PODÁIS ESTAR FIRMES CONTRA LAS ASECHANZAS DEL DIABLO.

12
PORQUE NO TENEMOS LUCHA CONTRA SANGRE Y CARNE, SINO CONTRA PRINCIPADOS, CONTRA POTESTADES, CONTRA LOS GOBERNADORES DE LAS TINIEBLAS DE ESTE SIGLO, CONTRA HUESTES ESPIRITUALES DE MALDAD EN LAS REGIONES CELESTES.

2 CORINTIOS 10, 3 – 4

3
PUES AUNQUE ANDAMOS EN LA CARNE, NO MILITAMOS SEGÚN LA CARNE,

4
PORQUE LAS ARMAS DE NUESTRA MILICIA NO SON CAR-NALES, SINO PODEROSAS EN DIOS PARA LA DESTRUCCIÓN DE FORTALEZAS,

El enemigo es un enemigo espiritual. Las armas son espirituales.

El término lucha también sugiere tácticas de presión.
Nos habla de las tácticas que Satanás usa para presionarnos.

Así lo hace en las áreas de nuestro:

- ➢ **PENSAMIENTO.**
- ➢ **EMOCIONES.**
- ➢ **TOMA DE DECISIONES.**
- ➢ **EN NUESTRO CUERPO.**

Muchas veces ignoramos las artimañas y los engaños de Satanás y tratamos de buscar alivio en:

- ➢ **TRANQUILIZANTES.**
- ➢ **PÍLDORAS PARA DORMIR.**
- ➢ **VISITA A SICOLOGOS O PSIQUIATRAS.**
- ➢ **VISITA A UN BRUJO.**

Pero el remedio de Dios para vencer las opresiones demoníacas es la Lucha Espiritual.

Efesio 6, 12 expresa cuatro cosas importantes sobre nuestros enemigos espirituales.

> ➢ **PRINCIPADOS.**
> ➢ **POTESTADES.**
> ➢ **LOS GOBERNADORES DE LAS TINIEBLAS.**
> ➢ **LA LUCHA CONTRA HUESTES ESPIRITUALES DE MALDAD EN LAS REGIONES CELESTES.**

PRINCIPADOS.

El termino Griego para principados es **"archas."**
Esta palabra se usa para describir:

> ➢ **GOBERNANTES.**
> ➢ **LÍDERES.**
> ➢ **MAGISTRADOS.**

Esto describiría su rango y organización. Por tanto la palabra **"Principado"** nos dice que el Reino de Satanás está muy bien estructurado y organizado.

El término **"Principado"** se define como:

> ➢ **EL TERRITORIO DE UN PRÍNCIPE.**
> ➢ **LA JURISDICCIÓN DE UN PRÍNCIPE.**
> ➢ **LA REGIÓN QUE DA TÍTULO A UN PRÍNCIPE.**

Estos Espíritus Gobernadores están asignados a áreas tales como Naciones y Ciudades.

DANIEL 10, 13
MAS EL PRÍNCIPE DEL REINO DE PERSIA SE ME OPUSO DURANTE VEINTIÚN DÍAS; PERO HE AQUÍ MIGUEL, UNO DE LOS PRINCIPALES PRÍNCIPES VINO PARA AYUDARME, Y QUEDÉ ALLÍ CON LOS REYES DE PERSIA.

POTESTADES.

La Palabra Griega para **"Potestades"** es **"Exousias"**.

Este término también se traduce como:

> ➤ **AUTORIDAD.**

El que cree en **Jesús** recibe una autoridad y poder, aún mayor. Está investido con la autoridad del nombre de **Jesús.**

MARCOS 16, 17
Y ESTAS SEÑALES SEGUIRÁN A LOS QUE CREEN: EN MI NOMBRE ECHARÁN FUERA DEMONIOS.

Los demonios están obligados a someterse a la autoridad del **nombre de Jesús.**

La Escritura revela que los demonios tienen:

> ➤ **AUTORIDAD.**
> ➤ **PODER.**

LUCAS 10, 19
HE AQUÍ OS DOY POTESTAD DE HOLLAR SERPIENTES Y ESCORPIONES, Y SOBRE TODA FUERZA DEL ENEMIGO, Y NADA OS DAÑARA.

La palabra que se traduce **"Poder"**, en Griego es **"Dunamis"**.

En la palabra de Dios hemos recibido la promesa que podemos tener mayor poder que los demonios y nuestros enemigos.

HECHOS 1, 8
PERO RECIBIRÉIS PODER, CUANDO HAYA VENIDO SOBRE VOSOTROS EL ESPÍRITU SANTO.

EL PODER del creyente le llega con el **Bautismo en el Espíritu Santo.**

Jesús sabe que sus seguidores necesitan tanto **La Autoridad** como **El Poder** para enfrentarse al enemigo.

Jesús envió a los doce a liberar y a sanar los enfermos:

LUCAS 9, 1
HABIENDO REUNIDO A SUS DOCE DISCÍPULOS, LES DIO PODER Y AUTORIDAD SOBRE TODOS LOS DEMONIOS, Y PARA SANAR ENFERMEDADES.

Luego **Jesús** envió setenta discípulos (otras versiones 70) de dos en dos:

LUCAS 10, 17 – 18
17
VOLVIERON LOS SETENTA Y DOS CON GOZO, DICIENDO: SEÑOR, AUN LOS DEMONIOS SE NOS SUJETAN EN TU NOMBRE.

18
Y LES DIJO: YO VEÍA A SATANÁS CAER DEL CIELO COMO UN RAYO.

La comisión que Jesús dio a su Iglesia nos da la misma autoridad y el mismo poder.

En Marcos 16, 17 se nos dice que los creyentes pueden expulsar demonios en el nombre de Jesús. La comisión que aparece en Mateo 28, 18 – 20, comienza con esta declaración:

> TODA POTESTAD ME ES DADA EN EL CIELO Y EN LA TIERRA. POR TANTO ID..........

Sería muy tonto ir contra los espíritus demoníacos sin este poder y sin esta autoridad.

> **LA AUTORIDAD NOS VIENE POR MEDIO DE LA SALVACIÓN.**
> **EL PODER LLEGA A TRAVÉS DEL BAUTISMO EN EL ESPÍRITU SANTO.**

Este poder se evidencia mediante la operación de los dones del Espíritu (ver 1 Corintios 12, 7 – 11)

El don de discernimiento de espíritu y la palabra de conocimiento, son indispensables en **La Lucha** contra los demonios.

LOS GOBERNADORES.

Sabemos que la lucha es contra **Los Gobernadores de las Tinieblas de este Siglo.** La palabra en Griego: **"Los Gobernadores del Mundo"** es **"kosmokratoras".**

Esta palabra se puede traducir como **"Señores del Mundo"** o **"Príncipes de este tiempo".**

Esta designación del enemigo enfatiza su intención de controlar. A Satanás se le refiere en la Escritura como **"dios de este mundo"** o **"dios de este Siglo".**

2 CORINTIOS 4, 4
EN LOS CUALES EL dios DE ESTE SIGLO CEGÓ EL ENTENDIMIENTO DE LOS INCRÉDULOS, PARA QUE NO LES RESPLANDEZCA LA LUZ DEL EVANGELIO DE LA GLORIA DE CRISTO, EL CUAL ES LA IMAGEN DE DIOS.

Cuando Adán cayó en el pecado, Satanás obtuvo dominio sobre este mundo.

Jesús mismo NO negó esta pretensión del diablo, durante las tentaciones en el desierto.

MATEO 4, 8 – 9
8
OTRA VEZ LLEVÓ EL DIABLO A UN MONTE MUY ALTO, Y LE MOSTRÓ TODOS LOS REINOS DEL MUNDO Y LA GLORIA DE ELLOS,

9
Y LE DIJO: TODO ESTO TE DARÉ, SI POSTRADO ME ADORARES.

Es de suma importancia saber que Satanás es un enemigo vencido. Se le ha despojado de su poder y de su reino, y tenemos todo el derecho de tratarle como a un invasor.

Jesús explicó su competencia para expulsar demonios con estas palabras:

LUCAS 11, 20
MAS SI POR EL DEDO DE DIOS ECHO YO FUERA LOS DEMONIOS, CIERTAMENTE EL REINO DE DIOS HA LLEGADO A VOSOTROS.

En Efesios 6, 11 el cristiano es exhortado a **"vestir toda la armadura de Dios"**.

Así el cristiano no es vulnerable a ningún punto; en cambio el diablo lo es en todos.

Satanás aún busca gobernar el mundo y debemos de estar de acuerdo que ha hecho progresos considerables.

¿POR QUÉ?

Porque la Iglesia no se levanta con el Poder y La autoridad que se nos ha dado

LA LUCHA ES CONTRA HUESTES ESPIRITUALES DE MALDAD EN LAS REGIONES CELESTES.

La Palabra clave es **"maldad"**.
Este término sugiere todo lo que es altamente dañino o destructor por naturaleza.

Estos poderes malignos sólo tienen un objetivo:

> ➢ **LA MALDAD**

Pueden aparecer como ángeles y con sus engaños llevar a muchos hacia sus redes de destrucción.

Jesús desenmascaró sus propósitos de maldad con estas palabras:

JUAN 10, 10ª
EL LADRÓN NO VIENE SINO PARA HURTAR Y MATAR Y DESTRUIR.

En Efesios 6, 12 nos dan una idea bien clara del Reino de Satanás:

> ➢ **ESTÁ ALTAMENTE ORGANIZADO, PARA CUMPLIR SUS PROPOSITOS.**
> ➢ **LOS PODERES DEMONÍACOS ESTÁN PUESTOS EN ORDEN DE LUCHA.**
> ➢ **LOS DEMONIOS HAN RECIBIDO AUTORIDAD DE SATANÁS PARA CONTROLAR A TODO EL MUNDO Y PLAGARLO CON LA MALDAD MÁS DAÑINA.**

La gran mayoría de los Cristianos no se han comprometido en la Lucha Espiritual porque nunca han recibido enseñanza sobre su importancia, ni sobre la forma como debe llevarse a cabo.

Hoy Satanás ostenta su poder por medio:

> **DEL ESPIRITISMO.**
> **DEL OCULTISMO.**
> **DE LAS RELIGIONES FALSAS.**
> **DE LAS SECTAS.**
> **PORNOGRAFIA Y SEXO.**

Como nunca antes en toda la historia de la humanidad.

Un periódico citó a Billy Graham cuando dijo:

Estamos Luchando con fuerzas y poderes sobrenaturales....... Es perfectamente obvio para todos nosotros en la obra espiritual que lo demonios pueden poseer a las personas, hostigarlas y controlarlas. Más y más cristianos deben aprender a usar el poder de Dios para liberar a la gente de estas terribles posesiones del diablo.

¿CUÁNTOS CRISTIANOS HAN SIDO ENTRENADOS "PARA DERRIBAR FORTALEZAS"

2 CORINTIOS 10, 4
PORQUE LAS ARMAS DE NUESTRA MILICIA NO SON CARNA-LES, SINO PODEROSAS EN DIOS PARA LA DESTRUCCIÓN DE FORTALEZAS,

¿CUÁNTOS SABEN CÓMO RESISTIR AL DIABLO?

SANTIAGO 4, 7
SOMETEOS, PUES, A DIOS; RESISTID AL DIABLO, Y HUIRÁ DE VOSOTROS.

¿CÓMO LUCHAR CONTRA, PRINCIPADOS, POTESTADES, LOS GOBERNADORES DE LAS TINIEBLAS, LA LUCHA CONTRA HUESTES ESPIRITUALES DE MALDAD EN LAS REGIONES CELESTES?

Como Soldados Cristianos debemos adquirir conocimiento práctico. Es imperativo aprender hoy, cómo ser buenos soldados Cristianos y a militar la buena milicia.

1 TIMOTEO 1, 18
ESTE MANDAMIENTO, HIJO TIMOTEO, TE ENCARGO, PARA QUE CONFORME A LAS PROFECÍAS QUE SE HICIERON ANTES EN CUANTO A TI, MILITES POR ELLAS LA BUENA MILICIA.

Se nos exhorta a vestir toda la armadura de Dios para permanecer y estar firmes contra **"las asechanzas del diablo"**

La palabra que se traduce como asechanza es **"methodeia"** que significa seguir como método y plan establecido, el uso de:

➢ **ENGAÑOS.**
➢ **FALSEDADES.**
➢ **ASTUCIAS.**
➢ **MALAS MAÑAS.**

ASPECTOS Y ATRIBUTOS DE LOS DEMONIOS.

Cuando entramos en la liberación de una persona se le pueden manifestar un solo espíritu o varios espíritus, pero cada espíritu puede tener varios **Aspectos** o **Formas**, estas pueden hacer confundir al que Ministra y creer que son más espíritus; con la experiencia y el don de discernimiento descubrimos la realidad.

MARCOS 5, 13
Y LUEGO JESÚS LES DIO PERMISO. Y SALIENDO AQUELLOS ESPÍRITUS INMUNDOS, ENTRARON EN LOS CERDOS, LOS CUALES ERAN COMO DOS MIL, Y EL HATO SE PRECIPITÓ EN EL MAR POR UN DESPEÑADERO, Y EN EL MAR SE AHOGARON.

LOS ASPECTOS = FORMAS.

Un espíritu maligno tiene:

- ➤ **UNA PERSONALIDAD.**
- ➤ **TIENE DENTRO DE SI CIERTA DIMENSIONES DE SU PERSONALIDAD.**
- ➤ **TIENE UNA NATURALEZA.**
- ➤ **TIENE ALGO DENTRO.**

EJEMPLO:

Muchos dicen y creen que lo que hay en un **ESPÍRITU DE TEMOR** es **TEMOR** nada más y que no puede hacer nada más que eso.

Pero eso no es cierto, hay un mínimo de **SEIS COSAS** o más en un espíritu de temor que puede hacer, y esas **SEIS COSAS** se llaman **ASPECTOS O FORMAS DEL DEMONIO.**

Qué clase de temor hay dentro del espíritu de temor, en la mayoría de los espíritus tienen **ENGAÑO** dentro de ellos.

Es un espíritu de temor engañador:

- ➤ **SU NATURALEZA.**
- ➤ **SU PERSONALIDAD.**
- ➤ **PARTE DE SU CONSTITUCIÓN.**

SU ASPECTO ES ENGAÑAR.

Algunas veces hay:

- ➤ **TERROR.**
- ➤ **RECHAZO.**
- ➤ **PARALISIS.**

Si preguntamos ¿QUÉ CLASE DE ESPÍRITU ES ESE?

Es un **ESPÍRITU DE TEMOR PARALIZADOR** esa es la clase de **FUNCION INTERIOR** que tiene.

EXISTEN DOS CLASES DE:

ASPECTOS = FORMAS.

LA PRIMERA.

Por lo general uno puede encontrar uno, cuatro o tal vez seis aspectos en un espíritu de temor.

La misión del aspecto es evitar que el espíritu sea expulsado de la persona:

> **PUEDE SER DESOBEDIENCIA.**
> **CUANDO UNO LE DICE QUE SE VAYA, ES DESAFIA-DOR.**

Se sienta ahí y desafía a uno, puede ser también engañador.

Uno de los peores espíritus contra los que uno puede trabajar son los que tienen como aspecto ser juguetones, los cuales realizan cualquier clase de juego posible:

> **HACEN.**
> **DICEN.**
> **Y LE DEMUESTRAN A UNO CUALQUIER COSA.**

Si uno piensa trabajar en el Ministerio de Sanación en la parte de Liberación con la idea de que cada espíritu sale con un vómito, entonces estos espíritus juguetones se reirán de nosotros y veremos vómitos, porque saben que eso es lo que uno busca.

Hay ciertos elementos propios en el espíritu, especialmente para la propia proyección de él mismo, para evitar de ser liberado:

- ➢ **SE BURLAN DE UNO.**
- ➢ **LE MENTIRAN A UNO.**
- ➢ **DESAFIARÁN A UNO.**
- ➢ **DESOBEDECERAN A UNO.**
- ➢ **SE REBELAN CONTRA UNO.**

Entonces que se hace, pues se le dice:

ATÓ,

- ➢ **TUS JUGARRETAS EN EL NOMBRE DE JESÚS.**
- ➢ **TU REBELION EN EL NOMBRE DE JESÚS.**
- ➢ **TU DESOBEDIENCIA EN EL NOMBRE DE JESÚS.**
- ➢ **TUS DESAFIOS EN EL NOMBRE DE JESÚS, ETC., ETC.**

Hasta que el espíritu quede completamente **ATADO** (Ver Paso 3)

A medida que vamos comprendiendo como trabaja el espíritu, vemos que esta **ALOJADO** y es como **UNA GARRA.**

Si queremos, podemos hacernos una imagen de ese espíritu y crear una imagen visual de donde esta **AGARRADO,** donde esta **CLAVADO,** entonces le decimos:

- ➢ **ATÓ TU ENGAÑO.**
- ➢ **TE QUITO TU ENGAÑO Y SE LO QUITO.**
- ➢ **O LE DIGO, ATÓ TU REBELION.**
- ➢ **TU DESOBEDIENCIA.**
- ➢ **TU DESAFIO.**
- ➢ **TU JUEGO.**

Y sigo así hasta que ya ahí no quede nada **SIN ATAR EN EL NOMBRE DE JESÚS.**

Entonces no hay nada que lo proteja, por tanto el espíritu se **RETRAE HACIA SI MISMO Y NO SE SOSTIENE.**

El espíritu se debilita porque no puede sacar más **PODER O FUERZA** de otro espíritu, no puede fortalecerse.

LA SEGUNDA.

Quizás la más importante, son las maneras en que **el espíritu se clava** en **LAS HERIDAS EMOCIONALES** de las personas.

Todas las series de aspectos nos indican, como el espíritu de temor **AFECTA** a una persona.

Si tenemos ante nosotros un espíritu de temor paralizante y cuando se activa está afectando a la persona para que no pueda:

> ➢ **RESPIRAR.**
> ➢ **NI MOVERSE.**
> ➢ **ESTA PARALIZADA.**

Porque el espíritu está haciendo algo, es **UN EFECTO, ESTO ES UN ASPECTO.**

Uno dice:

> ➢ **ATÓ TU PARALISIS EN EL NOMBRE DE JESÚS.**
> ➢ **EL TEMOR PUEDE CAUSAR TERROR.**
> ➢ **O TEMOR AL RECHAZO.**

Uno comienza a darse cuenta de una serie de cosas, de las heridas en que ese espíritu está reaccionando y se mantiene clavado en esa persona,

Todo esto es sumamente importante, porque nos dan **LAS PISTAS** para poder hacer **LA SANACIÓN INTERIOR DE LA PERSONA.**

LA SANACIÓN INTERIOR, tiene que realizarse donde el espíritu esta clavado, o sea en **EL TEMOR AL RECHAZO** de la persona.

Por tanto los aspectos son **muy, muy, muy** importantes porque le dicen a uno:

> ➢ **LAS CARACTERISTICAS O ASPECTOS GENERALES DEL ESPÍRITU.**
> ➢ **LAS DIMENSIONES QUE HAY EN EL ESPÍRITU.**
> ➢ **LO QUE EL ESPÍRITU ES Y LO QUE HACE.**
> ➢ **COMO ESTA CLAVADO Y COMO OBRA EN LA PERSONA.**

LOS ATRIBUTOS.

Hay algo superior **AL ASPECTO** se llama **ATRIBUTO.**

NO TODOS LOS ESPÍRITUS TIENEN ATRIBUTOS.

Un atributo es cuando el espíritu tiene:

> ➢ **INTELIGENCIA.**
> ➢ **CONOCIMIENTO.**
> ➢ **COMUNICACIÓN.**
> ➢ **PODER.**
> ➢ **AUTORIDAD.**
> ➢ **Y COSA POR EL ESTILO.**

Tiene una inteligencia superior a la nuestra, y pueden leer toda **LA INTERACCIÓN** que hay en la habitación.

Saben más que uno por tanto uno **ATA** su inteligencia, en pocas palabras, los volvemos locos atándolos. (Ver Paso 3)

LOS ASPECTOS.

Los aspectos son importantes por esta razón:

El número de aspectos le dicen a uno con qué clase de jerarquía uno está trabajando:

- ➤ **MÁS DE 10 ASPECTOS, ES UNA JERARQUÍA.**
- ➤ **MÁS DE 12 ASPECTOS, ES UN TRONO.**
- ➤ **MÁS DE 13 ASPECTOS, ES EL GUARDIA.**
- ➤ **MÁS DE 14 ASPECTOS, ES UNA DOMINACIÓN.**
- ➤ **MÁS DE 15 ASPECTOS, ES EL CONSEJO.**
- ➤ **MÁS DE 16 ASPECTOS, ES UN DEMONIO.**
- ➤ **MÁS DE 24 ASPECTOS, ES UN PRINCÍPE.**
- ➤ **MÁS DE 36 ASPECTOS, ES UN PRINCIPADO.**

Las cantidades de aspectos nos dirán con quienes estamos trabajando.

PASO 3
ATAR, ATAR Y ATAR

Pueden presentarse diferentes situaciones a una persona:

➤ QUE LA PERSONA SE LE ESTE MANIFESTANDO UN ESPÍRITU, SE HAGA LA LIBERACIÓN Y EXPULSIÓN DE LOS DEMONIOS Y DESPUÉS DE TERMINADA LA LIBERACIÓN SE HAGA LA SANACIÓN INTERIOR.

➤ QUE LA PERSONA SE LE ESTE MANIFESTANDO UN ESPÍRITU, SE ATEN LOS ESPÍRITUS Y SUS ASPECTOS, SE INTERRUMPA LA LIBERACIÓN, PARA HACER LA SANACIÓN INTERIOR Y DESPUÉS SE TERMINE DE LIBERAR EXPULSANDO LOS DEMONIOS.

➤ SE HAGA LA SANACIÓN INTERIOR Y DESPUÉS SE HAGA LA LIBERACIÓN.

La Biblia declara que Jesús nos dio poder para **Atar** y **Desatar**, con referencia a **Satanás** y **Sus Huestes.**

MATEO 16, 18 – 19

18

YO TAMBIÉN TE DIGO, QUE TÚ ERES PEDRO, Y SOBRE ESTA ROCA EDIFICARÉ MI IGLESIA; Y LAS PUERTAS DEL HADES NO PREVALECERÁN CONTRA ELLA.

19

Y A TI TE DARÉ LAS LLAVES DEL REINO DE LOS CIELOS; Y TODO LO QUE ATARES EN LA TIERRA SERÁ ATADO EN LOS CIELOS; Y TODO LO QUE DESATARES EN LA TIERRA SERÁ DESATADO EN LOS CIELOS.

Ver también Juan 20, 23; Mateo 18, 18

Este pasaje ha causado muchos desacuerdos, pero nos da luz con respecto a la autoridad que el cristiano tiene sobre los demonios.

¿CUÁL ES EL TEXTO INMEDIATO DE LA AUTORIDAD PARA ATAR Y DESATAR?

ES "…Y LAS PUERTAS DEL INFIERNO NO PREVALECERÁN CONTRA ELLA."

La Biblia Ampliada traduce esto, "Las puertas del Hades (los poderes de la región infernal).

El poder para **Atar** y **Desatar** con respecto a **Satanás** se describe como **"La llaves del reino de los cielos".**

La palabra para **"Reino"** en griego es **Basileia** que significa **"Gobernar".** Es la promesa de La Palabra de Dios para quienes heredarán El Reino de Dios y gobernarán con Cristo.

ROMANOS 5, 17

"PUES SI POR LA TRANSGRESIÓN DE UNO SOLO REINÓ LA MUERTE, MUCHO MÁS REINARÁN EN VIDA POR UNO SOLO,

JESUCRISTO, LOS QUE RECIBEN LA ABUNDANCIA DE LA GRACIA Y EL DON DE LA JUSTICIA";

¿QUÉ SIGNIFICA LA FRASE:

> "..SERÁ ATADO EN LOS CIELOS......SERÁ DESATADO EN LOS CIELOS?"

Esto nos dice que cualquier cosa que el creyente **ate** y **desate** se hace con base en lo que ya se ha hecho **"en los cielos"** es decir, por el mismo **Señor Jesucristo.**

Entonces, **¿qué es lo que el Señor ya ha atado y que nos ha dado poder para atar otra vez?, Jesucristo** nos enseña así:

MATEO 12, 29
PORQUE ¿CÓMO PUEDE ALGUNO ENTRAR EN LA CASA DE HOMBRE FUERTE, Y SAQUEAR SUS BIENES, SI PRIMERO NO LE ATA? Y ENTONCES PODRÁ SAQUEAR SU CASA.

Jesús explica que puede controlar los demonios y hacer que le obedezcan porque ya ató al hombre fuerte, Satanás.

El hecho que los demonios le obedezcan prueba que Satanás ha sido atado.

Satanás ya fue atado **"en los cielos"** por el poder del cielo. El poder de Satanás está roto y la llave nos ha sido dada a nosotros. También tenemos poder sobre él. ¡Amén!

La palabra griega para atar es **deo** que significa:

> AMARRAR APRETADAMENTE.
> COMO CON CADENAS.

291

> ➢ **COMO CUANDO SE ATA A UN ANIMAL PARA EVITAR QUE SE MUEVA.**

Cuando Satanás está Atado no puede seguir trabajando. Pierde su capacidad para obrar contra nosotros.

Dios nos muestra que estos hombres fuertes ya fueron Derrotados y Atados por El Poder de los cielos.

En el libro de Tobías hay un pasaje que nos revela también que el ángel Rafael (Hermano Azarías) Ató al demonio.

TOBÍAS 8, 3 (Uno de Los Libros Deutero-canónicos o Apócrifos)

EL DEMONIO, EN CUANTO OLIÓ AQUEL HUMO; HUYO AL EGIPTO SUPERIOR, DONDE EL ÁNGEL LE ATÓ.

1 JUAN 3, 8b
"PARA ESTO APARECIÓ EL HIJO DE DIOS, PARA DESHACER LAS OBRAS DEL DIABLO".

A nosotros se nos han dado las **"llaves del reino"**. Hay poder para gobernar sobre las fuerzas de las tinieblas. La batalla ya se ganó en los cielos **y estamos para atar en la tierra lo que ya ha sido atado en los cielos.**

TESTIMONIO.

Una de las experiencias que me enseñó la importancia de Atar, fue la siguiente; una enfermera me pidió que oráramos por su hija de 15 años, pues se quejaba de su comportamiento inadecuado y de su falta de respeto hacia ella.

Un sábado se presentó con su hija y comenzamos hablar, tan pronto como pedimos la presencia del Espíritu Santo, comenzó a mani-festársele un espíritu maligno y de inmediato comencé hacer una oración de liberación y en el nombre de Jesús eché fuera al espíritu, en mi ignorancia en ese entonces no había sellado con la sangre de Jesucristo a las personas de mi casa, mis cosas y mis animales, ni había atado al espíritu, en el momento de la expulsión; un perrito de la casa (pancho) que estaba presente comenzó de repente a dar vueltas y vueltas como un loco, diría que dio algunas 25 a 30 vueltas y de inmediato cayó muerto; lamentablemente ese espíritu entro en el perrito hasta que murió.

Después de esta experiencia aprendí la importancia de sellar la casa y de protegernos con la sangre de Jesús a todos mis seres queridos, los animales, incluyendo los objetos y cosas del hogar y sobre todo ATAR.

Lo curioso es que recordé la piara de puerco que Jesús había permitido que entraran los demonios del Endemoniado Gadareno. Jesús en su infinita bondad permitió que entrara en el perrito y no en mis hijos y las personas que estaban en la casa.

ATAR AL HOMBRE FUERTE.

Atar al Espíritu Maligno diciendo, **SEÑOR** por:

- ➢ **TUS LLAGAS.**
- ➢ **TU PODER.**
- ➢ **TU AMOR.**
- ➢ **TU SANGRE.**
- ➢ **TU CRUZ.**

Yo en el Nombre de Jesús, Ató en este instante todo Espíritu Maligno, venga de donde venga:

- ➢ **DEL AIRE.**
- ➢ **DEL AGUA.**
- ➢ **DEL FUEGO.**
- ➢ **DE LA TIERRA.**
- ➢ DEL ABISMO.
- ➢ DEL CIELO.
- ➢ DE ENFERMEDAD.
- ➢ DE HECHICERÍA.
- ➢ MUDO.

- ➢ SORDO.
- ➢ MAL ESPÍRITU.
- ➢ ESPÍRITU MALO.
- ➢ ESPÍRITU MALIGNO.
- ➢ ESPÍRITU DE TEMOR.
- ➢ ETC. ETC.

Venga de donde venga, llámese como se llame, te ordeno en **EL NOMBRE DE JESÚS DE NAZARET, EL CRISTO, EL HIJO DE DIOS HECHO CARNE:**

TE ATÓ Y TE ORDENO:

- ➢ **QUE NO TE MUEVAS.**
- ➢ **QUE NO HAGA NINGUNA MANIFESTACIÓN.**
- ➢ **NI HAGA NINGÚN ACTO QUE ESCANDALICE.**
- ➢ **NI NINGÚN ACTO QUE ALBOROTE.**

EN EL NOMBRE DE JESÚS, TE ORDENO QUE QUEDE ATA-DO:

- ➢ **POR LA SANGRE DE CRISTO.**
- ➢ **POR EL SANTO NOMBRE DE JESÚS.**
- ➢ **POR SU LLAGAS PRECIOSAS.**
- ➢ **POR SU CORONA DE ESPÍNAS.**

LO CUAL TE ORDENO QUE QUEDE ATADO, QUE PERMA-NEZCA ATADO.

PARA ATAR AL HOMBRE FUERTE UNO TIENE EL CON-TROL DE LA LIBERACÍON, Y EN EL NOMBRE DE JESÚS, ATA AL HOMBRE FUERTE.

ATANDO VARIOS ESPÍRITUS DEMONIACOS.

De modo que se dice:
TE ATÓ para que permanezca ahí.
TE ATÓ fuera de todos los demás Espíritus que puedan haber ahí.

El Espíritu puede estar causando revuelo o haciendo que **LA PER-SONA actué** o haga algo como:

> ➢ **UN BOSTEZO.**
> ➢ **GRITAR.**
> ➢ **ESCANDALIZAR.**
> ➢ **TIRARSE EN EL PISO.**
> ➢ **CUALQUIER MANIFESTACIÓN.**

Yo no sé cuántos Espíritus hay, pero discierno o me doy cuenta que hay más de uno y digo:

TE ATÓ y ECHO FUERA DE ESOS, QUEDÁTE ATADO y entonces trabajo con uno solo.

Se le **AISLA,** estoy seguro que uno se da cuenta de lo que sucede especialmente de los tres, cuatro o cinco, que están **REBOTANDO, ACTUANDO, Y REALIZANDO UNA INTERACCIÓN** (Comunicación de un Espíritu con Otro), lo que uno está viendo es un **ACTOR DEMONÍACO.**

Entonces **EL INDIVIDUO PISTONEA** y uno ve a otro **ACTOR DEMONÍACO,** puede ser otro **ESPÍRITU,** uno trabaja con **UNO,** después con **OTRO** y después, con **ÉSTE** con **AQUÉL.**

Mientras uno trabaja con **UN ESPÍRITU** se **ATAN** a todos los demás, se **AISLAN,** entonces se coloca siempre **LA CORONA DE ESPINAS EN UN BUEN CIRCULO, y TODA LA SANGRE DE LAS ES-PINAS** alrededor de **ESE ESPÍRITU** con que comenzaremos a trabajar para que se encuentre **CIRCUNDADO POR LA SANGRE DE JESÚS Y NO SE PUEDA MOVER.**

EL ESPÍRITU se encuentra **ATADO y ECHADO** de todos los demás y así uno trabaja con **UN SOLO ESPÍRITU A LA VEZ,** y los demás espíritus esperan su turno.

Una vez que uno toma esa decisión:

> ➢ **UNO MANTIENE EL CONTROL DE ESO.**
> ➢ **NO SE LE VA LA MANO.**
> ➢ **NO COMIENZA A EXAGERAR SU PAPEL.**
> ➢ **NO COMIENZA A DESTRUIR A LA PERSONA.**
> ➢ **Y SIEMPRE TIENE EL MANDO DE LA SITUACIÓN.**

Recuerde esto; **ATAR ES LA CLAVE.**

En **LA LIBERACIÓN** de varios Espíritus nos puede tomar varias horas **ATANDO,** sin hacer ninguna otra cosa que **ATAR, ATAR Y ATAR**

Entonces ordenamos con poder en el **Nombre de JESÚS** y el **Espíritu** se va, **LA LIBERACIÓN** se toma solamente **20 minutos** que de otra forma se hubiera tomado un día entero, tal vez más, esto se hace en casos grandes.

TESTIMONIO:

Durante una liberación de una joven de 15 años le acompañaba una amiga que pertenecía al grupo de oración, cuando se estaba efectuando la liberación de la joven de 15 años el espíritu tenía poder he hizo que se disparara otro demonio en la amiga del grupo de oración que le acompañaba, inmediatamente puse una corona de espina alrededor de la persona y ate al espíritu y le ordene que no se moviera.

Esta joven con el espíritu que tenia quedó como una estatua sin moverse, apenas se balanceaba un poco, proseguí con la liberación de la joven de 15 años hasta que el Señor en su inmensa misericordia la liberó e inmediatamente el espíritu de la otra joven también salió y quedó liberada, luego hicimos la Sanación Interior y perdonaron a sus padres. Todo el Honor y toda Gloria para Nuestro Dios.

LOS ASPECTOS O FORMAS DE LOS ESPÍRITUS.

Una vez que se **AISLA** para lograr los **ASPECTOS,** cuando un espíritu comienza **ACTUAR** sobre uno, **UNO** sabe que **LOS ASPECTOS** están **EXAGERANDO** el papel que desempeñan.

Tomemos como ejemplo **EL ESPÍRITU DE IRA:**

Lo tengo y lo sujeto ahí, la persona dice, **"TENGO MIEDO", EL MIEDO** es un **ASPECTO** de la **IRA.**

Entonces **EL ESPÍRITU** dice:
NO PUEDE SACARME tiene **BURLA** como **ASPECTO,**

Y dice:
No saldré, tiene **"DESAFIO"** como **ASPECTO,** todo lo que **EL ESPÍRITU** dice **DELATA** los **ASPECTOS = FORMAS.**

Uno comienza a **ATAR,** pero uno no comienza a perseguir otra cosa, uno está ahora **AISLANDO** y **TRABAJANDO** con una sola cosa hasta que la misma se **VAYA.**

Se **AISLA,** se cogen **LOS ASPECTOS** y si **EL ESPÍRITU** está exagerando el papel que desempeña, se trata de **UN ASPECTO** que se manifiesta, se **ATA EL ASPECTO.**

Cuando uno lo tiene **ATADO,** por **AMOR DE DIOS** se hace **LA SANACIÓN INTERIOR,** se hace **LA SANACIÓN DE LA PERSONA.**

UNO NO LIBERA ESPÍRITU SI NO PERSONAS, SERES HUMANOS QUE TIENEN:

- ➢ **CONMOCIONES.**
- ➢ **TEMORES.**
- ➢ **NECESIDADES.**
- ➢ **HERIDAS.**

Que llevan ahí mucho tiempo, **LA PERSONA** está **HERIDA, DESE-CHA,** y vamos a tocar esas heridas, vamos a sanar **a ESA PERSONA,** por medio **DEL AMOR DIVINO DE JESÚS.**

Contrario a muchos **LIBROS** y **ESCRITORES** que hemos leído referente a **LA BATALLA ESPÍRITUAL,** no vamos a ser atrapados **EN UNA BATALLA,** por tanto estamos realizando **UNA OBRA DE SANACIÓN** y a medida que **LA SANACIÓN** se realiza, **SE REPRENDE EL ESPÍRITU** y **EL MISMO SE VÁ O SE ECHA FUERA EN EL NOMBRE DE JESÚS.**

PASO 4
DERECHO LEGAL

NOMBRE DE LOS ESPÍRITUS

TE ORDENO EN EL NOMBRE DE JESÚS QUE ME DIGAS:

> ➢ **¿CUÁL ES TU NOMBRE?**
> ➢ **¿CUÁL ES TU VERDADERO NOMBRE?**
> ➢ **¿CUÁL ES TU NOMBRE FUNDAMENTAL?**
> ➢ **¿CON QUE DERECHO Ó AUTORIDAD ESTA EN ESE CUERPO?**

El equipo, debe estar atento a recibir **LOS ASPECTOS DEL DEMONIO O DE LOS DEMONIOS.**

HAY TRES CLASES DE NOMBRES DE ESPÍRITUS.

Está el **NOMBRE FUNDAMENTAL** como **TEMOR;** el mismo Espíritu puede tener **TRES NIVELES DE NOMBRES O TRES CLASES DE NOMBRE** para un solo Espíritu.

Es posible que tengan tres nombres, pero no necesariamente, algunos pueden tener dos o solamente uno.

EL ESPÍRITU DE TEMOR.

Puede tener también otros nombres como por ejemplo:

> ➤ **NO PUEDO.**
> ➤ **NO LO HARÉ.**

Uno le pregunta **AL ESPÍRITU, "EN EL NOMBRE de JESÚS, DIME TU NOMBRE"** y responde:

> ➤ **"NO PUEDO."**

Y uno le dice **"NO"**, en **"EL NOMBRE DE JESÚS** dime **TU NOMBRE"**, su nombre es **"DISPARATE,"** siempre le dará a uno su nombre, si se lo pedimos en el **NOMBRE DE JESÚS.**

Cuando uno le pide el nombre a un **Espíritu BURLÓN** le da siempre a uno su nombre y el nombre es:

> ➤ **"ESO."**

Si uno sigue en oración y continúa preguntándole en el **NOMBRE DE JESÚS** su nombre lo percibirá como por ejemplo:

> ➤ **ES DIFICIL DE DECIRTELO.**
> ➤ **O LE DICEN A UNO, NO PUEDO DECIRTELO.**

Uno solo **UNE LAS ORACIONES** y ve cual es **LA PALABRA COMÚN** porqué es de esta manera que nos están dando **SU NOMBRE.**

TIENEN QUE DARLO, TIENEN QUE DARLO; Los Espíritus saben más que uno, y saben que tienen que obedecer un mandato en **EL NOMBRE DE JESÚS.**

MATEO 28, 18
Y JESÚS SE ACERCÓ Y LES HABLÓ DICIENDO: TODA POTESTAD ME ES DADA EN EL CIELO Y EN LA TIERRA.

JUAN 16, 33
ESTAS COSAS OS HE HABLADO PARA QUE EN MÍ TENGÁIS PAZ, EN EL MUNDO TENDRÉIS AFLICCIÓN; PERO CONFIAD, YO HE VENCIDO AL MUNDO.

LUCAS 10, 19
HE AQUÍ OS DOY POTESTAD DE HOLLAR SERPIENTES Y ESCORPIONES, Y SOBRE TODA FUERZA DEL ENEMIGO, Y NADA OS DAÑARA,

Ellos saben que tienen que obedecer y por eso tienen **UN SEGUNDO NOMBRE.**

EL GRAN ERROR es que ocurren **5 COSAS** a la misma vez, en otras palabras uno puede tener **6 ó 7 ESPÍRITUS** y todos actúan a la misma vez, rebotando unos con otros.

LO PRIMERO

Lo primero que uno quiere hacer en **LA LIBERACIÓN** es averiguar con quien uno está trabajando.

LUCAS 8, 30
Y LE PREGUNTÓ JESÚS, DICIENDO; ¿CÓMO TE LLAMAS? Y ÉL DIJO: LEGIÓN. PORQUE MUCHOS DEMONIOS HABÍAN ENTRADO EN ÉL.

SU NOMBRE, uno tiene que **AVERIGUAR EL NOMBRE DE LOS ESPÍRITUS,** y saber contra quienes **UNO** está trabajando.

SI EL ESPÍRITU DICE LA VERDAD, **ESTA VENCIDO:**

➢ **SI EL DEMONIO HA DICHO CON QUE DERECHO ESTA EN ESE CUERPO QUE NO LE PERTENECE O SI HA DICHO SU NOMBRE, ESTO NOS DA LAS PISTAS PARA HACER LA SANACIÓN INTERIOR DE LA PERSONA.**

Si a la persona se le están manifestando Espíritus Malignos y los hemos atados, y ya sabemos porque están en ese cuerpo o si hemos recibido en palabras de conocimiento, dándonos a conocer la raíz del problema, ordenamos al espíritu de la Persona que regrese a su cuerpo y tome posesión de su cuerpo, alma y espíritu y procedemos a hacer **LA SANACIÓN INTERIOR.**

TESTIMONIO

Estando de visita en un culto de una Iglesia Cristiana en Miami escuché al Pastor decir **"YO NO PIERDO MI TIEMPO PIDIENDO NOMBRES, "YO LOS ECHO FUERA Y SE ACABO!** y así acontecía, estoy seguro que con autoridad y en el nombre de **JESÚS** tienen que salir los demonios.

Respeto mucho a ese Pastor porque he leído muchos libros y varios cursos maravillosos escrito por él y tiene una Iglesia renaciente en Miami, Estados Unidos.

El punto es que sabemos que los demonios salen, pero si no averiguamos los nombres de los espíritus no nos da la pista para hacer la sanación interior y si no hay sanación interior sabemos también que el demonio regresa y regresa con 7 más de peor calaña y encontrará su casa barrida y limpia.

El asunto no es sacar simplemente a los demonios, es sanar a la persona de sus heridas para que no regresen y tengan una vida plena y en abundancia como **CRISTO** nos lo prometió.

Mucho cuidado de cometer el error de querer tener conversaciones con **EL DEMONIO** para averiguar curiosidades y cosas que no nos son permitidas, **NO SEA CURIOSO,** no permita que él tome el control, **Nosotros tenemos EL CONTROL.**

Cuando se averigua **UN NOMBRE** se decide trabajar con uno y no con seis a la vez, uno va a trabajar con **un solo ESPÍRITU y comienza AISLARLO.**

Se trabaja con el principio del **AISLAMIENTO, AISLÉSE DE LAS POTESTADES:**

> ➢ **DEL AIRE**
> ➢ **DEL AGUA**
> ➢ **DEL FUEGO**
> ➢ **DE LA TIERRA**
>
> ➢ DE DEBAJO DE LA TIERRA
> ➢ DE LA NATURALEZA
> ➢ DE LOS ABISMOS

Y de todas esas cosas se **AISLA** de los demás espíritus que pueden estar realizando una **INTERACCIÓN** en la habitación o lugar que se esté realizando **LA LIBERACIÓN.**

Tengo 5 ó 6 cosas y digo:

LOS ATÓ A TODOS EN EL NOMBRE DE JESUCRISTO, Y A TI ESPÍRITU DE IRA............................... que de alguna manera me está mirando, si está exagerando **SU ACTUACIÓN** (Sus Manifestaciones) le digo **TE ATÓ (ATÓ TU ACTUACIÓN) ("LO QUE ESTE HACIENDO")** y le ordeno **"QUEDATE AHÍ".**

El que está **MINISTRANDO** debe recordar que uno está **EN CONTROL DE LA SITUACIÓN,** nunca debe permitir que **EL DEMONIO** tome **EL CONTROL.**

Uno tiene **EL CONTROL DE LA LIBERACIÓN EN EL NOMBRE DE JESÚS, Y ATA AL HOMBRE FUERTE.**

MATEO 12, 29
PORQUE ¿CÓMO PUEDE ALGUNO ENTRAR EN LA CASA DEL HOMBRE FUERTE, Y SAQUEAR SUS BIENES, SI PRIMERO NO LE ATA? Y ENTONCES PODRÁ SAQUEAR SU CASA.

NOMBRE DE LOS PRINCIPALES ESPÍRITUS:

> ➢ ESPÍRITU INMUNDO O IMPURO, QUE ES EL MAS FRECUENTE:
>
>> o   MATEO 12, 43
>> o   MARCOS 1, 23. 26. 27; 3,11; 5, 2. 8. 13; 7, 25
>> o   LUCAS 4, 33.36; 6, 18; 8, 29; 9, 42; 11,24

> ➢ ESPÍRITU MUDO: MARCOS 9, 17
> ➢ ESPÍRITU SORDO Y MUDO: MARCOS 9, 25b
> ➢ MALOS ESPÍRITUS: LUCAS 7, 21; HECHOS: 19, 12
> ➢ ESPÍRITUS MALIGNOS: LUCAS 8, 2
> ➢ ESPÍRITUS ADIVINO; HECHOS 16, 16
> ➢ ESPÍRITUS DEL MAL: EFESIOS 6, 12
> ➢ ESPÍRITUS ENGAÑADORES: 1 TIMOTEO 4

AGRUPACIONES COMUNES DE DEMONIOS

1. ABATIMIENTO
CARGA
MELANCOLÍA
OPRESIÓN
REPUGNANCIA
TRISTEZA

2. ACUSACIÓN
CRÍTICA
HALLAR FALTAS
JUICIO

3. ADICCIONES Y COMPULSION
ALCOHOL
CAFEÍNA
DROGAS
GLOTONERÍA
MEDICAMENTOS
NICOTINA

4. AFECTACIÓN
COMEDIANTE
FALSIFICACIÓN
HIPOCRESÍA
PRETENSIÓN
TEATRISMO

5. AMARGURA
FALTA DE PERDÓN
HOMICIDIO
IRA
ODIO
RABIA
REPRESALIA

RESENTIMIENTO
VIOLENCIA

6. **AUTOACUSACIÓN**
AUTOCONDENACIÓN

7. **AUTOENGAÑO**
AUTOSEDUCCIÓN
ERROR
ORGULLO

8. **CELOS**
DESCONFIANZA
EGOÍSMO
ENVIDIA
SOSPECHA

9. **CODICIA**
AMBICIÓN MATERIAL
AVARICIA
CLEPTOMANÍA
DESCONTENTO
INCONFORMIDAD
ROBO
TACAÑERIA

10. **COMPETENCIA**
ARGUMENTATIVO
COMPULSIVO
EGO
ORGULLO

11. **CONFUSIÓN**
FRUSTRACIÓN
INCOHERENCIA
OLVIDO

12. CONTIENDA
ALTERCADO
CONTENCIÓN
DISGUSTO
PELEA

13. CONTROL
DOMINIO
HECHICERÍA
POSESIÓN

14. CULPA
CONDENACIÓN
DESCONCIERTO
INDIGNIDAD
INUTILIDAD
VERGÜENZA

15. DEPRESIÓN
ANSIEDAD
DERROTISMO
DESALIENTO
DESÁNIMO
DESESPERANZA
DESESPERO
DESPÓTICO
INSOMNIO
MORBOSIDAD
MUERTE
SUICIDIO

16. DUDA
ESCEPTICISMO
FALTA DE FE
INCREDULIDAD

17. ENFERMEDAD
TODA DOLENCIA O ENFERMEDAD

18. ENFERMEDAD MENTAL
ALUCINACIONES
DEMENCIA
ENAJENACIÓN
ESQUIZOFRENIA
LOCURA
MANÍA
PARANOIA
RETARDO MENTAL
SENILIDAD

19. ENGAÑO
DISTORSIÓN
FALSEDAD
HIPOCRESÍA
MENTIRA
ORGULLO
REBELDÍA

20. ESCAPE
ALCOHOL
DROGAS
ESTOICISMO
INDIFERENCIA
PASIVIDAD
SOMNOLENCIA

21. ESPIRITISMO
GUÍA DE ESPÍRITUS
NECROMACIA
SESIONES

22. ESQUIZOFRENIA
ESQUIZOFRENIA
LOCURA
DEMENCIA

23. FALSA CARGA
FALSA COMPASIÓN
FALSA RESPONSABILIDAD

24. FATIGA
CANSANCIO
DESALIENTO
DERROTA
DESGASTE
PEREZA
SOPOR

25. GLOTONERÍA
AUTOCOMPASIÓN
AUTOESTIMACIÓN
COMPULSIÓN (PARA COMER)
ESCAPE
FRUSTRACIÓN
NERVIOSISMO
OCIOSIDAD
RESENTIMIENTO

26. HERENCIA
EMOCIONAL
FÍSICA
MALDICIÓN
MENTAL

27. HIPERACTIVIDAD
COMPULSIÓN
INQUIETUD
OPRESIÓN

28. IDOLATRÍA MENTAL
EGO
INTELECTUALIZACIÓN
ORGULLO
RACIONALIZACIÓN
SOBERBIA
VANIDAD

29. IMPACIENCIA
AGITACIÓN
CRÍTICA
FRUSTRACIÓN
INTOLERENCIA
RESENTIMIENTO

30. IMPUREZA SEXUAL
ADULTERIO
BESTIALIDAD
CONCUPISENCIA
DEPRAVASIÓN
EXHIBICIONISMO
FANTASÍAS LUJURIOSAS
FETICHISMO
FORNICACIÓN
FRIGIDEZ
HOMOSEXUALIDAD
INCESTO
LESBIANISMO
LUJURIA
MASTURBACIÓN
NINFOMANÍA
PROSTITUCIÓN
VIOLACIÓN
VOYERISMO

31. INDECISIÓN
CONFUSIÓN

DEMORA
ESCAPE
INDIFERENCIA
OLVIDO
RETARDO
TARDANZA
TEMOR

32. INSEGURIDAD
AUTOCOMPASIÓN
ASUSTADIZO
INEPTITUD
INFERIORIDAD
INSUFICIENCIA
SOLEDAD
TIMIDEZ

33. MALDICIÓN
BLASFEMIA
BROMA
BURLA
CALUMNIA
CHISME
CRÍTICA
DESPRECIO
MURMURACIÓN
REBAJA

34. MENTE ATADA
CONFUSIÓN
ESPÍRITUS DE ESPIRITISMO
ESPÍRITUS DE LO OCULTO
TEMOR AL FRACASO
TEMOR AL HOMBRE

35. MUERTE
MANOS Y PIERNAS RÍGIDAS;
BLANQUEA LOS OJOS

36. NERVIOSISMO
ANSIEDAD
DOLOR DE CABEZA
ENGAÑO
ERRANTE
EXCITACIÓN
HÁBITOS NERVIOSOS
INQUIETUD
INSOMNIO
TENSIÓN

37. OCULTISMO
ADIVINACIÓN (CUALQUIERA)
AMULETOS
ANÁLISIS ESCRITURA
ASTROLOGÍA
BRUJERÍA
CARTAS
CONJUROS
ENCANTAMIENTOS
ENSALMOS
ESCRITURA AUTOMÁTICA
FETICHES
HECHIZOS
HIPNOSIS
HORÓSCOPO
LEVITACIÓN
MAGIA BLANCA O NEGRA
MAL DE OJO
PALMA DE LA MANO
PÉNDULO
PERCEPCIÓN EXTRASENSORIAL
RIEGOS

SORTILEGIOS
TABLITA
TAROT
CARACOL Y SIMILARES

38. ORGULLO
ALTIVEZ
ARROGANCIA
EGO
IMPORTANCIA
RECTITUD
SOBERBIA
VANIDAD

39. PARANOIA
CELOS
CONFRONTACIÓN
DESCONFIANZA
ENVIDIA
PERSECUCIÓN
SOSPECHA
TEMORES

40. PASIVIDAD
ALELAMIENTO
DESCUIDO
INDIFERENCIA
LETARGO
RETRAIMIENTO

41. PENA
ANGUSTIA
CONGOJA
CRUELDAD
LLANTO
PESADUMBRE
TRISTEZA

42. PERFECCIÓN
CRÍTICA
EGO
FRUSTRACIÓN
INTOLERANCIA
IRA
IRRITABILIDAD
ORGULLO
VANIDAD

43. PERSECUCIÓN
INJUSTICIA
TEMOR A LA ACUSACIÓN
TEMOR A LA CONDENACIÓN
TEMOR AL JUICIO
TEMOR A LA REPROBACIÓN
SENSIBILIDAD

44. PREOCUPACIÓN
ANSIEDAD
APREHENSIÓN
MIEDO
TEMOR

45. REBELDÍA
DESOBEDIENCIA
FALTA DE SUMISIÓN
OBSTINACIÓN
TESTARUDEZ

46. RECHAZO
AUTORECHAZO
SOLEDAD
TEMOR AL RECHAZO

47. RELIGIONES FALSAS
BUDISMO
CONFUCIONISMO
HINDUÍSMO
ISLAMISMO
SINTOÍSMO
TAOÍSMO
OTRAS

48. RELIGIOSOS
ERRORES DOCTRINALES
FORMALISMO
LEGALISMO
OBSESIÓN DOCTRINAL
RELIGIOSIDAD
RITUALISMO
SEDUCCIÓN Y ENGAÑO
TEMOR A DIOS
TEMOR A PERDER LA SALVACIÓN
TEMOR AL INFIERNO
TEMOR PERDER LOS MIEMBROS

49. REPRESALIA
CRUELDAD
DESTRUCCIÓN
HIRIENTE
ODIO
RENCOR
SADISMO

50. RETIRADA
REFUNFUÑAR
ENSOÑAMIENTO
FANTASÍA
IRREALIDAD
PRETENSIÓN

51. SECTAS
BAHAÍSMO
CIENCIA CRISTIANA
GNOSTICISMO
LOGIAS Y SOCIEDADES
MORMONISMO
ROSACRUCISMO
SUBUD
TEOSOFÍA
TESTIGO DE JEHOVÁ
UNITARISMO
OTRAS

52. SENSIBILIDAD
AUTOCONCIENCIA
COBARDÍA
MIEDO A LA DESAPROBACIÓN
TEMOR AL HOMBRE

53. SUICIDIO
AUTOCOMPASIÓN
DESESPERACIÓN
ESCAPISMO
PENA
RECHAZO
SOLEDAD

54. TEMOR A LA AUTORIDAD
ENGAÑO
MENTIRA

55. TEMORES
FOBIAS (TODA CLASE)
HISTERIA

PASO 5
SANACIÓN INTERIOR

La Sanación Interior se puede hacer:

- ➤ **ANTES DE LA LIBERACIÓN**
- ➤ **DURANTE LA LIBERACIÓN**
- ➤ **DESPUÉS DE LA LIBERACIÓN**

Debemos recordar que la liberación entra dentro del contexto de la Sanación Integral de La Persona, Cuerpo, Alma y Espíritu.

De no hacerse pasaría lo que el mismo Jesús nos dice en su palabra:

LUCAS 11, 24 – 26
24
CUANDO EL ESPÍRITU INMUNDO SALE DEL HOMBRE, ANDA LUGARES SECOS, BUSCANDO REPOSO; Y NO HALLÁNDOLO, DICE: VOLVERÉ A MI CASA DE DONDE SALÍ.

25
Y CUANDO LLEGA, LA HALLA BARRIDA Y ADORNADA.

26
ENTONCES VA, Y TOMA OTROS SIETE ESPÍRITUS PEORES QUE ÉL; Y ENTRADOS, MORAN ALLÍ; Y EL POSTRER ESTADO DE AQUEL HOMBRE VIENE A SER PEOR QUE EL PRIMERO.

Proceda a sanar las heridas de la persona.

Estimado lector usted puede adquirir libros sobre Sanación Interior que nos ilustran sobre como proceder; si Dios lo permite pronto estaremos publicando un Libro sobre "Sanación Interior".

PASO 6
DESATAR,
DESATAR Y DESATAR

¿A QUÉ SE REFIERE DESATAR?

Desatar es dejar a los cautivos libres. Por medio del Ministerio de Sanación, La Liberación que es parte del Ministerio de Sanación, los cautivos son liberados de las cadenas de la esclavitud que Satanás ha puesto alrededor de ellos.

LUCAS 4, 18
EL ESPÍRITU DEL SEÑOR ESTÁ SOBRE MÍ, POR CUANTO ME HA UNGIDO PARA DAR BUENAS NUEVAS A LOS POBRES; ME HA ENVIADO A SANAR A LOS QUEBRANTADOS DE CORAZÓN; A PREGONAR LIBERTAD A LOS CAUTIVOS; Y VISTA A LOS CIEGOS; A PONER EN LIBERTAD A LOS OPRIMIDOS; A PREDICAR EL AÑO AGRADABLE DEL SEÑOR,

Esto lo leyó Jesús del libro de Isaías en el día de reposo en la Sinagoga y dijo después de enrollar el libro:

> ➢ **HOY SE HA CUMPLIDO ESTA ESCRITURA DELANTE DE VOSOTROS.**

En Marcos encontramos un pasaje de La Palabra de Jesús a todos los que creen en él.

MARCOS 16, 15 – 18

15

ID POR TODO EL MUNDO Y PREDICAD EL EVANGELIO A TODA CRIATURA

16

EL QUE CREYERE Y FUERE BAUTIZADO, SERÁ SALVO; MAS EL QUE NO CREYERE, SERÁ CONDENADO.

17

Y ESTAS SEÑALES SEGUIRÁN A LOS QUE CREEN: EN MI NOMBRE ECHARÁN FUERA DEMONIOS; HABLARÁN NUEVAS LENGUAS;

18

TOMARÁN EN LAS MANOS SERPIENTES, Y SI BEBIEREN COSA MORTÍFERA, NO LES HARÁ DAÑO; SOBRE LOS ENFERMOS PONDRÁN SUS MANOS, Y SANARÁN.

La misión que vino a cumplir Jesús; es la misma que la del último mandamiento que nos da antes de ser recibido en el cielo y sentarse a la diestra de Dios

Cuando Jesús libero del demonio a una mujer encorvada en el día de reposo el día sábado paso lo siguiente:

LUCAS 13, 11 – 12

11

Y HABÍA ALLÍ UNA MUJER QUE DESDE HACÍA DIECIOCHO AÑOS TENÍA ESPÍRITU DE ENFERMEDAD, Y ANDABA EN-CORVADA, Y EN NINGUNA MANERA SE PODÍA ENDEREZAR.

12

CUANDO JESÚS LA VIO, LA LLAMÓ Y LE DIJO: MUJER, ERES LIBRE DE TU ENFERMEDAD.

Cuando el Rabí principal de la sinagoga se enojó porque esta liberación había sido hecha en el día de reposo Jesús les respondió:

LUCAS 13, 15 – 16
15
HIPÓCRITA, CADA UNO DE VOSOTROS ¿NO DESATA EN EL DÍA DE REPOSO SU BUEY O SU ASNO DEL PESEBRE Y LO LLEVA A BEBER?

16
Y ESTA HIJA DE ABRAHAM, QUE SATANÁS HABÍA ATADO DIECIOCHO AÑOS, ¿NO SE LE DEBÍA DESATAR DE ESTA LIGADURA EN EL DÍA DE REPOSO?

La palabra griega para desatar en este texto es **luo**. **Luo** se define en el lexicón de Thayers como:

- ➤ **DEJAR FLOJO ALGO AMARRADO O APRETADO.**
- ➤ **AFLOJAR O DESATAR A ALGUIEN CAUTIVO.**
- ➤ **LIBERAR.**
- ➤ **SACAR DE LA PRISIÓN.**
- ➤ **PONER EN LIBERTAD DE LA ESCLAVITUD O DE LA ENFERMEDAD.**

La Victoria sobre los Espíritus Demoníacos ya fue ganada por Jesús.

1 JUAN 4, 4
HIJITOS, VOSOTROS SOIS DE DIOS, Y LOS HABÉIS VENCIDO; PORQUE MAYOR ES EL QUE ESTÁ EN VOSOTROS, QUE EL QUE ESTÁ EN EL MUNDO.

¿QUÉ ES LIBERACIÓN?

El diccionario Random House, tiene la siguiente definición:

➤ **PONER EN LIBERTAD O LIBERTAR: ELLOS FUERON LIBERTADOS DE LA ESCLAVITUD:**

o **EMANCIPAR.**
o **LIBERAR.**

Emancipar y Liberar, son dos sinónimos de esta definición.

Jesús nos instruye y nos manda ponerlo en práctica. Por tanto todo cristiano debe de tener la capacidad y el conocimiento de echar fuera demonios

DESATAR, DESATAR Y DESATAR.

Toda Oración debe realizarse en el Nombre y con Poder de Cristo Jesús.

En su Nombre Oramos Al Padre y Resistimos las Asechanzas del Enemigo.

Con su Poder lo Liberamos de toda **Opresión** y **Obsesión.**

LA LIBERACIÓN DE OPRESIÓN Y OBSESIÓN TIENE DOS ASPECTOS:

➤ **ORAR AL PADRE EN EL NOMBRE DE JESÚS PARA QUE LIBERE A LA PERSONA DE TODO LO QUE LA ESTÁ ESCLAVIZANDO.**

➤ **EJERCER CON EL PODER DE CRISTO QUE DIJO: MARCOS 16, 17 *"EN MI NOMBRE EXPULSARÁN DEMONIOS;"***

AQUÍ DEBEMOS NOTAR QUE NO SE TRATA DE UNA PETI-CIÓN SINO DE **UNA ORDEN** PARA QUE DEJE EN PAZ Y LIBERTAR A LA PERSONA.

ESTA AUTORIDAD SE EJERCE EN EL NOMBRE DE CRISTO JESÚS.

La oración más sencilla y eficaz la encontramos en San Pablo:

HECHOS 16, 18
"EN EL NOMBRE DE JESUCRISTO TE ORDENO QUE SALGAS DE ESTA MUJER!".

Para hacer la oración de Liberación es necesario primeramente pedir la protección del Señor.

➢ **POR EXPERIENCIA VIVIDAS DEBEMOS PROTEGER TAMBIÉN:**

- o **NUESTRAS FAMILIAS.**
- o **COSAS.**
- o **ANIMALES.**
- o **DINTELES Y PUERTA Y LUGAR DONDE SE HACE LALIBERACIÓN.**

ORACIÓN DE LIBERACIÓN:

"Señor Jesús",
Diste tu vida en la cruz por mis pecados y resucitaste de los muertos.

Me redimiste por tu sangre preciosa, y por tu inmenso amor me hiciste siervo tuyo, sabes que te pertenezco y ya no vivo yo sino que vives tú en mí.

Límpiame Señor de todas mis faltas y todos mis pecados, consciente o inconsciente, me arrepiento de todo corazón de haberte ofendido y pido la misericordia de tu perdón y me limpies de todos mis pecados.

Renuncio a cualquier práctica de ocultismo que haya hecho en el pasado y a toda obra del Maligno y desato cualquier atadura en el nombre Santo de Jesús.

Perdono a todas las personas que me hayan ofendido y herido, y te pido perdón si he ocasionado ofensas y heridas a mi prójimo consiente o inconsciente.

Límpiame con tu Sangre Preciosa y si mis pecados son como la grana limpia y blanquea mi Cuerpo, Alma y Espíritu para poder servirte como siervo inútil que soy y pueda cumplir con lo que tú me has mandado.

Dame tu Santo Espíritu con Poder y Autoridad y en tu nombre Santo, "Jesús", poder liberar a (nombre)...........................de todo espíritu maligno y asedio del demonio.

AMÉN.

A TI ESPÍRITU:

- ➢ **DIABÓLICO.**
- ➢ **MALIGNO.**
- ➢ **VAGANTE.**
- ➢ **BURLÓN.**
- ➢ **SORDO.**
- ➢ **MUDO.**
- ➢ **SORDO Y MUDO.**
- ➢ **SEXO.**
- ➢ **HECHICERÍA.**
- ➢ **ETC., ETC. (RECUERDE QUE HAY ESPÍRITUS PARA CADA COSA).**

LLAMESE COMO SE LLAME.
TE ORDENO EN EL NOMBRE DE JESÚS:

- ➢ **POR SU SANGRE.**
- ➢ **POR SU PODER.**
- ➢ **POR SU AMOR.**
- ➢ **POR SUS LLAGAS.**
- ➢ **POR SU CORONA DE ESPINAS.**

**QUE SALGAS, DE ESE CUERPO, LLAMESE COMO SE LLA-
ME.**

ESTE HIJO (SI TIENE EL NOMBRE DE LA PERSONA DECIRLO)
ES "HIJO DE DIOS"

**Y TU NO TIENES PARTE EN ÉL; NADIE EXCEPTO JESÚS
TIENE DERECHO DE ESTAR EN ÉL, PORQUE A JESÚS ES A
QUIEN PERTENECE.**

**EN EL NOMBRE DE JESÚS, TE MANDO Y ORDENO SALIR DE
ESE CUERPO EN ESTE MOMENTO.**

Dependiendo de cómo reacciona la persona y si el espíritu maligno ha
salido, podemos hablar en lenguas.

HABLAR Y ORAR EN LENGUAS

Muchas veces no sabemos pedir lo que conviene y El Espíritu Santo
viene en nuestro auxilio, y con su impulso hablamos en lenguas.

> ➢ **HABLAR EN LENGUAS CON LAS MANOS NUESTRAS
> COGIDAS DE LA PERSONA POR LA QUE ESTAMOS
> MINISTRANDO.**

ROMANOS 8, 26 - 27
26
*Y DE IGUAL MANERA EL ESPÍRITU (SANTO) NOS AYUDA EN
NUESTRA DEBILIDAD; PUES QUÉ HEMOS DE PEDIR COMO
CONVIENE, NO LO SABEMOS, PERO EL ESPÍRITU MISMO
INTERCEDE POR NOSOTROS CON GEMIDOS INDECIBLES.*

27
*MAS EL QUE ESCUDRIÑA LOS CORAZONES SABE CUÁL ES LA
INTENCIÓN DEL ESPÍRITU, PORQUE CONFORME A LA
VOLUNTAD DE DIOS INTERCEDE POR LOS SANTOS.*

1 CORINTIOS 14, 2

PORQUE EL QUE HABLA EN LENGUAS NO HABLA A LOS HOMBRES, SINO A DIOS; PUES NADIE LE ENTIENDE, AUNQUE POR EL ESPÍRITU HABLA MISTERIOS.

NOTA: El versículo 27 dice "El que habla en Lenguas"

El Pequeño Leroosse Ilustrado dice entre otras cosas:

> ➤ **HABLAR, ROGAR, INTERCEDER**

TESTIMONIO

Un testimonio que me llamo la atención es el del Católico Sacerdote EMILIANO TARDIF, en su libro "JESÚS ESTA VIVO".

Estaba celebrando una misa y estaba con su Sobrina y un amigo en Los Ángeles. Dice así:

Después de leer el Evangelio en francés quise comentarlo, pero pasó algo curioso: sentí como que la mejilla se me adormecía y comencé a hablar algo que no entendía. No era ni francés, ni inglés, ni español.

Cuando terminé de hablar, exclamé sorprendido

> ➤ **NO ME DIGAN QUE VOY A RECIBIR EL DON DE LENGUAS....**
> ➤ **ESO ES LO QUE TÚ YA RECIBISTE, TÍO – RESPONDIÓ MI SOBRINA. TÚ ESTABAS HABLANDO EN LENGUAS.**

Tanto que yo me había burlado del don de lenguas y el Señor me lo regaló en el momento en que iba a predicar. Así descubrí ese don tan hermoso del Señor.

TESTIMONIO:

Algo bien parecido me paso a mí, en un grupo de oración Carismático de Señoras al cual fui invitado; ellas iban a orar por mi hija que estaba muy enferma con un tumor en la cabeza.

Estaban orando y de repente comenzaron casi todas las personas a orar en lenguas y yo dije en mi interior esta expresión que después al pasar de los años pedí perdón a Dios: "Miren a este grupo de mujeres falta de hombres, que no tienen nada que hacer".

Que ignorante somos y que poca experiencia tenemos con este Don maravilloso que Dios nos regala para comunicarnos con El y pedir lo que conviene.

TESTIMONIO:

En una reunión en mi hogar en Ocala en la Florida, Estados Unidos invite a un grupo de personas y en un momento de oración pedí que hablaran en Lenguas pues estábamos pidiendo por unos enfermos, note que solo el grupo que vinimos desde Miami a vivir en Ocala éramos lo que hablaban en Lenguas y que los invitados del grupo de Ocala no lo hacían, antes de terminar les pregunte que si no habían recibido el Don de Lenguas y me contestaron que no, les pregunte que si le gustarían recibirlo y me dijeron que si, oramos al Señor para que regalara ese Don maravilloso y casi todos los invitados comenzaron a recibir ese Don y comenzaron a hablar en Lenguas, después de dar Gracias a Dios nos despedimos.

La gran sorpresa fue que a la semana siguiente fuimos invitados al grupo de ellos y su Director Espiritual (Sacerdote) se lo prohibió.

Durante la reunión los líderes del grupo expresaron que no era necesario hablar en lenguas porque no edificaba al grupo y que de hacerlo tendrían que tener alguien que interpretara lo que se decía.

Esto me parecía muy conocido porque proviene de los Párrocos o personas que no son Carismáticos o que no tienen el Don de Lenguas y se basan en lo siguiente:

1 CORINTIOS 14, 13 – 19

13
POR LO CUAL, EL QUE HABLA EN LENGUA EXTRAÑA, PIDA EN ORACIÓN PODER INTERPRETARLA.

14
PORQUE SI YO ORO EN LENGUA DESCONOCIDA, MI ESPÍRITU ORA, PERO MI ENTENDIMIENTO QUEDA SIN FRUTO.

15
¿QUÉ, PUES? ORARÉ CON EL ESPÍRITU, PERO ORARÉ TAMBIÉN CON EL ENTENDIMIENTO; CANTARÉ CON EL ESPÍRITU PERO CANTARÉ TAMBIÉN CON EL ENTENDI-MIENTO.

16
PORQUE SI BENDICES SÓLO CON EL ESPÍRITU, EL QUE OCUPA LUGAR DE SIMPLE OYENTE, ¿CÓMO DIRÁ EL AMÉN A TU ACCIÓN DE GRACIAS? PUES NO SABES LO QUE HAS DICHO.

17
PORQUE TÚ, A LA VERDAD, BIEN DAS GRACIAS; PERO EL OTRO NO ES EDIFICADO.

18
DOY GRACIAS A DIOS QUE HABLO EN LENGUAS MÁS QUE TODOS VOSOTROS;

19
PERO EN LA IGLESIA PREFIERO HABLAR CINCO PALABRAS CON MI ENTENDIMIENTO, PARA ENSEÑAR TAMBIÉN A

OTROS, QUE DIEZ MIL PALABRAS EN LENGUAS DESCONO-
CIDA.

NOTA: El versículo 14 dice "Si yo Oro y mí espíritu Ora"

El Pequeño Lerousse Ilustrado dice entre otras cosas:

> **ORAR:** HACER ORACIÓN, ORAR MENTALMENTE.

Vamos hacer un pequeño recuento de esto:

PRIMERO.
Como leemos en Romanos 8, 26 – 27 y en 1 Corintios 14, 2, El que Habla en Lenguas, le Habla a Dios y es El Espíritu Santo que viene en nuestra ayuda para pedir lo que conviene.

SEGUNDO.
San Pablo habla de que prefiere en la iglesia orar normal, y no orar en lenguas para así poder edificar, pero estamos hablando aquí de Un Grupo de Oración Carismático donde se reúnen Carismáticos.

TERCERO.
Existe una confusión en lo siguiente:

EN HABLAR EN LENGUAS Y ORAR EN LENGUAS:

Orar en lenguas usted necesita a uno que interprete.

Hablar en Lenguas es el Espíritu Santo que acude a usted para pedir lo que conviene.

TESTIMONIOS:

PRIMER TESTIMONIO.

He tenido la experiencia de estar presente y de leer testimonios de hablar y orar en lenguas.

En uno de esos testimonios que leí, relata el Padre Tardif que estando en otro país predicando el evangelio, pronuncio unas palabras de repente, la cual el no entendía absolutamente nada, pese que él hablaba Inglés, Francés y Español, se le acerco una persona y le pregunto, sabe usted lo que dijo y el humildemente le respondió con un NO.....Entonces la persona dijo: "Usted dio un mensaje en Ruso."

SEGUNDO TESTIMONIO.

He visto y oído varias personas que Oran, Reciben Mensajes y Cantan en Lenguas en idioma completamente desconocidos. Pero le puedo dar testimonio que cuando suceden estos cantos todos los presentes no entendemos, pero nos llenamos del Espíritu Santo.

TERCER TESTIMONIO.

Estando en un Retiro Carismático en Santo Domingo en el Colegio Santo Domingo, recibí una experiencia inolvidable más de 2,500 personas a un mismo tiempo impulsada por el Espíritu Santo Hablamos en Lenguas, aquello fue maravilloso aquel lugar tembló y fuimos llenos todos del Espíritu Santo.

Otras experiencias de hablar en lenguas han sido en testimonios de sanaciones físicas, sanación interior y sobre todo en las liberaciones.

Cuando hablamos en lenguas mientras estamos ministrando a una persona e imponemos las manos y vienen gemidos inefables, si la persona o personas son receptivas y se abren al Espíritu Santo, casi todos tienen un descanso en el Espíritu, lo que sucede en ese momento con esas personas solo lo sabe Dios, he visto curaciones físicas, sanaciones interiores, liberaciones y sobre todo el cambio de vida que opera en cada una de esas personas.

Hablar en Lenguas, viene de la Palabras Griegas **"Glossa"** que significa lenguaje o dialecto y la palabra **"Laleo"** que significa hablar o emitir sonido.

Estas palabras unidas **"Glossolalia"** es lo que se describe en el texto Griego como **"Hablar en Lenguas"**.

En el libro del Rev. Robert DeGrandis con el Titulo Don De Lenguas nos aclara el asunto:

Existe lo siguiente:

> ➢ **EL DON DE LENGUAS DE ORACIÓN.**
> ➢ **EL DON DE LENGUAS MINISTERIALES.**

EL DON DE LENGUAS DE ORACIÓN.

Es un Don Permanente en el que somos edificados. El Espíritu ora dentro de Nosotros conforme a Romanos 8, 26.

El propósito principal de la Oración en Lenguas es Alabar a Dios, puede ser también en un canto de alabanza.

El Don de Lenguas, mientras que Alaba a Dios tiene como meta permitir la interpretación o proclamar el mensaje de Dios;

Orar en Lenguas es un Don Permanente.

Ejemplo:
Hoy Oré en Lenguas en la Iglesia.

Ejemplo:
Cuando llegué a la conferencia, el Espíritu me tocó y hablé en Lenguas. Luego alguien dio la interpretación.

EL DON DE LENGUAS MINISTERIALES.

Realmente es **"HABLAR"** en lenguas.
Cuando se ministra a la comunidad por medio de una expresión ungida, esto es hablar en lenguas.

Hablar en Lenguas en un don transitorio que se usa solamente cuando hay unción.

CONCLUSION:

Hemos visto diferentes formas de este don:

- ➤ **HABLAR EN OTROS IDIOMAS.**
- ➤ **RECIBIR UN MENSAJE EN LENGUAS Y SU INTER-PRETACIÓN.**
- ➤ **CANTOS EN LENGUAS.**
- ➤ **SONIDOS EN LENGUAS.**
- ➤ **ORACIÓN Y SUPLICAS EN LENGUAS.**

Queremos concluir este punto con varias citas de La Palabra de Dios, **"LA BIBLIA"**

1 CORINTIOS 4, 20
PORQUE EL REINO DE DIOS NO CONSISTE EN PALABRAS, SINO EN PODER.

1 CORINTIOS 2, 14
PERO EL HOMBRE NATURAL NO PERCIBE LAS COSAS QUE SON DEL ESPÍRITU DE DIOS, PORQUE PARA ÉL SON LOCURA, Y NO LAS PUEDE ENTENDER, PORQUE SE HAN DE DIS-CERNIR ESPIRITUALMENTE.

1 CORINTIOS 2, 5
PARA QUE VUESTRA FE NO ESTÉ FUNDADA EN LA SABI-DURÍA DE LOS HOMBRES, SINO EN EL PODER DE DIOS.

1 TESALONICENSES 5, 19
NO APAGUÉIS AL ESPÍRITU.

1 TESALONICENSES 4, 8
ASÍ QUE, EL QUE DESECHA ESTO, NO DESECHA A HOMBRE, SINO A DIOS, QUE TAMBIÉN NOS DIO SU ESPÍRITU SANTO.

ORDENAR A LOS DEMONIOS QUE NO REGRESEN.

Muchas veces sacamos en el nombre de Jesús al espíritu maligno, porque en el nombre de Jesús tienen que salir, pero no le prohibimos regresar olvidando aquella palabra del evangelio:

MATEO 12, 43 – 45
43
CUANDO EL ESPÍRITU INMUNDO SALE DEL HOMBRE, ANDA POR LUGARES SECOS, BUSCANDO REPOSO, Y NO LO HALLA.

44
ENTONCES DICE: VOLVERÉ A MI CASA DE DONDE SALÍ; Y CUANDO LLEGA, LA HALLA DESOCUPADA, BARRIDA Y ADORNADA.

45
ENTONCES VA, Y TOMA CONSIGO OTROS SIETE ESPÍRITUS PEORES QUE ÉL, Y ENTRADOS, MORAN ALLÍ; Y EL POSTRER ESTADO DE AQUEL HOMBRE VIENE A SER PEOR QUE EL PRIMERO. ASÍ TAMBIÉN ACONTECERÁ A ESTA MALA GENERACIÓN.

PROCEDER A:

> **SELLAR A LA PERSONA PARA QUE ESE O ESOS ES-PÍRITUS NO REGRESEN.**

> **MANDAR AL O LOS ESPÍRITUS MALIGNOS A LOS PIES DE JESÚS PARA QUE ÉL DISPONGA DE ELLOS.**

Es necesario darle la orden:

MARCOS 9, 25
"TE PROHÍBO REGRESAR". OTRAS TRADUCCIONES DICEN: SAL DE EL, Y NO ENTRES MÁS EN ÉL.

Debemos aprender experiencias vividas de errores cometidos:

> **NO BASTA SACAR EL ESPÍRITU SINO QUE ES NECESARIO PROHÍBIRLE QUE REGRESE (Mc 9, 25) Y ENVIARLO A LOS PIES DE LA CRUZ Y QUE CRISTO DISPONGA DE ÉL.**

> **ESTA ORACIÓN ES CONVENIENTE QUE SE HAGA EN COMUNIDAD PERO NO EN GRUPOS GRANDES; EN UN LUGAR PRIVADO, SIN CURIOSOS Y NO DEBEN HABER NIÑOS PRESENTES.**

> **POR LA SANGRE DE CRISTO Y POR SU PRECIOSAS LLAGAS TOMAMOS AUTORIDAD SOBRE TODA ATADURA Y LA DESATAMOS EN EL NOMBRE DE JESÚS.**

Es de suma importancia hacer la Sanación Interior de La Persona para que los demonios no regresen, si la persona mantiene puertas abiertas los demonios regresarán:

Para esto debemos:

> **SANAR LAS HERIDAS QUE FUERON LA RAIZ DEL PROBLEMA.**
> **ES NECESARIO ENCENDER LA LUZ DE CRISTO HACIENDOLE EL (BAUTISMO EN EL ESPÍRITU SANTO).**
> **DARLE SEGUIMIENTO Y CRECIMIENTO EN CRISTO JESÚS ANUNCIANDO SU REINO Y EVANGELIZANDO A LA PERSONA.**
> **SI ES POSIBLE INTEGRARLO A UN GRUPO EN LA IGLESIA.**

LUCAS 11, 22
PERO CUANDO VIENE OTRO MÁS FUERTE QUE ÉL Y LE VENCE, LE QUITA TODAS SUS ARMAS EN QUE CONFIABA, Y REPARTE EL BOTÍN.

JUAN 1, 5
LA LUZ EN LAS TINIEBLAS RESPLANDECE, Y LAS TINIEBLAS
NO PREVALECIERON CONTRA ELLA.

Sacar espíritus por sacarlos no tiene ningún sentido; yo diría que es peor porque exponemos a la persona de que su mal venga 7 veces peor.

Jesús envió primeramente a sus apóstoles no a expulsar demonios sino **ANUNCIAR SU REINO.** La expulsión de los demonios es consecuencia de la evangelización.

MATEO 10, 7 – 8
7
Y YENDO, PREDICAD, DICIENDO: EL REINO DE LOS CIELOS
SE HA ACERCADO.

8
SANAD ENFERMOS, LIMPIAD LEPROSOS, RESUCITAD MUER-
TOS, ECHAD FUERA DEMONIOS; DE GRACIA RECIBISTEIS,
DAD DE GRACIA.

PASO 7
PROBAR SI
ÉL ESPÍRITU SALIÓ

Probar si el espíritu demoniaco salió:

> ➢ HACER QUE LA PERSONA RECONOZCA Y CONFIE-
> SE QUE JESÚS VINO EN CARNE, Y QUE NACIO DEL
> ESPÍRITU SANTO Y DE MARIA.

1 JUAN 4, 1 - 3
1
*AMADOS, NO CREÁIS A TODO ESPÍRITU, SINO PROBAD LOS
ESPÍRITUS SI SON DE DIOS; PORQUE MUCHOS FALSOS
PROFETAS HAN SALIDO POR EL MUNDO.*

2
*EN ESTO CONOCED EL ESPÍRITU DE DIOS: TODO ESPÍRITU
QUE CONFIESA QUE JESUCRISTO HA VENIDO EN CARNE, ES
DE DIOS;*

3

Y TODO ESPÍRITU QUE NO CONFIESA QUE JESUCRISTO HA VENIDO EN CARNE, NO ES DE DIOS; Y ESTE ES EL ESPÍRITU DEL ANTICRISTO, EL CUAL VOSOTROS HABÉIS OÍDO QUE VIENE, Y QUE AHORA YA ESTÁ EN EL MUNDO

Cuando nosotros hacemos que pronuncie que Jesús vino en carne; El espíritu maligno no puede pronunciar ni reconocer que Jesús vino en carne, esto nos da una muestra segura de si la persona ha sido liberada o no, si puede orar y pronunciar que Jesús es hijo de María y vino en carne, esta persona está liberada, sino se manifestara nuevamente el espíritu maligno.

Si esta liberada la persona entonces dar gracias a Dios, a su Hijo amado y al Espíritu Santo.

PASO 8
BAUTISMO EN
EL ESPÍRITU SANTO

DESPUÉS DE ORDENAR SALIR DE ESE CUERPO AL DEMO-
NIO, Y DE ASEGURARNOS DE QUE EL ESPÍRITU SALIO,
IMPONER LAS MANOS QUE SON LAS MANOS DE JESÚS, DE
DIOS Y DEL ESPÍRITU SANTO SOBRE LA PERSONA.

> ➤ SENTIR COMO EL ESPÍRITU SANTO FLUYE EN NOSO-
> TROS Y PASA A LA PERSONA QUE HEMOS LIBERA-
> DO EN EL NOMBRE DE JESÚS.

PONERLE LAS MANOS EN SUS MANOS O SOBRE SU CABE-
ZA:

NOTA:
DEBE HABER HECHO LA SANACIÓN INTERIOR.
Debemos tener cuidado de no imponer las manos antes de tiempo,
debemos confiar en el impulso del Espíritu Santo, puede ser antes, en
medio o después de la Liberación, nosotros estamos sellados con La
Sangre de Cristo y con el Escudo y la Armadura de Dios.

Pero es recomendable hacerlo al final, a menos que el Espíritu Santo nos
indique lo contrario.

1 TIMOTEO 5, 22
NO TE PRECIPITES EN IMPONER A NADIE LAS MANOS, NO TE HAGAS PARTÍCIPE DE LOS PECADOS AJENOS. CONSÉRVATE PURO.

Donde entra La luz de Cristo no puede haber tinieblas, muchos que Ministran imponen las manos durante La Liberación, repito es importante que por discernimiento de Espíritu sintamos el momento adecuado que El Espíritu Santo nos indique.

¿QUÉ PASA SI EL ESPÍRITU MALIGNO NO HA SALIDO?

➤ **SI EL ESPÍRITU NO QUIERE SALIR, PREGUNTARLE ¿QUIÉN TE MANDO? EN EL NOMBRE DE JESÚS TIENE QUE RESPONDER.**

➤ **¿CÓMO TE LLAMAS? DIME TU VERDADERO NOMBRE EN EL NOMBRE DE JESÚS. (TAL VEZ EL NOMBRE QUE NOS DIO EN UN PRINCIPIO NO ES EL NOMBRE VERDADERO)**

SI EL ESPÍRITU DICE LA VERDAD, **ESTA VENCIDO.**

NORMALMENTE DICE UN NOMBRE QUE NO ES O UN NOMBRE ENGAÑOSO.

RECUERDE QUE SATANÁS ES EL PADRE DE LA MENTIRA, SIEMPRE MENTIRÁN. PERO EN EL NOMBRE DE JESÚS TIENEN QUE DECIR SU NOMBRE.

CONTESTARLE:

TU ERES EL DIABLO SAL DE AHÍ EN EL NOMBRE DE JESÚS; TU SABES QUE TIENES QUE SALIR.

EL DIABLO NO PUEDE DECIR UNA VERDAD ES EL PADRE DE LA MENTIRA.

DEBEMOS JUNTOS ALABAR Y DAR GRACIAS A DIOS

> **DAR ACCIÓN DE GRACIAS Y ALABANZAS A DIOS.**

LUCAS 17, 15 – 18
15
ENTONCES UNO DE ELLOS, VIENDO QUE HABÍA SIDO SANADO, VOLVIÓ, GLORIFICANDO A DIOS A GRAN VOZ,

16
Y SE POSTRÓ ROSTRO EN TIERRA A SUS PIES, DÁNDOLE GRACIAS; Y ÉSTE ERA SAMARITANO.

17
RESPONDIENDO JESÚS, DIJO: ¿NO SON DIEZ LOS QUE FUERON LIMPIADOS? Y LOS NUEVES, ¿DÓNDE ESTÁN?

A Jesús le encantan que lo alaben y le demos Gracias por los favores recibidos, muchas veces nos olvidamos de decir Gracias Señor por tanto amor.

AUNQUE SIENTA QUE EL ESPÍRITU NO HA SALIDO:

> **BAUTIZARLO EN EL ESPÍRITU SANTO.**

> **AUNQUE ESTE MANIFESTANDOSE EL DEMONIO O SI ESTA POSEIDO, BAUTIZARLE: CUANDO ENTRA LA LUZ SALE LA TINIEBLA.**

ORACIÓN AL ESPÍRITU SANTO:

VEN ESPÍRITU SANTO,
VEN ESPÍRITU DE DIOS,
QUE TU LUZ, AHUYENTE TODA TINIEBLA,
DALE A (Nombre).. PAZ, GOZO Y
TRANQUILIDAD.

VEN ESPÍRITU SANTO,
BAUTIZALE Y SUMERGELE EN TU AMOR.

PASO 9
EL BLOQUEO

SÍ EL ESPÍRITU no aparece ¿POR QUÉ NO APARECE?:

> ➢ SE QUE LA PERSONA TIENE UNO.
> ➢ SE QUE ESTA AHÍ.
> ➢ NO APARECE ¿POR QUÉ?

ORE y pídale al SEÑOR que le ayude a través de su SANTO ESPÍRI-TU.

El Señor les dirá; nosotros hemos tenidos experiencias en estos 5 puntos

1. UNO TIENE EL NOMBRE EQUIVOCADO

Como saben ellos mienten, le mienten a uno hasta que uno ATA SU MENTIRA O SU ENGAÑO.

Si uno no ha ATADO todavía su ENGAÑO, pueden mentir; una vez que uno ATA SU ENGAÑO no puede MENTIRNOS.

HAY TRES COSAS:

- ➢ **EL ENGAÑO.**
- ➢ **LA MENTIRA.**
- ➢ **LAS SUCESIONES.**

Estos pueden ser **ASPECTOS,** uno le dice:

- ➢ **ATÓ TUS MENTIRAS.**
- ➢ **ATÓ TU DECEPCIÓN.**
- ➢ **ATÓ TU ENGAÑO.**

2. ESTA ALANDO.

Sacando poder de una fuente de energía.

¿QUÉ ES UNA FUENTE DE ENERGÍA?:

- ➢ **ALGÚN OBJETO DE OCULTISMO.**
- ➢ **EN LA HABITACIÓN HAY UN OBJETO HECHIZADO.**
- ➢ **UN LIBRO SOBRE BRUJA.**
- ➢ **ALGUNA CLASE DE OBJETO, DEL CUAL FLUYE PODER.**

Muchos de nosotros hemos descubierto estos objetos y por eso es que nosotros necesitamos deshacernos de ellos:

- ➢ **QUEMAR LOS LIBROS DE BRUJERIA.**
- ➢ **DESHACERSE DE CUERNOS QUE LAS PERSONAS LLEVAN EN SU CUELLO Ó CUALQUIER OTRO ARTICULO.**
- ➢ **HORÓSCOPOS.**
- ➢ **DISCOS DE MUSICA ROCK, ETC.**

Estos objetos son como una fuente de energía que esta dando poder o puede ser instrumento de comunicación.

Se **ATA** la **COMUNICACIÓN de nuevo, tal vez hay otro ASPECTO**, ó de otro **espíritu** en la habitación, en otra persona o en el equipo.

ESTÁ ALANDO PODER de otro **espíritu** uno tiene que **ATARLO DE NUEVO.**

3. ESTÁ CLAVADO O ADHERIDO

Eso quiere decir que está **SUSPENDIDO** de algo.

¿PERO DE QUÉ?

Necesita una **SANACIÓN INTERIOR,** es posible que uno no ha hecho una **SANACIÓN INTERIOR SUFICIENTE** y necesitamos hacerla más profunda.

Todavía el Espíritu se encuentra **CLAVADO en EL TEMOR** de Una Persona, La Persona no se ha sanado del **TEMOR.**

Tal vez La Persona no quiera deshacerse del **TEMOR, Ó NO QUIERA PERDONAR,** pensemos en eso, muchas veces La Persona no quiere deshacerse del **TEMOR.**

RECUERDE.
Nadie puede ser liberado a menos que La Persona lo desee.

4. ESPÍRITU DE LUJURIA.

¿Que piensan las personas del Espíritu de Lujuria?

¿QUÉ SUCEDE SI SE DESHACE DE ESO?

A veces dicen, donde me encuentro si ese espíritu se va, **"SI"** Yo quería que se fuera y liberarme, pero la realidad es que era muy divertido.

La verdad es que la persona no se ha decidido todavía y **el espíritu sabe cuál** es **LA OPCIÓN DE LA PERSONA** y a veces uno tiene que trabajar más en la decisión.

Muchas veces el **DESEO**; o tal vez se trata de un **PECADO QUE NO HA SIDO CONFESADO.**

EL AREA DE LA TINIEBLA:

- ➤ **SI HAY TINIEBLA PERTENECE A LA TINIEBLA.**
- ➤ **ESE ES SU TERRITORIO.**
- ➤ **ESE ES EL LUGAR DONDE DEBE ESTAR.**
- ➤ **DONDE DEBE PERTENECER Y TIENE DERECHO DE ESTAR EN LA TINIEBLA.**

De modo que si existen tinieblas en **LA PERSONA** en cuanto **UN PECADO NO HA SIDO CONFESADO,** si el espíritu esta en esa **AREA** el mismo tiene donde estar.

Uno tiene que verificar:

- ➤ **SI ESTÁ ALANDO.**
- ➤ **SACANDO PODER.**
- ➤ **SI ESTÁ CLAVADO EN ALGO.**

Tal vez necesitamos ATARLO MÁS.

Muchas veces están haciendo:

- ➤ **EL JUEGO A UNO.**
- ➤ **RETÁNDONOS.**
- ➤ **ESTÁ DESOBEDECIENDO A UNO.**

Otras veces esa clase viene en combinaciones:

> ➤ DESAFÍO.
> ➤ DESOBEDIENCIA.
> ➤ REBELIÓN.
> ➤ NEGATIVA.

5. LOS ESPÍRITUS PUEDEN SER SORDOS Y MUDOS

Pueden ser **SORDOS, NO OYEN**
UNO ATA SU SORDERA O SU MUDEZ

MARCOS 9, 25
Y CUANDO JESÚS VIO QUE LA MULTITUD SE AGOLPABA, REPRENDIÓ AL ESPÍRITU INMUNDO, DICIÉNDOLE: ESPÍRITU MUDO Y SORDO, YO TE MANDO, SAL DE ÉL, Y NO ENTRES MÁS EN ÉL.

MATEO 9, 32
MIENTRAS SALÍAN ELLOS, HE AQUÍ, LE TRAJERON UN MUDO, ENDEMONIADO.

ESPÍRITU CON RETRASO MENTAL

Se manifestó el **ASPECTO** de **RETRASO MENTAL,** La Persona comenzó a **ACTUAR** como un **RETRASADO MENTAL** y El espíritu dijo:

NO ENTIENDO NADA DE LO QUE DIJO, y seguía así; uno **ATA SU RETRASO,** y le dice: **TIENE QUE ENTENDER LO QUE TE DIGO**, y lo entendió.

EL SELLO

Puede ser que uno esté trabajando con **UN SELLO** presente, tal vez hubo **UNA DEDICACIÓN** que uno no sabe; mucha personas no saben que lo han dedicado y si la **DEDICACIÓN** se hizo antes de que naciera.

TESTIMONIO:

El Siervo de Dios con quien yo trabajaba en Liberación me relató que en una ocasión le trajeron un sacerdote con problemas espirituales, me dice que en plena misa se le manifestaron espíritus, investigaron y descubrieron que sus padres lo habían dedicado a Satanás desde antes de nacer.

Al pasar los años Satanás que tenía derecho legal por la dedicación vino a buscar a su presa.

Gracias a Dios y a su amado hijo fue rota la dedicación y el sacerdote fue libre de esos espíritus.

TESTIMONIO:

En una experiencia leída nos relatan lo siguiente:

En la Florida un grupo trabajó en algo muy serio y malo que le ocurría a una persona.

UN CAMBIO DE PERSONALIDAD MUY NOTABLE, TORMENTOS DE TEMOR Y ANSIEDADES en la que se encontraba esta persona la tenían al borde de un desequilibrio nervioso.

Todo se resumía a una cosa:
EL HECHO DE QUE ELLA HABÍA ASISTIDO A UNA SESION ESPÍRITISTA;

347

Ella había venido al servicio de Sanación de los enfermos y fue a otra fila que no era la nuestra y comenzó a manifestarse bastante un espíritu, nos acercamos y uno del equipo por la palabra de conocimiento dijo:

"LA HAN DEDICADO".

Les preguntamos a sus padres que si había sido dedicada y nos dijeron que no, no puede ser, mientras tanto la Joven estaba moviéndose violentamente en el suelo.

Bien, donde estaba **LA DEDICACIÓN.**

Cuando fue a **LA SESIÓN ESPIRITISTA,** la mujer que dirigía **LA SESIÓN**, tenía una sortija en forma de serpiente, y en la boca de la serpiente tenía un rubí o algo parecido y antes de que **LA SESION ESPIRITISTA** comenzara ella dijo, siento que debe llevar la sortija y le repitió a la joven **TE PONDRÁS LA SORTIJA,** esa sortija era **LA MARCA DE SATANÁS** y a esa joven **SE LA ESTABAN DEDI-CANDO A SATANÁS ,** y la mujer que dirigía la sesión Espiritista era **UNA BRUJA VERDADERA** que estaba **DEDICANDO** a esa persona en la sesión Espiritista, cuando **INVOCÓ A LOS ESPÍRITUS ENTRARON EN LA JOVEN,** y la habían marcado como **LA PERSONA QUE SERÍA DESTRUIDA.**

LO PRIMERO QUE HAGO ES: "ROMPER LA DEDICACIÓN."

Fue algo que hizo en contra de su voluntad o que si la joven lo sabía fue desobediente al ir a una **SESIÓN ESPIRITISTA,** se encontraba fuera de la protección de Dios y estaba montada en el **TREN DE SATANÁS,** desde el primer momento hizo mal, pero entonces **LA MARCARON.**

LA DEDICARON, por tanto se **INVOCARON LOS ESPÍRITUS,** ó lo que sea que se hace en las sesiones espiritistas, sé que ellos **INVOCARON A LOS ESPÍRITUS, Y ELLOS ENTRARON EN LA JOVEN.**

VERÁN, LOS BRUJOS Y LAS BRUJAS tienen que **DESTRUIR X** cantidad de personas al año y darle cuenta a **SATANÁS** sobre esto antes de que termine el año.

NECESITAN MÁS ORACIÓN Y AYUNOS.

Puede ser que esta clase de espíritu necesite más oración y ayunos para poder ser expulsado:

- ➢ **DEBE HACERSE UNA CADENA DE ORACIÓN.**
- ➢ **HACER AYUNOS Y PREPARARSE BIEN PARA LA LI-BERACIÓN.**

MARCOS 9, 29
Y LES DIJO: "ESTE GÉNERO CON NADA PUEDE SALIR, SINO CON ORACIÓN Y AYUNO."

PASO 10
RECOMENDACIÓN Y SEGUIMIENTO

PUNTOS IMPORTANTES:

- ➢ LA PERSONA TIENE QUE QUERER SER LIBERADO DE LO CONTRARIO NADIE PODRA LIBERARLA.

- ➢ SI NO HAY SANACIÓN INTERIOR LOS ESPÍRITUS PUEDEN VOLVER CON 7 PEORES QUE ELLOS Y DEBEMOS SELLAR A LA PERSONA PARA QUE LOS ESPÍRITUS NO VUELVAN.

- ➢ TIENE QUE EXISTIR UN VERDADERO ARREPENTIMIENTO Y UNA CONVERSIÓN.

- ➢ DEBEMOS DARLE SEGUIMIENTO A ESTA PERSONA PARA QUE SE MANTENGA EN LA FE Y ALEJADA DEL PECADO.

- ➢ ES RECOMENDABLE UNGIRLA CON ACEITE.
  - o ACEITE
  - o AGUA BENDECIDA

- ➢ SI ES POSIBLE RECIBIR LA SANTA CENA O COMUNIÓN, LEER LA PALABRA DE DIOS (LA BIBLIA)

- ➢ ASISTIR A SU IGLESIA Y GRUPO DE ORACIÓN

LIBERACION DEL HOGAR

Muchas veces cuando adquirimos pertenencias para el hogar no nos damos cuenta, sea deliberadamente o por falta de conocimiento que lo que adquirimos puede tener influencias de las cuales dan al diablo el derecho legal de afectar nuestro hogar, contaminando la atmósfera, nuestras vidas y las de nuestros hijos.

Cuando visitamos el hogar de un conocido ó de un amigo y entramos en él, muchas veces decimos **"Que pesada es esta casa"**, refiriéndonos a la atmósfera de ese hogar que se respira y se siente pesada, otras veces decimos **"Que bien se siente estar aquí"**, Y no nos dan ganas de irnos.

Nosotros mismos nos damos cuenta de la diferencia de un hogar a otro.

En el hogar que:

> ➢ **SE VIVE PELEANDO.**
> ➢ **NO SE LEE LA BIBLIA.**
> ➢ **NO SE ORA.**
> ➢ **NO SE ALABA A DIOS.**
> ➢ **NO SE PONEN CANCIONES CON TEMAS RELIGIOSOS.**
> ➢ **NO HAY ARMONIA.**

Es lógico, que tendrán una atmósfera pesada o cargada.

Alguno de nosotros tenemos la costumbre o el hábito, ya sea por herencia o por nuestra naturaleza pecaminosa de tener objetos en nuestros hogares para "la buena suerte" o como resguardo y protección del hogar o de nosotros mismos, estos objetos son:

- ➢ **PROTECCIÓN.**
  - RAMOS DE RUDA.
  - SAVILAS EN TRIANGULOS O EN CADA ESQUINA DEL HOGAR.
  - UNA TRENZA DE AJO.
  - LAVAR LA CASA CON AGUA DE LIMÓN CORTADO EN CRUZ.
  - UNA BIBLIA ABIERTA.
  - EN EL AUTO UN ROSARIO COLGADO DEL ESPEJO U OTROS FETICHES Ó AMULETOS.
  - UNA ESCOBA ARRIBA DE LA PUERTA PRINCIPAL, ETC.

- ➢ **BUENA SUERTE**
  - UNA HERRADURA ARRIBA DE LA PUERTA PRINCIPAL.
  - UNA SAVILA ARRIVA DE LA PUERTA PRINCIPAL.
  - UN ELEFANTE CON LA PARTE DE ATRÁS MIRANDO HACIA LA PUERTA.
  - UNA COPA DE AGUA CON ALCANFOR, UNOS CENTAVOS.
  - UNA COPA CON UN GIRASOL.
  - UNA PAPELETA DE DOS DOLLARES O UNA MONEDA O PIEDRA.
  - TIRAR AJONJOLI O MONEDAS EN EL PISO DE LA CASA, ETC.

> SUPERSTICIÓN

- USAR UN RESGUARDO O AMULETO.
- NO PASAR POR DEBAJO DE UNA ESCALERA.
- NO SALIR LOS MARTES 13.
- DEVOLVERSE A SU CASA SI VEN UN GATO NE-GRO.
- USAR UN AZABACHE, ETC.

Cuando adquirimos pertenencias, estas pueden estar contaminadas y pueden venir tomando diversas formas:

> **ESTATUAS DE DIOSES FORÁNEOS.**
> **AMULETOS "MAGICOS".**
> **SOUVENIRES DE PECADOS PASADOS.**
> **DISCOS DE ROCK Ó HEAVY METAL.**
> **REVISTAS QUE CONTIENEN HOROSCOPOS.**
> **LIBRO DE MAGIA Ó DE OCULTISMO, ETC.**
> **CUADROS DE PINTORES CON INSPIRACIÓN DIABO-LICA Ó PINTANDOS ESTANDO ENDROGADOS.**

Dios nos dice en su Santa Palabra que no quiere que poseamos objetos impuros, porque invitan a los demonios a hacer desastres en nuestros hogares, en nuestras vidas y sobre todo en nuestros corazones.

Cristo desea que vivamos como dice San Pablo en:

1 CORINTIOS 10, 20
"Y NO QUIERO QUE VOSOTROS OS HAGÁIS PARTÍCIPES CON LOS DEMONIOS."

Nosotros debemos saber que la Cruz y la Resurrección de Cristo Jesús han establecido nuestra autoridad sobre los demonios.

Como Jesús nos ha dado su autoridad, debemos vivir a la ofensiva.

MATEO 10, 1
ENTONCES LLAMANDO A SUS DOCE DISCÍPULOS, LES DIO AUTORIDAD SOBRE LOS ESPÍRITUS INMUNDOS, PARA QUE LOS ECHASEN FUERA, Y PARA SANAR TODA ENFERMEDAD Y TODA DOLENCIA.

LUCAS 19, 10
PORQUE EL HIJO DEL HOMBRE VINO A BUSCAR Y A SALVAR LO QUE SE HABÍA PERDIDO.

EFESIOS 6,10
POR LO DEMÁS, HERMANOS MÍOS FORTALECEOS EN EL SEÑOR, Y EN EL PODER DE SU FUERZA.

Por estas razones jamás deberíamos temer al diablo y a sus demonios.

Jesús dio el ejemplo cuando nos enseñó a orar:

MATEO 6, 13
Y NO NOS METAS EN TENTACIÓN, "MAS LÍBRANOS DEL MAL"; PORQUE TUYO ES EL REINO, Y EL PODER, Y LA GLORIA, POR TODOS LOS SIGLOS. AMÉN

La liberación del Señor siempre está allí para quienes eligen caminar en la senda de la rectitud.

Necesitamos limpiar la atmósfera de nuestros hogares y de nuestros corazones.

Esta limpieza a menudo implica la eliminación de ciertas pertenencias físicas. ¿Cuáles?

Este libro nos da las pautas para enseñarte a caminar con prudencia y para ejercitar el discernimiento espiritual.

1 CORINTIOS 2, 15
EN CAMBIO EL ESPIRITUAL JUZGA TODAS LAS COSAS; PERO ÉL NO ES JUZGADO DE NADIE.

EFESIOS 5, 15
MIRAD, PUES, CON DILIGENCIA CÓMO ANDÉIS, NO COMO NECIOS SINO COMO SABIOS.

- **LIBROS RELIGIOSOS PAGANOS.**
- **LIBROS DE OCULTISMOS.**
- **REVISTAS QUE CONTIENEN HOROSCOPOS.**
- **PERIÓDICOS QUE CONTENGAN HOROSCOPOS.**
- **JUEGOS DE OCULTISMOS.**
- **JUEGO DE MAGIA, ETC.**

Satanás es también conocido como Beelzebú el Señor de las Moscas.

MARCOS 3, 22
PERO LOS ESCRIBAS QUE HABÍAN VENIDO DE JERUSALÉN DECÍAN QUE TENÍA A BEELZEBÚ, Y QUE POR EL PRÍNCIPE DE LOS DEMONIOS ECHABA FUERA LOS DEMONIOS.

Al igual que las moscas se ven atraídas por el estiércol; los demonios se ven atraídos por las tinieblas.

Los libros de Ocultismos y de Magia y todo lo relacionado con esto son una invitación abierta a los espíritus demoníacos el cual le dan derecho legal para contaminar nuestras casas, perseguirlo a usted y a su familia.

Muchos adornos y artefactos pueden parecer inofensivos, pero tienen un significado para los espíritus satánicos, estos adornos y artefactos sirven para que los demonios estén en sus hogares y adquieren poder de ellos para que no puedan ser expulsados de sus hogares.

La frase "Entregados a los ídolos", del griego Kateidolos es donde Lucas describe a Atenas en:

HECHOS 17, 16
MIENTRAS PABLO LOS ESPERABA EN ATENAS, SU ESPÍRITU SE ENARDECÍA VIENDO LA CIUDAD ENTREGADA A LA IDOLATRÍA.

Atenas era la capital de los ídolos en el mundo antiguo, posiblemente muy parecida a Kyoto, Japón en nuestros días.

LOS IDOLOS.

Están hechos de madera, piedra o metal, algunos ni siquiera se preocupan por su presencia.

Sin embargo no son trozos de madera, piedra o metal, han sido cuidadosamente creados por seres humanos, con la intención definida, como formas en el mundo visible por medio de las cuales las fuerzas del mundo invisible de las tinieblas tienen permiso para controlar las vidas de personas, familias y de sus hogares y de toda una ciudad y encerrar a sus habitantes en la oscuridad espiritual.

Es por eso que Pablo decía que "su espíritu se enardecía viendo la ciudad entregada a la idolatría.

TESTIMONIO:

Los días lunes asistía a un grupo de oración, nos reuníamos en la casa de la líder del grupo, en una ocasión el Señor Jesús por medio de su Santo Espíritu me mostro en Palabra de Conocimiento una abanico de metal bruñido, de esos que se ponen en la pared para decoración; yo anuncie en esa reunión que ese abanico no era de Dios y la persona que lo tiene debe de sacarlo de su hogar, nadie de los presentes dejo saber que tenia dicho abanico de metal bruñido y les dije que si lo veían que se lo dejaran saber a la persona que lo tenga.

La semana siguiente, nuevamente me viene la visión con palabra de conocimiento y lo digo de nuevo, nadie se da por enterado; en el fin de semana la líder del grupo me manda a decir con un gran amigo Rubén que gracias a Dios a él y a su esposa Eugenia me dieron seguimiento en los caminos del Señor, me dice que la líder del grupo me mandaba a decir que tuviera mucho cuidado debido a que el mensaje que yo había recibido no se había confirmado y que no volviera a dar más revelaciones de Palabra de Conocimiento. Yo le dije a Rubén que yo no volvería más a ese grupo porque yo no podía desobedecer el mandato de Jesús y a lo que Jesús por medio de su Santo Espíritu me revelara a mí para el beneficio de su pueblo.

La palabra de Dios dice: **No le ponga bozal al buey que trilla.**

En las siguientes dos semanas no regrese al grupo, pero al siguiente sábado Luis Gómez me llama y me dice que si podría ayudarle a orar por una familia entera que había estado visitando a unos brujos adivinos y que le habían dado a cada uno de ellos ensalmos, fetiches y cosas similares.

Estando en la casa de Luis Gómez hicimos una oración para que renunciaran a todo eso y que aceptarán a Jesús como su Salvador y procedimos hacer una oración de liberación por toda la familia, la madre y sus dos hijas.

Una de sus hijas tenía problemas con su esposo y estaban a punto del divorcio, según nos relató, nos dijo que quería que hicieran una oración en su casa porque sentía la atmósfera cargada y que no podían dormir.

Luis me pidió que fuera a su casa para hacer una oración de liberación, ese mismo día fuimos, ella vivía en un piso alto de un edificio y comenzamos por preguntarle si el brujo le había dado amuletos o resguardos, si tenía libros de brujería o similares y revistas que contengan horóscopos o libros referente a esto, llenamos una caja completa de esas basuras, y visitamos cada habitación del hogar de esta persona.

La gran sorpresa de mi vida fue cuando entramos a la habitación de ella y de su esposo, el famoso abanico que Dios había revelado estaba ahí como adorno atrás del espaldar de su cama, exactamente como lo había visto; este abanico de metal bruñido tenía unas diosas chinas labradas en relieve.

Cuando lo vi tal fue mi impresión que mi cara se transformo, la señora me pregunto qué pasaba, le explique la revelación y lo que había pasado en el grupo de oración.

Le dije que sabía que esos adornos costaban mucho dinero, pero que si fuera yo votaría ese abanico en el mar y rompiera toda alianza con él; ella me dijo que lo tomara y me lo llevara.

Como ser humano imperfecto, me dije a mi mismo, esta es la mía ya verán en el Grupo de Oración el abanico y quien tenia razón. Que orgullosos somos nosotros los seres humanos.

Esa noche comenzó a llover y como a las 11:00 de la noche, suena el teléfono; era la señora, llorando me decía que tuvieron que amarrar a la muchacha de servicio porque acercándose al balcón y estando enloquecida, quería saltar al vació para suicidarse.

Le dije que salieran inmediatamente del apartamento y fueran a otra casa hasta el otro día, la cual iría con un grupo a orar y que haríamos ayuno.

Conociendo la influencia de los objetos que dan fuerza a los demonios adquirido donde el brujo y también con esas diosas chinas que están en ese abanico, de inmediato me levante de mi cama y me dirigí al mar, en mi país hay un bello malecón el cual bordea toda la costa de la ciudad dando vista al mar caribe, aunque la noche estaba tormentosa tome todos los objetos que había sacado de ese hogar junto con el abanico y lo tire al mar en el nombre de Jesús y en su nombre rompí cualquier influencia del demonio con ese hogar y con las personas que vivían en el; y de inmediato lo arroje todo al mar.

Al otro día voy con Rubén y su esposa Eugenia que son hermanos en Cristo lleno de Dios y les explique lo que había sucedido y de que apareció el famoso abanico; que para la gloria de Dios se confirmó la revelación que había hecho en el grupo de oración.

Oramos y todo fue liberado gracias a la sangre preciosa de Nuestro Señor Jesucristo.

Todo esto me sirvió de lección no solo por la confirmación del abanico y de la obra tan maravillosa que hizo Jesús en esa familia, sino que también me enseño a ser humilde y que su Gloria no la comparte con nadie.

TESTIMONIO:

Estando una tarde en mi hogar llegó una amiga acompañada de una señora, mi amiga me pidió cuando sería posible orar por esta señora; les pregunte cuál era su problema, mi amiga me dice que la señora estaba de divorcio, que su hijo de 15 años estaba muy rebelde y que varios miembros de su familia sentían ruidos en su hogar.

Le pregunté que si habían visitado algún adivino, brujo o curandero y me dijo que no, entonces le di una cita para venir al siguiente día a las dos de la tarde.

Acostumbro siempre antes de orar, hacer ayuno y poner una cadena de personas para orar por esa persona.

Al siguiente día llego la señora puntualmente a las dos de la tarde, nos sentamos en un pequeño patio y nos encomendamos a Dios, a su Hijo Amado Jesús, y al Espíritu Santo que nos iluminara y que fueran ellos que por mí guiaran esta Oración de Sanación Interior.

Una parte de la Oración de Sanación Interior que me llamo mucho la atención fue la concerniente al Perdón.

Nosotros los hombres no nos damos cuenta el mal que nos hacemos pecando de infidelidad contra Dios y contra nuestra pareja, los hijos sufren la consecuencia del posible divorcio o de la frialdad de las parejas, nuestros hijos no son tontos y se dan cuenta inmediatamente de la falta de amor de sus padres y en el hogar.

Cuando tocamos el tema, le pregunte a la señora que si estaba dispuesta a perdonar la infidelidad de su esposo, ella me dijo que si, recordemos que nosotros condicionamos a Dios que nos perdone como nosotros perdonamos, no puede ser un perdón a medias, tiene que ser un perdón total y sincero, claro que el demonio siempre va a querer recordarnos los momentos de sufrimiento y es en este momento que debemos decir dentro de nuestro corazón y nuestra mente **"ya lo he perdonado en el nombre de Jesús"** y así poder fortalecernos espiritualmente.

Al seguir nuestra oración El Espíritu Santo puso en mi corazón la siguiente pregunta **"¿Señora usted también le fue infiel a su esposo?"**, ella me respondió rápidamente y categóricamente, **"No, Nunca"**, seguimos nuestra oración y después de un rato el Señor me pone nuevamente a preguntarle, **"¿Usted no le ha sido infiel a su esposo?"**, nuevamente me contesta con un **"NO"**.

Casi terminando la tarde, eran las 6 pm, y estábamos casi finalizando nuestra oración y el Señor nuevamente me pone en mi corazón que le pregunte lo de la infidelidad con su esposo y le digo lo siguiente: Usted disculpe pero El Espíritu Santo me dice que usted puede engañarme a mí pero que a Dios no y me manda a preguntarle nuevamente **"¿Usted le fue infiel a su esposo?"**, el Señor que lo sabe todo, en su infinita bondad y queriendo siempre sanarnos interiormente como lo hizo con Pedro, le dio la oportunidad a esta señora tres veces para que se arrepintiera de su pecado y reconociera su falta y se perdonara a ella misma; dijo entre lagrimas y sollozos **"Sí, le fui infiel"**, luego acordamos ir a su casa al otro día a las 9:30 am para hacer una oración de liberación de ser necesaria en su hogar.

Al día siguiente llegue a su hogar, desde que entré en el; se sentía una atmosfera pesada, como en todo lugar que hay solo discusiones y discordias.

Al entrar en el aposento de su hijo de 15 años encontramos poster de famosos cantantes de Rock y Heavy Metal, entre ellos varios discos, le expliqué a la señora el peligro de esta música no solo para el adolescente sino también para su hogar, luego procedimos a retirar unos libros y revistas con horóscopos, brujerías y otros temas afines; después de llenar una caja con diferentes objetos como elefantes para la buena suerte, budas, etc., nos sentamos en la sala de su casa a orar para que el Señor Jesús Liberará ese hogar de esas influencias demoniacas.

Estando sentado, algo llamó mi atención en la mesa del centro de la sala, era una pequeña campana de cristal, con calma levante la pequeña campana y vi como el péndulo de la misma comenzó a moverse lentamente y poco a poco fue adquiriendo velocidad como una centrífuga.

La Señora no se había percatado de lo que estaba sucediendo, y yo apenas podía creer lo que estaba viendo, muy lentamente levante nuevamente la campana y nuevamente comenzó lentamente a dar vueltas hasta tomar una velocidad increíble, la Señora al ver la campana dando vueltas me dijo: **¿Es usted que le está dando vueltas?,** yo le contesté **"No"**, mire y nuevamente muy lentamente levante la campana y comenzó de nuevo a dar vueltas y vueltas hasta que parecía un abanico.

La Señora se levantó de su silla, blanca como un papel y me dijo: "Llévese todo esto de aquí", refiriéndose a la caja con todos los objetos y a la campana de vidrio. Oramos y arroje todo estos objetos contaminados al mar en el Nombre de Jesús.

LOS OBJETOS TIENEN UN SIGNIFICADO ESPIRITUAL.

DEUTERONOMIO 32, 16 – 18
16
LE DESPERTARON A CELOS CON LOS DIOSES AJENOS; LO PROVOCARON A IRA CON ABOMINACIONES

17
SACRIFICARON A LOS DEMONIOS, Y NO A DIOS; A DIOSES QUE NO HABÍAN CONOCIDO, A NUEVOS DIOSES VENIDOS DE CERCA, QUE NO HABÍAN TEMIDO VUESTRO PADRES.

18
DE LA ROCA QUE TE CREÓ TE OLVIDASTE; TE HAS OLVIDADO DE DIOS TU CREADOR.

Cuando uno desobedece a Dios trae la maldición. La desobediencia es inherente a la adoración de dioses extraños (idolatría) lo que de hecho es la adoración a demonios.

En la Biblia tenemos evidencias de que las cosas físicas pueden tener un significado espiritual:

> ➤ **LA SANGRE DE CORDERO (VER ÉXODO 12, 7 – 13).**
> ➤ **EL TABERNÁCULO, SUS ADORNOS Y UTENSILIOS (VER ÉXODO 26 y 27).**

- ➢ BAUTISMO POR AGUA (VER LUCAS 3, 21 – 22).
- ➢ LA ÚLTIMA CENA (VER MATEO 26, 28) (VER CORINTIOS 11, 23 – 25).
- ➢ LOS PAÑUELOS Y DELANTALES MILAGROSOS (VER HECHOS 19, 11 – 12).
- ➢ LA SANIDAD CON ACEITE (VER SANTIAGO 5, 14).

NÚMEROS 21, 5 – 9

5

Y HABLÓ EL PUEBLO CONTRA DIOS Y CONTRA MOISÉS: ¿POR QUÉ NOS HICISTE SUBIR DE EGIPTO PARA QUE MURAMOS EN ESTE DESIERTO? PUES NO HAY PAN NI AGUA, Y NUESTRA ALMA TIENE FASTIDIO DE ESTE PAN TAN LIVIANO.

6

Y JEHOVÁ (YAHVÉ) ENVIÓ ENTRE EL PUEBLO SERPIENTES ARDIENTES, QUE MORDÍAN AL PUEBLO; Y MURIÓ MUCHO PUEBLO DE ISRAEL.

7

ENTONCES EL PUEBLO VINO A MOISÉS Y DIJO: HEMOS PECADO POR HABER HABLADO CONTRA JEHOVÁ (YAHVÉ), Y CONTRA TI; RUEGA A JEHOVÁ (YAHVÉ) QUE QUITE DE NOSOTROS ESTAS SERPIENTES. Y MOISÉS ORÓ POR EL PUEBLO.

8

Y JEHOVÁ (YAHVÉ) DIJO A MOISÉS: HAZTE UNA SERPIENTE ARDIENTE, Y PONLA SOBRE UNA ASTA; Y CUALQUIERA QUE FUERE MORDIDO Y MIRARE A ELLA, VIVIRÁ.

9

Y MOISÉS HIZO UNA SERPIENTE DE BRONCE, Y LA PUSO SOBRE UN ASTA; Y CUANDO ALGUNA SERPIENTE MORDÍA A ALGUNO, MIRABA A LA SERPIENTE DE BRONCE Y VIVÍA.

Esta serpiente de bronce, ofrecía a los hijos de Israel una solución a su pecado. Esa serpiente de metal, tenía el poder de sanar a quienes habían sido mordidos por serpientes venenosas. Hoy entendemos el significado de dicha serpiente de metal: **simboliza a Cristo** volviéndose pecado por nosotros, cuando fue puesto en la cruz como sacrificio vivo por todos nosotros.

900 años más tarde, cuando el Rey Ezequías limpiaba el Templo **(2 Reyes 18, 4)**

Él quitó los lugares alto, y quebró las imágenes, y cortó lo símbolos de **Aseras, e hizo pedazos la serpiente de bronce que había hecho Moisés, porque hasta entonces le quemaban incienso los hijos de Israel;** y la llamó **"Nehustàn".**

Un objeto diseñado por Dios para la sanidad de Israel ¡Se había convertido en un dios a quien Israel adoraba!

LA SUPERSTICIÓN:

La superstición consiste en depositar la fe en una persona, cosa ó lugar que no sea el de Dios Todopoderoso y su palabra infalible.

Hoy día no es el momento de ser débil o supersticioso, sino que debemos aprender a caminar con prudencia y discernimiento espiritual.

HAY COSAS QUE ESTAN PROHIBIDAS POSEER.

Dios nos hizo y nos salvó, haciendo de nosotros **"una nueva creación".**

Pablo nos dice en:

2 CORINTIOS 5, 17
"DE MODO QUE SI ALGUNO ESTÁ EN CRISTO, NUEVA CRIATURA ES: LAS COSAS VIEJAS PASARON; HE AQUÍ TODAS SON HECHAS NUEVAS."

A causa de nuestra vida nueva en Cristo, Dios espera que vivamos de una manera nueva, quitarnos lo viejo y ponernos lo nuevo.

EFESIOS 5, 8 – 11 DICE:

8
PORQUE EN OTRO TIEMPO ERAIS TINIEBLAS, MAS AHORA SOIS LUZ EN EL SEÑOR; ANDAD COMO HIJOS DE LUZ

9
(PORQUE EL FRUTO DEL ESPÍRITU ES EN TODA BONDAD, JUSTICIA Y VERDAD),

10
COMPROBANDO LO QUE ES AGRADABLE AL SEÑOR.

11
Y NO PARTICIPÉIS EN LAS OBRAS INFRUCTUOSAS DE LAS TINIEBLAS, SINO MÁS BIEN REPRENDEDLAS;

En **Éxodo 20, 3** Dios prohibió a los hijos de Israel tener otros dioses.

Dios es un Dios celoso, celoso de nuestra confianza (ver **Deuteronomio 4, 24 y 5, 9**).

ÉXODO 20, 3
NO TENDRÁS DIOSES AJENOS DELANTE DE MÍ.

Dios les prohibió participar en brujería y astrología. Les explicó que dichas actividades y prácticas son una abominación ante ÉL.

DEUTERONOMIO 18, 9 – 13
9
CUANDO ENTRES A LA TIERRA QUE JEHOVÁ (YAHVÉ) TU DIOS TE DA, NO APRENDERÁS A HACER SEGÚN LAS ABOMINACIONES DE AQUELLAS NACIONES.

10

NO SEA HALLADO EN TI QUIEN HAGA PASAR A SU HIJO O A SU HIJA POR EL FUEGO, NI QUIEN PRACTIQUE ADIVINACIÓN, NI AGORERO, NI SORTÍLEGO, NI HECHICERO.

11

NI ENCANTADOR, NI ADIVINO, NI MAGO, NI QUIEN CONSULTE A LOS MUERTOS.

12

PORQUE ES ABOMINACIÓN PARA CON YAHVÉ (JEHOVÁ) CUALQUIERA QUE HACE ESTAS COSAS, Y POR ESTAS ABOMINACIONES JEHOVÁ (YAHVÉ) TU DIOS ECHA ESTAS NACIONES DE DELANTE DE TI.

13

PERFECTO SERÁS DELANTE DE JEHOVÁ (YAHVÉ) TÚ DIOS.

En La Biblia vemos en el Antiguo Testamento una lista de cosas que deshonran a Dios y que no deben encontrarse en su pueblo. Estas cosas sugieren que hay otros dioses, lo cual viola los primeros cuatro mandamientos.

DEUTERONOMIO 4, 15 – 19; 23 – 24

15

GUARDAD, PUES, MUCHO VUESTRAS ALMAS; PUES NINGUNA FIGURA VISTEIS EL DÍA QUE JEHOVÁ (YAHVÉ) HABLÓ CON VOSOTROS DE EN MEDIO DEL FUEGO;

16

PARA QUE NO OS CORROMPÁIS Y HAGÁIS PARA VOSOTROS ESCULTURA, IMAGEN DE FIGURA ALGUNA, EFIGIE DE VARÓN O HEMBRA,

17

FIGURA DE ANIMAL QUE ESTÁ EN LA TIERRA, FIGURA DE AVE ALGUNA ALADA QUE VUELE POR EL AIRE,

18

FIGURA DE NINGÚN ANIMAL QUE SE ARRASTRE SOBRE LA TIERRA, FIGURA DE PEZ ALGUNO QUE HAYA EN EL AGUA DEBAJO DE LA TIERRA,

19

NO SEA QUE ALCES TUS OJOS AL CIELO, Y VIENDO EL SOL Y LA LUNA Y LAS ESTRELLAS, Y TODO EL EJÉRCITO DEL CIELO, SEAS IMPULSADO, Y TE INCLINES A ELLOS Y LES SIRVAS; PORQUE JEHOVÁ (YAHVÉ) TU DIOS LOS HA CONCEDIDO A TODOS LOS PUEBLOS DEBAJO DE TODOS LOS CIELOS.

23

GUARDAOS, NO OS OLVIDÉIS DEL PACTO DE JEHOVÁ (YAHVÉ) VUESTRO DIOS, QUE ÉL ESTABLECIÓ CON VOSOTROS, Y NO OS HAGÁIS ESCULTURA O IMAGEN DE NINGUNA COSA QUE JEHOVÁ (YAHVÉ) TU DIOS TE HA PROHIBIDO.

24

PORQUE JEHOVÁ (YAHVÉ) TU DIOS ES FUEGO CONSU-MIDOR, DIOS CELOSO.

Todo esto sigue vigente hoy. Nuestro Padre siente pena si tenemos o poseemos estatuas de otros dioses, u objetos que buscan ganar poder espiritual de cualquier fuente, siendo él único Dios verdadero.

Estos objetos son prohibidos porque abren la puerta a los demonios y al engaño sobrenatural y nos apartan de Dios, impiden su salud física y espiritual.

Muchas veces como expliqué anteriormente, por ignorancia compramos objetos y adornos que tienen figuran que para nosotros no representan nada, pero que los que fabrican estos objetos le dan un significado de diferentes dioses como pasa normalmente con los objetos chinos y japoneses, los cuales las figuras son normalmente diosas o dioses y son objetos dedicados por ellos lo cual influyen grandemente en nosotros y en nuestros hogares.

El uso de esos objetos pueden establecer un significado espiritual; muchos objetos no son ni buenos ni malos en sí mismos. Sin embargo, el uso que se les dé puede establecer su significado espiritual.

Es costumbre de muchos países cuando nace un niño de ponerle un azabache como protección contra el mal de ojo, etc. En nuestra ignorancia no nos damos cuenta que lo que estamos haciendo es diciéndole a Dios, que no necesitamos su protección y que el azabache tiene más poder que Dios y ya no te necesitamos. Eso es lo que hacemos sin darnos cuenta de cambiar una piedra o semilla negra por la protección bendita de nuestro Dios.

Hoy día vemos muchos vehículos con un rosario puesto en el espejo retrovisor del vehículo y yo me pregunto ¿Los vehículos rezan el Rosario?, sinceramente sería una sorpresa para mi saber que los vehículos rezan y oran el rosario. Lo que realmente sucede es que lo utilizan para la protección contra un accidente, y estamos convirtiendo el rosario en un amuleto y suplantando la protección de Dios y de Nuestro Señor Jesucristo por un rosario que a fin de cuenta en una cadena con bolas plásticas o de cualquier otro material.

En varias ocasiones he leído en libros de personas evangélicas decir que el rosario es diabólico, sinceramente creo que están en un error, pero el uso que le están dando de utilizarlo como un amuleto de protección no podemos negar que tienen toda la razón.

No dejemos la protección de Dios por nada en la vida, Dios es quien nos protege y nos ha dado según La Biblia, dos Ángeles para que nos protejan y por ignorancia cambiamos la protección de Dios, de Jesús y de los Ángeles, por un azabache o cualquier otra cosa.

Pongamos nuestra protección únicamente en Dios nuestro creador.

Cuando estamos en los caminos de Dios, Él nos muestra siempre las cosas que son impuras y que lo deshonran a Él.

Dios nos ha dado su Espíritu y El Espíritu siempre nos dirá cuando un objeto o cosas son impuras y deshonran al Padre.

Jesús promete:

JUAN 16, 13
"PERO CUANDO VENGA EL ESPÍRITU DE VERDAD, ÉL OS GUIARÁ A TODA VERDAD; PORQUE NO HABLARÁ POR SU PROPIA CUENTA, SINO QUE HABLARÁ TODO LO QUE OYERE, Y OS HARÁ SABER LAS COSAS QUE HABRÁN DE VENIR".

Cuando buscamos la pureza ante nuestro Padre y le pedimos a Él que nos muestre si alguna de nuestra pertenencia le es deshonrosa. Él nos lo hará saber. La verdad es que ¡Dios nos revela, para poder sanar!

Es importante para nuestro bienestar y nuestra salud limpiar nuestro hogar de objetos y cosas contaminadas y desde ahora dejarnos guiar por el Espíritu Santo, antes de adquirir cualquier objeto o cosas.

¿Qué debemos hacer con los objetos y cosas contaminadas?

En el nuevo testamento leemos acerca del reavivamiento en la ciudad de Éfeso:

HECHOS 19, 18 – 20
18
Y MUCHOS DE LOS QUE HABÍAN CREÍDO VENÍAN, CONFESANDO Y DANDO CUENTA DE SUS HECHOS.

19
ASIMISMO MUCHOS DE LOS QUE HABÍAN PRACTICADO LA MAGIA TRAJERON LOS LIBROS Y LOS QUEMARON DELANTE

DE TODOS; Y HECHA LA CUENTA SU PRECIO, HALLARON QUE ERA CINCUENTA MIL PIEZAS DE PLATA.

20
ASÍ CRECÍA Y PREVALECÍA PODEROSAMENTE LA PALABRA DEL SEÑOR.

Entonces todo lo que ofende a Dios y es impuro ante Él, debemos quemar, todos los libros, revistas, discos, cintas, cd, dvd y cualquier cosa que deshonren a nuestro Dios, debemos quemarlo y lo que no se pueden quemar, tirarlo al mar, rio o lago y todo esto lo hacemos en el Nombre de Jesús.

Bendiga su hogar en el Nombre del Padre del Hijo Jesús y de su Santo Espíritu.

Cambie el ambiente de su hogar, ponga canciones de alabanzas a Dios, a su Hijo Amado y a su Santo Espíritu.

Dios les siga Bendiciendo.

BIBLIOGRAFIA

El Vino A Dar Libertad A Los Cautivos
Rebecca Brown, MD

Jesús Está Vivo
Emiliano Tardif, MSC
José H. Prado Flores

El Demonio ¿Símbolo o Realidad?
René Laurentin

La Liberación El Pan De Los Hijos
Guillermo Maldonado

Satanás, ¡Mis Hijos No Son Tuyos!
Iris Delgado

Cerdos En La Sala
Frank & Ida Mae Hammond

Liberación Espiritual Del Hogar
Eddie & Alice Smith

Lucha Contra Principados Demoniacos
Lic. Rita Cabezas

Sectas Y Cultos Satánicos
Giuseppe Ferrari
Eugenio Fezzotti
Mons. Mario Moronta R
Lucia Musti
Andrea Pocarelli
Mons. Ángelo Scola

Exorcismo En El Siglo XXI
Jesús Yánez Rivera

La Batalla Por Tu Alma
Graham Powell

Manual De Liberación
Frank Marzullo
Tom Snyder

Sanidad Interior y Liberación
Guillermo Maldonado

Cómo Echar Fuera Demonios
Doris M. Wagner

¡Oíme Bien Satanás!
Carlos Annacondía

Ángeles Y Demonios
Raúl Berzosa Martinez

¡Devuelvelo!
Kimberly Daniels

Textos Bíblicos
Se utilizaron varios textos Bíblicos, principalmente el de Reina Valera 1960.